펀드스쿨

펀드스쿨
지구가 두쪽 나도 수익 나는 통장 세 개의 비밀!

초판 1쇄 발행 | 2010년 4월 26일

지 은 이   신주영
펴 낸 이   이형도
편   집   공순례, 김윤정
디 자 인   구름디자인
마 케 팅   신기탁

펴 낸 곳   (주)이레미디어
전   화   031-919-8511(편집부), 031-919-8510(주문 및 관리)
팩   스   031-907-8515, 0303-0515-8907
주   소   경기도 고양시 일산동구 장항동 731-1 성우사카르타워 6층 601호
홈페이지   www.iremedia.co.kr
이 메 일   ireme@iremedia.co.kr
등   록   제396-2004-35호

저작권자 ⓒ2010, 신주영
이 책의 저작권은 저작권자에게 있습니다. 저작권자와 도서출판 이레미디어의 서면에 의한
허락 없이 내용의 전부 혹은 일부를 인용하거나 발췌하는 것을 금합니다.

ISBN 978-89-91998-37-7 03320

가격 14,000원

이레미디어에서는 참신한 원고를 모집합니다.
어떤 분야의 내용이든 보내주시면 정성껏 검토 후 선정된 원고에 대해서는 계약하겠습니다.

펀드 스쿨

신주영 지음

이레미디어

프롤로그

이 책을 손에 들고 있다면 당신은 분명 현재보다 앞으로 더 많은 부를 희망하고 있을 것이다. 당신이 재테크라는 입구로 들어서면서 처음으로 잡은 문고리에 '펀드'라는 글자가 박혀 있다면 개인 투자자로서 선택할 수 있는 최상의 문고리를 잡은 것이다.

이 책은 그런 당신을 위한, '펀드투자로 잃지 않고 돈 버는 법'을 설명한 책이다. 펀드투자는 '나보다 더 잘 투자할 것 같은 전문가에게 내 돈을 맡기는 투자행위'라 할 수 있다. 이러한 의미에서 펀드를 간접 투자상품이라 한다.

20세기 말 피터 드러커는 미국의 퇴직연금이 주식시장에 투자되면서 자본의 민주화를 이룰 수 있다고 주장한 바 있다. 대다수의 노동자가 일정량 이상의 기업 지분을 소유하기 때문이다. 필자는 우리나라에서 펀드가 그 역할을 해줄 수 있다고 생각한다. 많은 국민들이 펀드라는 투자상품을 통해서 주식시장에 참여하면, 21세기 재벌기업에 편중된 권력과 자본을 대다수의 서민층으로 분산시킬 수 있다고 믿는 사람 중 하나다.

하지만 자신이 직접 투자하지 않고 한 다리를 더 건너는 만큼 펀드투자 역시 아무것도 모르는 상태에서는 수익을 내기가 녹록지 않다. 금융사들이 해마다 펀드라는 투자상품을 통해 소비자들로부터 얻어간 수익이 1조 원을 훌쩍 뛰어넘는다는 사실 하나만으로도 시사하는 바가 적지 않다. 파는 사람의 이윤이 비정상적으로 많다는 것은 사는 사람이 비정상적으로 손해를 본다고 해석할 수 있다. 따라서 본격적인 펀드투자를 시작하기 전에 어느 정도의 선행학습은 필수라 할 것이다.

경험 있는 독자들은 공감하겠지만 세상에서 가장 어려운 일 중 하나가 바로 주식시장에서 돈을 버는 것이다. 특히 펀드투자로 돈을 벌기가 어려운 것은 다음의 두 가지 이유 때문이다. 내 돈을 맡긴 전문가가 생각보다 수익을 잘 내지 못한다는 사실과 아무리 좋은 펀드라도 사고파는 시점에 따라 수익이 천차만별이기 때문이다. 그러므로 펀드투자에 성공하기 위해서는 어떤 펀드가 좋은 펀드이고, 언제 사고 언제 팔 것인지만 결정하면 된다. 이 책의 주제가 바로 그것이다.

시대가 빠른 만큼 지식의 수명 역시 짧다. 어제의 유용지식이 오늘의 무용지식(Obsoledge)이 되고 마는 시대다. 이러한 무용지식과 유용지식의 경계가 특히 애매한 곳이 바로 주식시장이다. 또한 광고와 정보가 분간 못할 정도로 뒤섞여 있는 곳 역시 주식시장이다.

초심자들은 대체로 힘 있고 목소리 큰 사람의 말이 맞을 것이라고 치부해버리는 경향이 있다. 실제로 많은 사람들이 더 큰 금융기관이나 더 멋진 넥타이를 맨 전문가의 말일수록 귀를 기울인다. 하지만 그들이 그렇게 양심적이지만은 않다는 것은 본문을 읽어보면 충분히 이해할 수 있을 것이다.

상대가 있는 모든 게임에서 이기는 방법은 크게 두 가지로 나눌 수 있다. 상대의 패를 읽거나 확률로 분석하는 것이다. 본서는 가능하면 주식시장의 역사적인 확률에 따라 평생투자인 펀드투자에 대해 서술하였다. 여기에 상대의 패를 분석하는 법을 설명하여 작고 빠른 개인 투자자들이 시장 평균수익률을 넘어설 수 있는 길을 제시하고자 했다.

본서는 다음의 세 가지에 중점을 두어 펀드투자를 이야기하고 있다.

먼저, 좋은 펀드를 고르는 법을 알고 명품펀드를 찾는 안목을 갖추는 것이다. 그리고 펀드투자에서 반드시 알아야 되는 것과 몰라도 되는 것을 구분하게 한다. 마지막으로 당신이 펀드를 살 때와 팔 때가 언제인지 그리고 얼마나 사야 하는가이다.

이를 통해 당신은 주식시장에서 홀로서기를 할 수 있으며 네온사인 같은 경제지표가 눈에 들어올 수 있을 것이다. 또한 미친 듯이 날뛰는 주가 급등락의 기간에도 감정의 기복 없이 일상생활에 전념할 수 있으리라 생각한다.

어린 시절 나의 아버지는 '꿩 잡는 놈이 매'라는 말씀을 하시곤 했다. 초심자든 문외한이든 누구나 주식시장에서 '매'가 될 수 있다. 독자들은 이 책의 결론에 도달할 때쯤 시장을 해석하는 명확한 가치

기준을 갖게 되리가 확신한다. 이러한 가치기준들을 펀드스쿨 카페를 통해서 다시 공유하고 분석함으로써 수익률 향상에 큰 도움을 받을 수 있을 것이다.

그런 과정을 통해 당신은 신이 당신에게 허락한 가장 큰 축복 중의 하나인 '복리'라는 선물을 받을 수 있게 될 것이다. 복리는 결국 보이지 않는 것을 믿을 수 있는 사람에게만 주어지는 신의 선물이기 때문이다.

처음에 출판사로부터 몇 번의 연락이 왔을 때까지만 해도 지면을 통해 독자를 만날 생각은 거의 없었다. 몇 해 전 고점에서 투자한 대다수의 회원들이 펀드투자로 손실을 입어 심각한 마음고생을 하고 있었던 상황이기 때문이다. 회원들의 안타까운 사연을 읽을 때마다 무척 마음이 아팠다. 그러다가 부족하나마 책을 쓰기로 결심했는데 미래에 그러한 상황에 부닥쳐 어려움을 겪는 카페 회원을 줄여보고 싶다는 개인적인 목표도 있다.

자신을 스스로 고립시킨 채 24시간 시장만을 생각하고자 했던 절망과 환희의 3년간이 있었다. 그때 농축된 필자의 지식과 경험이 어쩌면 다수의 초보 투자자들에게 미력하나마 도움이 될 수도 있겠다는 생각에서 용기를 내어 펜을 들었다.

자신의 모든 것을 다해 자식을 응원하고 믿어주신 어머님께 이 책을 바친다. 그리고 이 책의 원고가 마무리될 때까지 오랜 시간 참고 기다려주신 이레미디어 사장님을 비롯하여 이레미디어 가족들에게 감사의 마음을 전한다.

2010년 3월
da펀스 신주영

차례

프롤로그 • 4

Part 1
투자의 세계와 **투자심리**

1장 | 역사의 이면에서 발견하는 군중의 탐욕과 광기 • 18
온 국민이 광기에 휩쓸린 네덜란드 튤립 투기 사건 • 19
뉴턴도 파산시킨 남해회사 버블 • 22
프랑스의 미시시피 버블 • 26
1929년 월스트리트 주가대폭락 • 30
롱텀캐피털, 천재들의 몰락 • 34

2장 | 개미들은 왜 망하는가? • 39
'혼자만 바보 된 느낌'이 투자를 망친다 • 40
미래의 주가는 보고 싶은 대로 보인다 • 42
시간을 내 편으로 만들지 못한다 • 44
광고와 정보 사이에서 오락가락한다 • 46
지나친 수익추구는 욕구인가, 본능인가 • 49

3장 | 투자의 목적을 기억하고 실체를 바로 보라 • 52
투자를 하는 것은 더 행복해지기 위해서다 • 53
모든 투자는 위험을 동반한다 • 55
원금보장의 함정에서 벗어나라 • 59

Part 2

먼저 **투자 환경을 이해**하자

4장 | 펀더멘털 분석으로 시장 이해하기 • 64
　　금융거래는 제로섬게임이다 • 65
　　우리나라 경기순환주기는 평균 50개월이었다 • 68
　　정부 경기정책의 목적은 '부양'이 아니라 '안정' • 74
　　　－ 재정정책 • 74
　　　－ 금융정책 • 77
　　인플레이션과 그 이면 • 79
　　양면을 살펴봐야 하는 물가 • 83
　　통화량과 통화정책 • 86
　　　－ 통화량 • 86
　　　－ 통화승수와 신용창조 • 89
　　　－ 컨설팅과 카운셀링 • 95
　　　－ 콜금리 • 97
　　　－ CD금리와 국고채금리 • 99
　　　－ 채권수익률과 이자율 • 101
　　금리 하락과 그 영향 • 102
　　국제수지 변동과 환율 • 107
　　　－ 국제수지를 알아야 환율을 이해한다 • 107
　　　－ 국제수지 적자로 설명되는 1997년 IMF 외환위기 • 110
　　　－ 환율은 결과적으로 그 나라의 주가다 • 112

5장 | 기술적 분석으로 시장 이해하기 • 117
　　차트 분석의 기본 용어들 • 118
　　기술적 분석의 한계 • 122

다우 이론 • 127
  – 다우 이론의 핵심 • 127
  – 다우 이론의 허와 실 • 130

엘리어트 파동 이론 • 132
  – 엘리어트 파동 이론의 핵심 • 132
  – 엘리어트 파동 이론의 허와 실 • 136

니콜라스 다바스의 박스 이론 • 138
그랜빌의 법칙 • 140

6장 | 시장을 분석한다는 것 • 143

랜덤워크 이론과 효율적시장 가설 • 144
  – 랜덤워크 이론 • 145
  – 효율적시장 가설과 검은 백조 • 146

아기 코끼리는 어미 코끼리를 중심으로 움직인다 • 151

Part 3

왜 펀드투자인가?

7장 | 투자 대상별 역사적 수익률 데이터 • 156

200년간의 투자 대상별 수익률 중 주식이 747만 배로 최고치 • 157
우리나라 최근 40년간의 주식시장 평균수익률은 9.69% • 160

효율적 시장에서 최선의 대안은 펀드투자다 • 167
- 주가는 궁극적으로 우상향한다 • 167
- 포춘 500대 기업도 40년 만에 68%가 사라졌다 • 170
- 시장 전체에 투자하는 ETF • 172

버핏의 조언: 인덱스펀드에 꾸준히 투자하라 • 174

8장 | 버핏 수익률, 우리에게도 가능하다 • 177

세계 최고 주식부자 버핏의 수익률은 연평균 환산 21% • 178
우리들의 목표수익률, "시장 평균+5%!" • 181

Part 4
펀드투자로 시장 평균보다 5% 더 벌자!

9장 | 많이 벌기보다는 잃지 않는 법부터 배우라 • 188

시장 평균수익률 지키기: 먼저 수수료를 관리하라 • 189
- 은행들 떼돈 벌게 해주는 펀드 판매수수료 • 190
- 기절초풍할 만큼 떼어가는 매매중개수수료 • 192
- 최대한 표시나지 않게 살금살금 받아가는 수고비, 판매보수 • 195
- 혼합해서 포장하면 새로운 상품 • 197

수수료 때문에 공중분해되는 투자수익 • 202
- 수수료 1%의 차이는 장기 투자 시 수익률에서 천지 차이 • 204
- 누구의 몫도 되지 못하고 공중으로 사라져버리는 돈 • 208

10장 | 이런 펀드에 이렇게 투자하라: 주식형펀드, 적립식, 15년 이상 • 211

펀드 선택: 당신의 실력을 테스트해봅시다 • 212
주식형펀드에 15년 이상 투자하라 • 217
시장에서 생존하는 법, 적립식 투자 • 220
파도가 심할수록 수익은 커진다 • 223

11장 | 성공확률 높이는 4개의 매수 타이밍 • 228

매수 타이밍 1: 배당률 하락기를 주목하라 • 230
매수 타이밍 2: 어닝일드가 채권금리보다 높으면 진입 신호다 • 232
　– 주가수익비율과 국고채금리 • 232
　– 어닝일드와 편수 • 234
매수 타이밍 3: 환율이 올라가면 외국인 매수세에 올라타라 • 239
매수 타이밍 4: 개미들이 손절할 때 매수하라 • 242

12장 | 자금운용의 기술 • 245

40년 이상 투자하려면 최소 2개의 계좌를 준비하라 • 246
켈리의 공식과 위대한 베팅기술 • 249
　– 'da펀스의 주식도박판 게임' • 251
　– 정말 30.42%가 최적의 베팅비율일까? • 255
　– 게임의 규칙을 바꿔서 다시 해봅시다 • 262
　– 세 선수의 동전던지기 게임 • 265
　– 적립식과 물타기 • 268
　– 켈리의 공식이 독이 될 때 • 272
최적의 자금운용, 켈리베팅비율을 찾아라 • 275

Part 5

펀드, 이대로만 하면 무조건 돈 번다

여유자금 6,000만 원과 매월 50만 원씩을 모두
펀드에 투자하고 싶어요 • 280
  - 계좌를 두 개 이상 만들고 1번 계좌는 잊어라 • 280
  - 2번 계좌에 정액적립식 추불을 시작할 시점 • 286
  - 3번 계좌에 목돈을 거치식으로 투자할 시점 • 289

해외 펀드에 투자하려면 어떻게 하나요? • 293

원자재펀드는 어떻게 가입하나요? • 298

1~3번 계좌의 승률과 베팅비율 • 300

1년 동안 여유자금 1,000만 원, 펀드투자 가능할까요? • 304
  - 초심자의 행운과 주식시장을 움직이는 힘의 원리 • 305

환매의 기술 좀 가르쳐주세요 • 311
  - 수익금을 재투자해야 자산이 불어난다 • 315

에필로그 • 317

Part 1
투자의 세계와 **투자심리**

"탐욕과 부에 대한 욕망은 보편적인 인간의 성향이며
이는 시간과 공간을 초월하여 모든 사람들의 마음속에 자리 잡고 있다."
데이비드 흄

역사의 이면에서 발견하는 군중의 탐욕과 광기

영국의 역사학자 에드워드 카Edward Hallett Carr는 '역사는 과거와의 끊임없는 대화'라고 말했다. 이제는 관용구처럼 되어버린 이 말 속에는 많은 내용이 함축되어 있는데 역사는 항상 되풀이되었다는 점을 말하고자 한다. 주식시장을 비롯한 모든 시장에서 변함 없는 시세 변동의 핵심변수는 수급과 참여자들의 심리라고 필자는 믿고 있다.

현재로선 풀리지 않는 문제를 과거의 상황에 대입하면 의외로 쉽게 답이 나올 수도 있다. 재테크, 투자를 이야기하기 위해 제일 먼저 '탐욕과 광기'라는 단어를 선택했다. 어떤 대상에 투자를 하든 가장 경계해야 할 감정이라고 생각했기 때문이다. 간략하게 더듬어보는 금융시장 투기의 역사 속에서 교훈을 얻었으면 한다.

온 국민이 광기에 휩쓸린 네덜란드 튤립 투기 사건

금융시장의 역사, 특히 금융 투기의 역사를 거론하기 위해 가장 먼저 살펴봐야 할 나라가 바로 네덜란드다. 세계 금융의 심장부 월스트리트가 있는 뉴욕의 과거 이름이 뉴 암스테르담이었다는 사실로만 봐도 뭔가 있다는 것을 유추할 수 있을 것이다.

암스테르담은 네덜란드의 수도이며 17세기 초 이미 세계 최초의 증권거래소가 있었다. 당시 국제 무역과 금융의 중심지답게 암스테르담에서는 명나라산 자기, 터키산 카펫과 고가의 미술품들이 활발히 거래되었다. 자본주의 역사상 최초의 투기 사건이 발생할 소지는 이로써 충분했다 하더라도 국토가 좁은 네덜란드에서 부동산이 아니라 화초가 그 대상이었다는 사실이 놀라울 따름이다.

튤립이 터키에서 유럽으로 건너간 시기는 16세기 중반이었고 1593년에 네덜란드에도 전해졌다. 사람들은 처음 보는 그 화초의 매력에 빠져들었으며 희소가치가 있어서 고가로 거래되었다. 하지만 이것이 투기의 불씨를 당긴 건 아니었다. 이들 중에서 모자이크 바이러스에 감염된 화초가 있었는데 감염된 꽃잎에는 선명한 색상의 줄무늬가 나타났다. 사람들은 이 변종의 꽃에 더욱 매료되었고, 화초 자체는 금세 시들어버려 거래가 힘들었으므로 당연히 알뿌리에 관심이 집중됐다.

처음에는 내년에 유행할 변종을 예측하는 수준이었지만 점차 투자의 대상으로 인식되기 시작했다. 투자가치가 높다는 소문이 돌면서 너도나도 물량 확보에 주력했다. 그에 따라 구근의 가격이 빠른 속도로 상승함으로써 거래에 참여한 많은 사람들이 부자가 되었다. 처음에는 관심이 없던 사람들도 그저 사서 팔기만 하면 떼돈을 벌 수 있는 이 거래기회에 뛰어들었다. 이에 따라 참여자가 더욱 늘고 가격이 미친 듯이 상승하는 일이 계속되었다.

1630년대 중반에 들어서도 가격 상승은 이어지고 있었다. 1636년에 발간된 투자 정보지에 따르면 '황제'라는 이름의 최상 품종 구근 1개가 마차 1대와 말 2필 그리고 마구 일체와 교환되었다고 한다. 그보다 한 등급 낮은 품종은 3,000길더에 거래되었다고 하는데 당시 중산층 가정의 1년 생활비가 300길더였다고 하니 어느 정도의 열풍이었는지를 짐작할 수 있을 것이다. 사람들은 모든 재산을 동원할 뿐 아니라 빚까지 얻어 구근을 사고파느라 혈안이 되었다. 1637년에 이르러서는 1월 한 달 동안에 가격이 20배까지 오르기도 했다. 오르는 이유와 실제 가치 따위는 중요하지 않았다. 오로지 그들의 관심은 '더 많은 물량의 확보'에만 쏠려 있었다.

시장은 항상 효율적이다. 그리고 때로는 너무나 효율적일 때가 있다. 많은 물량을 확보하지 못한 투기꾼들은 새로운 수단을 강구하게 되었다. 파생시장이 생긴 것이다. 즉, 높은 프리미엄이 형성되자 사고팔 수 있는 권리를 매매하는 새로운 방법이 생겼으며, 현금 결제가 아니라 미래 어느 시점에 대금을 지불하기로 하는 어음 결제가 성행했다. 100길더인 튤립 구근을 구입할 수 있는 권리에 20길더의 프리미엄이 형성되어 있다 하더라도 시간만 조금 지나면 충분히 200길더에 팔 수 있었으며 즉시 대금을 지불하지 않아도 되었으니 거래는 더욱 촉진됐다. 현재 주식시장에서의 옵션매매 같은 방식이라 하겠다. 이러한 파생거래가 성행함으로써 천문학적인 레버리지가 발생했다.

투기 열풍의 종말은 '황제'라는 이름의 구근이 한 달간 20배 올라 황소 45마리까지 살 수 있는 5,200길더에 이르렀던 다음 달 불시에 찾아왔다. 팔자는 주문이 쇄도하여 시장은 마비되었고 가격은 연일 폭락했다. 불과 4개월 사이에 최고가에서 1~5%밖에 되지 않는 가격으로 떨어졌다. 그야말로 수직으로 낙하하는 칼날이었다.

레버리지를 사용한 투자자들은 모두 파산했다. 노동자, 빵집 종업원, 농부 할 것 없이 광기에 휩쓸렸던 모든 이들의 통곡이 이어졌다. 정부에서는 가격이 떨어질 이유가 없다고 공식적으로 발표했지만 어느 누구도 믿지 않았다. 가격은 계속해서 폭락했고 거리는 대혼란에 빠져들었다. 목숨 걸고 사려고 덤볐던 구근의 값이 양파 수준으로 떨어졌지만 이제 사려는 사람은 아무도 없었다. 결국 국가적인 경제위기로까지 발전하게 된 이 사건은 네덜란드 정부가 나서서 채권, 채무의 정리에 대한 극단적인 조치를 취하도록 함으로써 종결되었다.

네덜란드 튤립 투기 사건에서 1637년 2월 4일이라는 날짜가 기록될 정도로 붕괴는 명확한 날짜에 시작되었지만 그 이유에 대해서는 현재까지 어느 누구도 설명하지 못하고 있다.

그런데 더 놀라운 일은 1세기가 지나기도 전에 이와 같은 버블이 또 한 번 네덜란드를 휩쓸고 지나간다는 사실에 있다. 모든 국민이 크든 작든 '뜨거운 맛'을 봤음에도 1700년대 들어 또 다른 화초인 히아신스 열풍이 일었다. 1720년경부터 가격이 들썩이기 시작하여 1734년 정점에 이르렀는데 이때는 매매의 대부분이 선물거래로 이뤄졌다. 실제 화초나 구근을 만져보지도 않은 수많은 투자자들이 간단한 서류만으로 거래를 하면서 막대한 차익을 거둬들였다. 하지만 그로부터 5년이 지나지 않아 히아신스 투기에 참여했던 대부분의 거래자들이 파산하고 말았다. 과거의 고통으로부터 교훈을 얻지 못한 대가치고는 너무나 혹독한 것이었다고 말할 수 있겠다.

뉴턴도 파산시킨 남해회사 버블

'악화는 양화를 구축한다'*는 말이 있다. 현대에선 넓은 의미로 사용되나 원래의 뜻은 나쁜 돈이 넘쳐나면 좋은 돈은 묻어두고 나쁜 돈부터 쓴다는 말이다. 실제 영국에서 국왕의 사사로운 축재를 위해 함량이 떨어지는 은화를 대거 발행한 일이 있다. 헨리 8세 때의 일로 이러한 불건전한 화폐정책의 경험으로 오늘날 동전의 가장자리가 톱니바퀴 모양을 하게 되었다. 금화나 은화의 가장자리를 깎아 금이나 은으로 되파는 일을 막기 위해 등장한 방편이다.

---

*"bad money drives out good." 16세기 영국의 금융가였던 토마스 그레샴(Thomas Gresham)이 제창한 법칙으로 그레샴의 법칙이라고도 불린다.

영국 정부는 이처럼 문란한 통화정책을 바로잡고 화폐의 품질을 개선시키기 위해 다방면으로 노력했지만 허사였다. 프랑스와의 전쟁으로 국고를 소진하고 잉글랜드 은행의 주가도 폭락하면서 17세기 말 영국 경제는 공황상태나 다름이 없었다. 18세기에 들어서면서 뉴턴과 같은 과학자의 업적과 증기기관, 방직기 등의 발명으로 산업혁명의 토대가 마련되었지만 아일랜드와의 갈등, 스페인과의 전쟁 등으로 경제적으로는 항상 곤궁한 상태였다.

이러한 시기였던 1711년 전직 재무장관 로버트 할리Robert Harley 백작이 남해주식회사The South-Sea Company를 인가하고 남해에 대한 무역독점권을 부여한 뒤 스스로 사장으로 취임하였다. 하지만 이 회사의 주력 사업은 무역업이 아니라 주가 관리였다. 점차 상승하는 주가에 따라 투자자들이 몰렸고 주가 상승 속도가 더해졌다. 1719년 회사 운영진은 영국 의회에 국채를 남해회사 주식과 교환하자는 제의를 했다. 의회는 이를 애국적인 행위로 간주하여 찬사를 아끼지 않았고, 일부 정치인들도 주식투자에 참여했다. 국채를 사채로 대체하겠다니 말이 안 되는 이야기일 수 있으나 국가에 대한 신용보다 특정 회사에 대한 신뢰가 더 크다면 가능한 일이다. 당시로선 전쟁 후의 혼란한 시기라 영국 국채에 대한 신뢰도가 형편없었기 때문에 투자자들은 투자 여부를 저울질하고 있었다.

이 소식이 알려지면서 주식을 사려는 사람들이 더욱 몰려들었고, 남해회사는 본격적인 주가부양 작전에 돌입했다. 남해회사의 주가가 불기둥을 만들기 시작하자 로비를 통해 의회에서 유리한 법률을 통과시키기가 훨씬 수월해졌다. 주가가 떨어지면 국채와의 교환비율이 달라진다는 사실을 의회에서도 알고 있었기 때문이다.

이따금씩 주가의 상승이 진정 기미를 보이면 '영국과 스페인이 조약을 맺어 주요 항구에 대한 교역권을 남해회사에 부여했다' 거나 '남해회사가 은 광산의 운영권을 따냈다' 는 등 새로운 루머를 퍼뜨렸다. 그래서 이 회사의 주식에 대한 투기가 시작되었고 주가는 폭등했다. 1720년 1월, 128파운드였던 주가는 3월에 330파운드, 5월 550파운드, 6월 890파운드로 상승했고 그해 여름에는 1,000파운드에 육박했다. 주가가 올라감에 따라 많은 사람들이 큰돈을 벌었고, 이에 영향을 받은 사람들이 대거 몰려들면서 폭등세는 끝이 없을 것처럼 진행됐다. 직업도, 본분도, 도덕도 모두 뒷전이 되고 오로지 남해회사 주식을 사고자 하는 열망만 존재하는 비정상적인 날들이 이어졌다.

남해회사에 대한 투기 열풍이 고조되면서 주식 투기를 기대한 각종 사이비 주식회사들이 우후죽순처럼 설립되었다. 당시에 유행하던 벤처기업은 영구동력차량개발회사, 말사육촉진회사 등 허무맹랑한 사업목적을 제시하는 곳들이 대부분이었다. 이 회사들도 실체에 관계없이 남해회사의 주식 폭등세에 편승해 높은 주가 상승의 이득을 얻었다.

투기 열풍 붕괴의 계기가 된 것은 다름 아닌 남해회사 자신이었다. 빈껍데기뿐인 회사들이 정부로부터 허가를 얻어 주식을 발행함으로써 투자자들에게 손해를 준다는 이유를 들어 이들 회사를 상대로 소송을 제기하였고 정부에 거품회사금지법의 제정을 요구했다. 명분은 이러하였지만 실제 목적은 선량한 사람들을 지키기 위해서가 아니라 투기 자금을 자기 회사에 집중시키기 위한 것이었음은 누구라도 알 수 있는 일이다.

1720년 6월 최초로 관련 법률이 제정되었으며, 법률은 거품회사들의 해산을 명령했다. 이들 회사의 주가는 순식간에 폭락했으며 그 여파가 남해회사에까지 미쳤다. 대출을 받아 주식을 매수했던 투자자들은 주가가 하락하자 빚을 갚기 위해 남해회사의 주식까지 팔아야 했던 것이다. 결국 남해회사의 주가는 최고치의 7분의 1까지 급락했다.

이것이 남해회사 버블의 전말이다. 많은 지주와 상인들이 재산을 잃었으며 파산에 이른 가계가 속출했다. 이러한 결과는 정치적으로도 비화되었으며 이 사건 후 1세기 동안이나 주식회사 설립이 금지되어 경제발전에 적지 않은 걸림돌이 되었다. 당시 조폐국장으로서 남해회사 주식에 투자했던 아이작 뉴턴은 초기에 100%의 수익을 올렸다고 한다. 하지만 주가가 더 오를 것으로 판단해 다시 뛰어들었다가 큰 손해를 입었다. 그가 남긴 다음과 같은 말은 남해회사의 버블을 대표하는 명언이 되었다.

"천체의 움직임은 계산할 수 있지만 인간의 광기는 계산할 수 없었다."

프랑스의 미시피 버블

'짐이 곧 국가다'라며 왕권신수설을 외쳤던 프랑스의 루이 14세는 베르사유 궁전을 짓는 등 재위 70여 년간 온갖 사치와 전쟁으로 국고를 낭비했다. 그가 1715년 사망했을 때 다섯 살 증손자 루이 15세에게 남겨진 것은 감당할 수 없는 빚뿐이었다. 당시 프랑스 정부의 수입은 1억 4,500만 리브르로 지출 1억 4,200만을 차감하면 300만이 남는데, 채무에 대한 이자만도 30억 리브르에 달하는 상황이었다.

파산위기에 처한 프랑스를 구하기 위해 루이 15세의 섭정 필립 2세가 귀족들의 은닉재산을 찾아내 세수를 늘리려 했지만 오히려 사회적 혼란만 가중시켰다. 이때 존 로$^{John\ Law}$가 이 문제를 해결할 획기적인 아이디어를 가지고 그를 찾아왔다. 그의 아이디어란 새로운 통화의 공급이었다. 주화만 고집하지 말고 네덜란드나 영국처럼 지폐를 발행하면 문제를 해결할 수 있다는 것이었다.

필립 2세는 '인도보다 더 큰 선물'이라고 반색하면서 '프랑스의 은인' 로에게 공작 지위를 부여하였다. 한때 스코틀랜드의 죄수 신분으로 탈옥수였던 그가 이제 프랑스의 귀족이 되다니 너무나 극적인 반전을 이뤘다고나 할까.

필립 2세는 로의 계획대로 1716년 지폐를 발행했고, 이 지폐로만 세금을 납부하도록 만들었다. 최초로 설립된 왕립은행 방크 제너럴이 대단한 성공을 거두었고 당연히 정부의 재정도 탄탄해졌다. 이에 감탄한 필립 2세는 로의 또 다른 계획 미시시피회사의 설립도 인가하기에 이른다.

　로의 계획은 당시 프랑스 땅이던 미시시피강 유역의 루이지애나에 대한 식민지 개발권과 교역권을 독점하는 회사를 세우고 주식 공모를 실시한다는 것이었다. 왕립은행에서 발행한 지폐를 주식 공모를 통해 회사에서 흡수하고 이 자금을 국가에 대출해주면 정부는 이 돈을 채무상환 등에 사용할 수 있으며, 유출된 지폐는 다시 회사가 흡수한다는 생각이었다.

　공모대금을 받아 정부의 채무를 갚을 수도 있었고 식민지도 개발할 수 있다는 아이디어에 도취된 필립 2세는 담배 판매와 세금 징수권, 화폐 주조권을 비롯하여 동인도제도와 중국에서의 통상 독점권이라는 더욱 풍성한 특혜를 주었다. 은행도 발전했으며 미시시피회사의 주가도 끝을 모르고 치솟았다. 식민지에서 유입되는 황금을 기대하고 정부 보증이라는 재료를 가진 회사의 주식을 사기 위해 프랑스 사람들은 연일 장사진을 이루었다. 왕립은행이 발행하는 은행권은 정부에 대출되었고 정부는 이 돈을 정부 지출에 사용하였으며, 은행권을 받은 사람들은 이 돈으로 미시시피회사의 주식을 샀다. 그리고 미시시피회사의 주식 매각으로 조달된 거액의 자금은 루이지애나 개발에 투자되었을 뿐만 아니라 정부에 다시 대출되었다. 이러한 과정이 계속 반복되었다.

　미시시피회사가 정식으로 상장한 직후부터는 이 회사 주식에 대한 열풍이 투기 수준으로 급진전했다. 수천, 수백만 리브르의 돈이 주식

매입에 투입되었다. 1718년 액면가 500리브르로 시작한 주가가 1719년 2만 리브르까지 1년 만에 4,000%나 폭등하였음에도 떨어질 기미가 없었다. 주가가 하락할 만하면 '서인도회사 설립'과 같은 초대형 재료들을 터뜨려줬기 때문이다. 일반인들은 물론 당시 귀족으로서 이 회사의 주식을 갖지 않은 사람을 찾을 수가 없을 정도였으며, 한 주라도 더 확보하기 위해 투자자들은 아우성이었다. 당연히 로는 프랑스에서 가장 영향력 있는 인물이 되어갔다.

그런데 주식시장이 폭등함에 따라 자산 가격도 상승하고 결국 프랑스에서는 심각한 인플레이션이 대두되었다. 빵과 우유 등 식료품 가격이 6배나 폭등했다. 인플레이션이 극심하면 사람들은 현금보다는 현물을 가지기를 희망한다. 심상치 않은 분위기를 감지하고 위기를 느낀 투자자들 중 일부는 차츰 주식을 매도하고 부동산이나 금, 금화를 보유하기 시작했다.

파국은 1720년 6월에 찾아왔다. 미시시피회사 열풍의 시초이자 근거였던 루이지애나의 금광에서 금맥이 발견되지 않았던 것이다. 게다가 1720년 초 콩트 왕자가 은행권을 왕립은행에 보내 경화로 환전해줄 것을 요청하였다. 청구액이 상당한 액수였기 때문에 금화로 바꾸는 데는 3대의 마차가 필요했다. 이를 시발점으로 몇 사람이 은행권을 경화로 바꾸어 영국과 네덜란드로 반출했다. 이렇게 하여 버블의 붕괴가 시작됐다.

회사는 신뢰를 회복하기 위하여 슬럼가의 부랑자들을 불러 모아 루이지애나에 금을 캐러 가는 것처럼 파리 시내를 행진하는 쇼를 벌이기도 했다. 그러나 부랑자의 대부분이 도중에 도망쳤다. 이 때문에 금이 발견되지 않았다는 뉴스는 삽시간에 퍼져나갔으며 왕립은행에 환전을 요구하는 사람들이 대거 몰려들었다. 군중들은 단돈 10리브르라도 환전하기 위해 아우성을 쳤으며 7월에는 그 아귀다툼 속에 사망자가 발생하기까지 했다. 결국 이 사태의 해결을 위해 정부가 나서야 한다는 여론이 비등했다.

하지만 정부 역시 인플레이션과 거품 붕괴에 대해 별다른 안을 갖지 못했다. 모든 책임을 외국인인 로에게 전가하였지만 정작 로는 해외로 도피하여 책임 질 주체가 없었다. 이후에 세금제도를 개혁하여 재정난을 극복하고자 했던 프랑스는 귀족들의 거센 반발에 부딪혀 성공을 이루지 못했으며 계층 간 위화감만 가중시켜 결국 프랑스 대혁명으로 이어지게 된다.

1803년 프랑스는 말 많고 탈 많던 루이지애나를 손해만 입히는 쓸모없는 땅이라 판단하고 미국에 매각하기로 결정한다. 미국의 경제학자 슘페터$^{Joseph\ A\ Schumpeter}$는 존 로를 '역사상 최고의 화폐 전문가'로 평가했지만 프랑스에서는 그다지 환영받는 인물이 아니다. 이후 100년 가까이 은행권을 발행하는 대형은행이 설립되지 않았다. 또한 아직까지 뱅크^{bank}라는 단어에 거부감을 갖고 있다는 사실만 봐도 알 수 있다. 오늘날까지도 프랑스에서는 소시에떼$^{Société,\ 회사}$나 크레디$^{Crédit,\ 신용}$가 은행의 의미로 쓰이며 뱅크를 쓰는 곳은 주로 외국계 금융사다.

1929년
월스트리트 주가대폭락

역사적으로 살펴보면 전쟁에는 항상 위험과 기회가 공존해왔음을 알 수 있다. 전쟁으로 망할 수도 있지만 흥할 수도 있다는 것인데, 전쟁으로 흥한 대표적인 나라 중 하나가 바로 미국이다.

1914년 제1차 세계대전이 터지기 전까지만 해도 미국은 초강대국으로 불릴 만한 국가는 아니었다. 대서양 건너편에서 전쟁이 터지자 미국도 처음에는 큰 타격을 받는 듯했다. 증시는 5개월간 열릴 수 없었고 농산물 수출도 급감했다. 하지만 이 고비를 넘어서자 미국은 유럽의 농부들이 모두 전쟁에 참여한 틈을 타 세계의 병기 제조창과 식량 창고로 급부상한다. 한 예로 전쟁 직후 밀 수출량이 연간 약 5억 킬로그램이었지만 이듬해부터는 27억 킬로그램까지 급증했다. 전쟁이 장기화됨에 따라 공급되어야 할 군수물자의 양도 기하급수적으로 늘어났다.

전쟁 전 세계 최대의 채무국이던 미국은 전쟁이 끝나면서 세계 최대의 채권국으로 바뀌었다. 이에 따라 미국 전역은 풍요로운 분위기가 넘쳤고 풍부한 유동성은 부동산과 주식시장 등 새로운 투자처로 흘러들었다. 이 시기 미국에서는 폰지 게임으로 이어지는 피라미드 사기, 플로리다 부동산 열풍 등 수많은 사건들이 있었지만 여기에서는 1929년의 주가 대폭락에 대해 알아보려 한다.

전쟁 특수로 사회는 활기차고 희망에 넘쳐 있었으며 그중 많은 자금이 주식시장으로 유입됐음은 이미 이야기한 바와 같다. 1921년 54.8포인트였던 다우존스공업 지수는 1928년 봄부터 뛰기 시작하여 1929년 381포인트까지 7배 가까이 급등했다. 이러한 급등세에는 통화 당국의 재할인율 인하정책과 주식 매수를 위한 신용 대출이 큰 몫을 했다.

몇 차례 주가가 등락을 거듭하긴 했지만 결과는 항상 우상향이었다. 저녁식사 테이블에서는 주로 주식투자로 벼락부자가 된 꿈같은 이야기들이 화제로 올랐다. 어느 젊은 은행가는 그가 가진 재산을 모두 주식에 투자하여 한평생 먹고 살 수 있는 돈을 벌었다고도 하고 어느 미망인은 돈을 벌어 큰 별장을 샀다는 이야기도 오갔다. 이런 무용담들은 주식투자 인구를 급격히 양산했다. 대부분의 사람들이 회사의 성격도 모른 채 투기에 전념했다. 이 사이 주식 투자자는 통계마다 다르긴 하지만 대략 500만 명에서 2,000만 명으로 불어났다. 교사와 자영업자는 물론 구두닦이나 반체제인사까지도 주식투자에 동참했다.

지수는 1929년 9월 3일 최고치를 기록했다. 예일 대학의 어빙 피셔Irving Fisher 같은 경제학자는 '주가가 영원한 고원에 도달했다'라며 주식시장의 가치가 합리적임을 선언했다.* 대부분의 사람들 역시 어느 정도의 조정은 있겠지만 더 큰 폭으로 오를 것이라는 기대를 버리지 않았다.

---

*이 불운한 경제학자는 이후 자신의 오판을 분석하여 1933년에 '대공황에 대한 부채-가격 폭락 이론'을 제창했다.

이처럼 과열된 상황을 진정시키기 위해 미 연준은 1929년 8월과 9월에 재할인율을 거듭 인상하면서 금융 긴축을 단행했다. 이를 계기로 거품 증세에 우려를 갖고 있던 투자자들이 일제히 투매하면서 지수가 붕괴하기 시작했다.

첫 번째 날벼락은 10월 24일 목요일에 찾아왔다. 이날도 개장 직후는 정상적으로 거래가 이뤄졌으나 1시간여 만에 대부분 주가가 곤두박질치기 시작하는 기현상이 빚어졌다. 매수세 없는 매도물량이 계속해서 쏟아졌으며 객장 안의 모든 군중들은 어찌할 바를 모르고 웅성댈 뿐이었다. 하지만 당일 종가는 기관들의 방어로 평균 수준으로 회복되었다. 우매한 군중들이 우왕좌왕 매도물량을 쏟아내는 동안 현명하고 똑똑한 지식인들은 침착하게 대응했다. 하버드 대학 경제학회는 10월 26일자 신문에다 '어느 정도의 조정'이라며 조만간 예전 수준의 주가를 회복할 것이라 공언했고, 어빙 피셔 교수는 '시장이 정신착란증을 일으키고 있을 뿐'이라며 자신의 전 재산을 시장에 투입하기로 한다.

하지만 경제학자들의 예측과 달리 더욱 심각한 매도물량의 폭격은 그다음 주인 10월 29일에 나타났다. 이날을 보통 '검은 화요일Black Tuesday'이라 부른다. 이날 하루 동안 다우존스공업 지수는 40포인트나 폭락했고 100억 달러가 공중으로 사라졌다. 객장의 투자자들은 세상이 끝나는 듯한 공포 속에 부들부들 떨고 있었을 뿐 팔려고 해도 매수세가 완전히 사라져 거래를 할 수가 없었다.

그런데 그 얼마 뒤 급락이 진정되고 이듬해 봄까지 지수는 다시 상

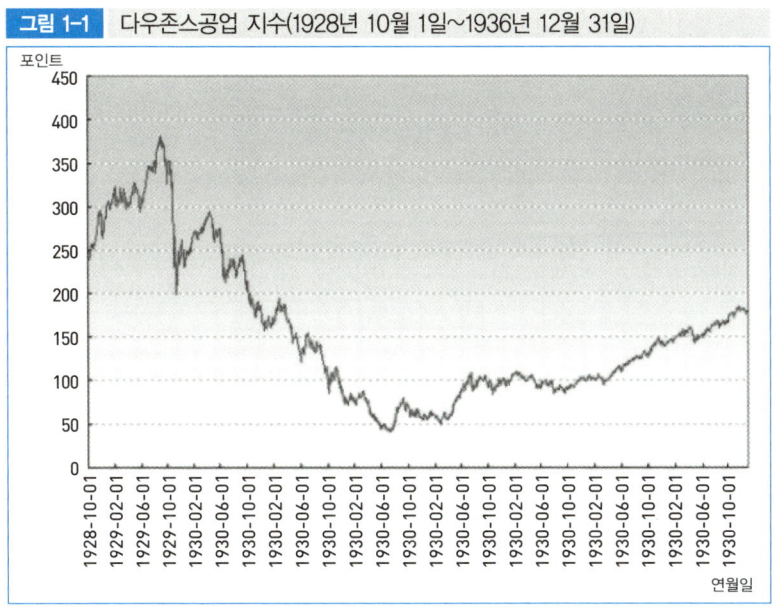

그림 1-1 다우존스공업 지수(1928년 10월 1일~1936년 12월 31일)

승세를 보여줬다. 폭락 저점 대비 45%나 회복한 것이다. 이를 보고 대다수는 다시금 낙관적 전망을 갖기 시작했다. 당시 허버트 후버 Herbert Clark Hoover 미국 대통령은 경기가 회복되고 있다고 공언했고 경제인들도 이젠 투자를 늘릴 때라고 입을 모았다.

하지만 이번에도 시장은 예측을 비켜갔다. 지수는 1930년 중반부터 다시 하락하여 1932년 7월 41포인트를 기록, 고점 대비 10분의 1 수준에 이르렀다. 주식시장의 붕괴는 이후 대공황의 시발점이 되었다. 1929년부터 1933년까지 GDP와 공업생산, 주택착공 등 모든 지표가 큰 폭 하락한 반면 경기 침체에 따라 실업률만 25%로 급격히 늘었다. 시중은행들도 약 절반 정도인 1만여 개가 도산하였고 어빙 피셔 교수도 전 재산을 잃었다. 여하튼 모두가 파산했다. 거리에는 노숙자들이 들끓었으며 끝이 없는 구직 행렬을 도시마다 볼 수 있었다.

표 1-1 1930년대 전후 미국의 경제지표 (단위: %)

	호황기(1926~1929)	대공황(1929~1933)
명목GDP	7.0	-45.6
실질GDP	10.6	-26.5
광공업생산	15.3	-35.5
주택착공	-40.0	-81.7
소비자물가	-3.4	-24.0
기업수익	68.9	-80.0
수출	8.9	-68.0
경상수지(GDP 대비)	0.8	0.3
실업률	8.7	24.9

※ 실업률, 경상수지는 각 기간 말 수치
※ 자료: 미국 조사부 통계

롱텀캐피털, 천재들의 몰락

투자investment와 매매trading는 다르다. 주식을 비롯한 증권시장에서 수익을 얻으려면 자신이 투자를 할 것인지 매매를 할 것인지를 먼저 살펴볼 필요가 있다. 매매자의 주식시장 참여 목적이 시세차익의 추구인 데 비해 투자가는 자산이 부가가치를 창출할 때까지 보유하여 수익을 낸다. 그런 의미에서 볼 때 'Long Term Capital Management 장기자산운용'라는 이름은 아이러니가 아닐 수 없다. 그들은 증권을 장기적으로 소유하지 않았을 뿐 아니라 장기적으로 운용하지도 않았기 때문이다. 여하튼 비교적 최근의 주목할 만한 사건임에 틀림이 없는 것은 이 회사의 두 자문위원이 노벨상을 수상한 경제학자였다는 점이 크게 작용한다.

 롱텀캐피털은 존 메리웨더John Meriwether가 1994년 설립한 투자회사다. 메리웨더는 미국의 투자은행 살로먼 브라더스에서 일하면서 월스트리트 최고의 트레이더로 촉망받던 인물이다. 출발 당시 이 회사는 로버트 머튼Robert Merton과 마이런 숄즈Myron S. Scholes라는 두 명의 경제학 교수를 비롯하여 FRB 부의장 데이비드 뮬린스David Mullins, 그리고 아이비리그 출신의 박사들로 구성된 환상의 드림팀을 구성하여 세간의 주목을 받았다. 특히 숄즈는 옵션시장의 가치 산정 기준으로 자리 잡은 '블랙-숄즈 모델' 개발자 중 한 명이다. 그 공로로 1997년 노벨 경제학상을 (공동)수상하기도 했는데, 이 모델의 개발을 기점으로 전 세계 파생금융상품시장이 급속도로 성장할 수 있었다.

 드림팀이 출범하자 이들이 운영하는 헤지펀드*에 투자하고자 하는 세계 각지의 은행과 큰손들이 모여들어 순식간에 10억 달러가 넘는 투자금이 모였다. 롱텀캐피털은 저위험-고수익 전략을 고안해냈다고 스스로 공언했고, 실제로 한동안 상상을 초월하는 고수익을 올렸다. 1995년 59%, 1996년에는 57%라는 엄청난 수익률을 기록한 것이다.

---

*헤지펀드라는 펀드를 찾는 카페 회원들이 간혹 있었다. 헤지펀드란 특정 펀드의 이름이 아니라 특정 투자집단 또는 투자전략을 일컫는다. 최초 헤지펀드는 1949년부터 시작된 것으로 알려져 있다. 처음에는 부유한 자산가들의 안전한 자산관리를 위해 설립되었으며, 1990년대 들어 금융시장의 자유화와 함께 본격 성장했다. 헤지펀드의 특징은 파생상품이나 공매도기법 등 투자상품과 기법을 가리지 않고 높은 레버리지를 사용하는 사모방식이라는 데 있다. 또한 사모펀드로 최소한의 규제만 받기 때문에 파생상품을 매우 적극적으로 활용하는 등 일반 펀드에서 수행하기 어려운 투자전략을 취한다. 가령 채권시장의 전반적인 움직임에 베팅하는 것이 아니라 두 증권 간 스프레드에 베팅하는 식이다. 이런 투자전략을 이용하여 시장의 체계적 위험을 회피(hedge)하기 때문에 헤지펀드라 불린다.

10억 달러로 출발한 롱텀캐피털의 자기자본은 1997년 말 75억 달러로 불어났고, 최초 투자자들에게 배당한 수익만도 27억 달러였다.

그들은 스프레드를 활용한 거래를 했는데 동일한 자산을 기초로 하는 두 투자 대상의 가격이 일시적으로 벌어질 때 고평가된 것을 매도하고 저평가된 것을 매수함으로써 그 차익을 얻었다. 이를 무위험 차익거래arbitrage라 한다. 그런데 단순히 차익거래만으로는 수익률이 크지 않을 뿐 아니라 자신들의 수학적 모델과 이론에 대해 확신을 가지고 있었기에 레버리지를 적극 활용했다. 부채비율이 자기자본 대비 최고 25배에 달했고 1조 2,500억 달러에 달하는 파생상품 포지션을 유지했다. 당시 1조 2,500억 달러는 한화로 1,250조 원으로 전 세계 연간 교역량의 20%를 넘는 어마어마한 규모다. 롱텀캐피털은 1997년에도 전년도에는 못 미치지만 투자금의 규모를 고려하면 여전히 엄청난 25%의 수익률을 기록했다.

이렇듯 승승장구하던 드림팀의 종말은 1997년 아시아 경제위기와 함께 시작됐다. 아시아의 경제위기가 러시아까지 파급되었을 때 드림팀의 천재들은 러시아 채권이 저평가 상태에 있다는 수학적 결론을 내렸다. 만약 러시아가 파산하면 세계 경제에 악영향을 미칠 것이므로 선진국들의 구제책이 마련될 것이라는 게 이들의 판단이었다. 그리하여 미국과 러시아 채권금리 간 스프레드에 대대적인 베팅을 하였다(러시아 채권 매수, 미국 채권 공매도). 하지만 1998년 8월 러시아가 모라토리엄을 선언하면서 러시아 채권은 휴지조각이 되었고 매수세가 몰린 미국 채권은 급등하여 스프레드가 더 벌어지는 예상치 못한 일이 발생했다. 더욱이 경제적으로 혼란스러운 상황에서 위험자산을 회피하려는 분위기가 형성되며 투자자들의 환매 붐이 일어난 것도 큰 타격이었다.

롱텀캐피털은 마진콜*을 당하게 되었고 증거금을 내기 위해 보유하고 있던 다른 포지션들까지 청산해야 했다. 이러한 과정에서 펀드의 손실이 눈덩이처럼 불어나 1억 8,500만 달러에 이르렀다. 금융천재들에게 의존해 수익을 꿈꿨던 수많은 투자자들이 피해를 입었고 세계 금융시장까지 패닉 상태에 빠졌다. 메리웨더는 증거금을 마련하기 위해 큰손들에게 지원을 요청했으나 이뤄지지 않았다. 많은 금융기관들이 롱텀캐피털의 펀드에 투자를 하고 있던 상태였고 롱텀캐피털의 사태로 주가가 급락한 터라 여력이 있을 리 없었다. 이 사태 역시 국가적인 유동성 하락을 방지하고자 연방준비은행이 자금을 투입하여 종결시켰다. 하지만 급격히 확대된 파생상품시장의 규모로 볼 때 롱텀캐피털의 후폭풍은 여전히 잠재되어 있다는 견해도 만만치 않다.

지금까지 역사적인 사례 몇 가지를 이야기해보았다. 돈에 휩쓸려가는 집단적인 광기가 결국 어떤 결말을 맞는지 생각해보는 계기가 되었으면 한다. 이 사건들은 날짜와 가격, 지수 등의 구체적인 수치

---

*margin call. 증거금 추가납부 통지. 외환이나 상품의 선물거래를 할 때는 일정 비율의 개시 증거금을 중개회사에 맡겨야 한다. 거래를 하여 장부상 금액이 증거금을 넘는 만큼을 인출할 수 있으며 증거금을 밑돌 경우 부족한 만큼을 채워야 하는데 중개회사가 고객에게 이를 통지하는 것을 말한다.

까지 알려져 있지만 정작 열풍의 원인과 붕괴의 이유에 대해서는 수많은 설들만 분분하다. 집단을 이루는 인간의 심리를 명쾌하게 설명한다는 것이 쉽지 않은 일이기 때문일 것이다.

개미들은 왜 망하는가?

대부분의 투자자들이 장밋빛 환상을 안고 주식시장에 참여한다. 화창한 날은 요트나 윈드서핑을 즐기기 좋은 바다지만 폭풍이 몰아치는 생사의 갈림길로 돌변할 수 있는 곳이 바로 주식시장이다. 따라서 수영도 할 줄 모르고 물에 뛰어드는 것은 자살행위나 다름없다.

주식시장에서 수익을 낸다는 것은 무척 어렵다. 더군다나 일시적으로 수익을 내는 것이 아니라 지속적으로 수익을 내고 그것을 지키는 일은 더욱 어렵다. 인간이기 때문에 트레이딩 과정의 수익과 손실에 감정적으로 영향을 받기 때문이다. 하지만 너무 겁낼 필요도, 긴장할 필요도 없다. 앞서 서술한 역사 속의 실패를 제대로 이해한 독자라면 치명적인 손실을 입을 확률은 확연히 줄어들 것이라 믿는다.

'혼자만 바보 된 느낌'이 투자를 망친다

그동안 카페를 운영하면서 많은 투자자를 만났다. 이해되지 않는 몇 가지 일들 중 하나는 왜 개미들은 고점에서 사서(매수, 가입) 저점에서 파는가(매도, 환매) 하는 것이다.

잠시 다른 예를 들어보자. 당신이 냉장고를 산다고 가정하자. 가장 먼저 TV나 신문 등 매체의 광고를 유심히 볼 것이다. 그러고는 백화점 가전코너에 가서 온갖 냉장고를 면밀히 살펴볼 것이다. 삼성, LG 등 브랜드마다 제품의 특장점을 꼼꼼히 살피고 가격도 비교해볼 것이다. 그것만으로 금방 어떤 제품을 살지 결정하는가? 십중팔구는 옆집 아줌마나 언니에게 물어보고, 인터넷에서 사용후기도 검색하면서 가격 대비 성능과 디자인을 고려해 몇 개 제품으로 압축할 것이다. 정말 '깐깐한' 사람이라면 그런 후 다시 매장에 가서 실물을 확인하기도 할 것이고…. 어쨌든 일상생활에서 써야 할 가전제품 하나를 사는 데도 안테나를 곧추 세워 최선의 결정을 내리기 위해 고심한다는 말이다.

그런데 펀드투자는 어떠한가? 대부분의 개미들이 펀드투자에 처음 관심을 가지는 시기는 누군가에게 펀드로 돈을 벌었다는 이야기를 듣는 순간이다. 이때부터 갑자기 조급해진다. 가만 듣고 보니 다들 펀드에 가입해 별 노력 없이도 돈을 벌고 있는데 자기만 회사 일에 치여 아등바등하는 것 같다. 그래서 금방 전해들은 그 펀드에 바로 가입을 한다. 물론 거치식이든 적립식이든 냉장고 값에 비하면 큰돈이다.

직접투자를 하는 경우도 이와 다르지 않다. 지수가 상승하고 무슨 종목이 상한가를 쳤다느니, 한 달에 얼마가 올랐다느니 하는 이야기를 들으면 자신만이 소외되었다고 생각하고 상대적인 박탈감에 시달린다. 누구누구가 상상 이상의 큰돈을 벌었다는 소식이라도 듣게 되면 그러한 수익금과 수익률이 자신의 목표가 되고 만다. 주식시장에 참여하기 위해 공부를 하면서 적절한 타이밍을 기다리던 예비 투자자들이 섣부르게 시장에 뛰어드는 경우가 바로 이런 때다.

하지만 애석하게도 남들이 돈을 벌었다고 할 때는 대부분 주가가 고점을 달리고 있을 때다. 오랫동안 상승해왔기 때문에 시장 밖에서도 누구나 알 만큼 일반적인 소식이 된 것이다. 그런데도 활활 타오르는 시세판을 보고 있자면 주식 하나 갖고 있지 않은 자신이 바보처럼 느껴져 열광의 대열에 합류한다. 주가는 무한정 오르기만 하지는 않는다. 기대에 찬 시선들이 모두 시세판에 쏠리는 시점이 되면 시장은 조용히 방향을 바꾼다. 그리고 산이 높을수록 골도 깊다.

보통은 펀드나 주식투자를 해서 돈을 잃었다는 이야기는 하지 않는다. 자신의 존재감과 관련된 문제이기 때문에 그런 것 같다. 소중하고 존중받아야 할 자신이 투자로 손해를 봤다고 떠벌리고 다니는 행위는 스스로의 존재감을 훼손시키는 일이라고 느끼는 것이다. 역으로 주식시장에서 수익을 얻었다면 은연중 누군가에게 자랑을 하게 되어 있다. 그래서 주식시장에는 항상 벌었다는 사람이 넘쳐난다. 아니, 잃었다는 사람은 좀처럼 만나기 힘들다.

이런 일은 팔 때도 마찬가지다. 주가가 계속 떨어지면 술자리에서는 얼마나 잘 팔았는지가 화제가 된다. 적절한 타이밍에 빠져 나왔다는 무용담 뒤에 사람들은 꼭 한마디를 덧붙인다. "너 아직도 펀드 가지고 있어?" 이 말을 들은 초보 투자자는 그때부터 또 마음이 급해진다. 모두가 다 팔았다는데 혼자만 바보 된 느낌이 들기 때문이다.

시장 변동의 가장 큰 요인은 투자자의 심리다. 투자심리는 필자가 실제로 투자에서 가장 신뢰도 높게 활용하는 측면이다. 펀드의 매수시점에 대해 이야기하는 부분에서 다시 한번 다루도록 하겠다.

미래의 주가는 보고 싶은 대로 보인다

어떤 일의 사실과 그 사실에 대한 느낌은 다르다. 곰곰이 생각해보면 인간을 움직이는 것은 어떠한 사실이 아니라 그 사실에 대한 느낌인 것 같다. 누군가의 사랑을 받아들일 때 우리는 느낌의 지배를 받는다. 고소공포증 같은 경우도 높다는 사실 자체가 아니라 높이에 따른 느낌 때문이다.

이것은 주식시장에서 흔히 경험하는 일이다. 내일의 주가가 오를 것인가, 떨어질 것인가? 이 질문에 자신 있게 대답할 수 있는 사람이 지구상에 존재할까? 두말하면 잔소리일 것이다. 분명 존재하지 않는다.

하지만 당신은 때때로 그 답을 알고 있다고 믿는다. 당신이 만약 현재 전 재산을 주식투자에 쏟아 부었다고 가정한다면 어떨까? 조그마한 뉴스도 모두 엄청난 호재로 해석되기 시작하며 당연히 내일은 주가가 오를 것이라고 판단한다. 떨어진다고 보는 사람은 그때부터 모두 하수고 적이 되어버린다.

한편 당신이 만약 전 재산을 투자하기 위해서 투자 시점을 노리고 있다고 가정하자. 그러면 어떻게 될까? 그렇다. 내일은 주가가 당연히 떨어질 것이라고 말한다. 물론 주위 눈치가 좀 보이겠지만. 심리적으로 당연히 떨어지길 바라면서 조그마한 악재도 주가를 끌어내리기에 충분한 악재로 확대되어 보인다.

신경경제학의 연구에 따르면 인간의 뇌는 반사와 반성(또는 직관과 분석)이라는 두 체계적 측면을 가지고 있다고 한다. 그런데 시장에 들어선 순간 우리의 전두엽 피질은 반성체계는 가동을 중지시킨 채 반사체계만 작동시켜버린다. 그렇기 때문에 모두가 손실의 가능성은 외면한 채 빨갛게 타오르는 주가에만 주목하게 되는 것이다.

기본적으로 인간은 보고 싶은 대로, 믿고 싶은 대로 보게 되어 있는 것 같다. RV차량을 사기 위해서 관심을 가진 적이 있었다. 새 차를 사야겠다고 마음먹기 전에는 시내에 그렇게 많은 RV차량이 다니는지 몰랐다. 사실 이런 정도는 귀여운 착각에 속한다. 만약 투자를 하면서 이런 시각에 빠지면 큰 문제가 된다. 정보를 읽을 때 주관이 지나치게 개입되어 근거 없는 낙관을 고수하며 시장과 싸울 수도 있다.

{ 시간을
내 편으로 만들지 못한다

주식투자로 돈을 벌게 해달라고 수년간 밤낮으로 기도를 드린 투자자가 드디어 산신령으로부터 계시를 받았다. 산신령은 자루에 종목 이름이 새겨진 금도끼와 은도끼 하나씩을 던져주면서 두 종목 모두 10년 동안 절대 망하지 않는 회사라며 알아서 선택하라고 했다. 금도끼에 적힌 회사는 앞으로 40년 후에 20배의 수익이 보장된 회사였고, 은도끼에 적힌 회사는 한 달에 1%를 얻게 해주는 종목이라고 한다. 우리의 주인공은 CMA에 잠자고 있던 여유자금과 여기저기서 박박 긁어모은 돈으로 총 1,000만 원을 마련했다.

금도끼 종목에 투자한다면 40년 후에 20배가 되니 원금 1,000만 원을 투자한다면 2억이 된다. 그럼, 은도끼 회사는? 수익률을 알아보기 위해서 계산기를 두드리기 시작했다.

10,000,000원의 1%는 100,000원이니까 10,100,000원이 되고 그 다음 달에는 10,100,000원을 투자했으니 이자가 101,000원이 되어서 원금이 10,201,000원이 되고…. 40년은 480개월이다. 인내심을 가지고 열심히 계산기를 두드렸지만 번번이 99번을 넘기지 못한다. 50번째 달까지는 간신히 계산을 했지만 숫자를 잘못 누르는 바람에 계산이 엉망이 되고 말았다. 컨디션이 엄청 좋은 어느 날 그는 1번부터 다시 시작해서 240번째 날까지 왔다. 106,779,273원이었다. 그러다가 잠시 화장실을 다녀오느라 깜빡해버렸다. 다시 1부터 시작하려

니 도저히 답이 나오지 않아서 마침내 결정을 내리기로 한다. '1번 종목은 1,000만 원을 투자해서 2억을 벌고, 2번 종목은 20년까지 계산했는데 1억을 약간 넘는군. 더 계산한들 얼마나 달라지겠어?' 투자자는 당연히 첫 번째 종목을 선택했다는 슬픈 이야기가 전해온다 (투자원금 1,000만 원을 한 달에 1%씩 복리로 증가시키면 40년 후에는 무려 1,163,098,961원이 된다!).

워렌 버핏은 '사람들은 서서히 부자가 되는 것보다 당장 다음 주 복권에 당첨될 가망성에 더 큰 희망을 건다'고 말했다. 대다수 개인 투자자들은 주식투자로 일시에 대박을 먹겠다는 환상을 갖고 시장에 뛰어든다. 위 이야기의 주인공은 한 달에 1%라는 느린 속도를 참지 못했다. '종목만 잘 고르고 타이밍만 잘 맞추면 몇 분 사이에도 벌 수 있는 게 1%인데' 라는 생각이었을 것이다. 그러나 매월 1%를 꾸준히 벌어들이고 그 수익이 재투자될 때 시간이 흐름에 따라 얼마나 엄청난 위력을 발휘하는지를 알아야 한다.

'주식시장에서는 상승장에서도 돈을 벌고 하락장에서도 돈을 벌 수 있다. 그러나 탐욕으로는 결코 돈을 벌 수 없다' 는 격언이 있다. 일확천금 심리는 이미 탐욕으로 똘똘 뭉쳐진 마음상태이기 때문에 주식시장을 이성적으로 보지 못하고 감정적으로 대하게 된다. 이런 투자자들은 누군가가 그럴 듯하게 포장한 정보를 제공하기만 하면 백발백중 낚이기 마련이다. 이러한 투자 마인드는 결국 시장을 적으로 만드는 단타심리로 자랄 뿐이다.

광고와 정보 사이에서 오락가락한다

광고와 정보의 차이는 무엇일까? 정보의 홍수 속에서 살고 있는 우리 투자자들에게 정보와 광고를 구분하는 일은 무척 중요하다. 가령 우연히 은행을 방문했는데 은행 직원이 "브릭스펀드가 뜨고 있어요. 좋은 펀드가 있는데 가입해보시겠습니까?"라고 말한다면 이 말은 정보일까, 광고일까? 아니면 부분적으로 정보이고 부분적으로 광고인 것일까?

광고마케팅이라는 학문이 있지만 정보와 광고의 차이를 구분하는 방법은 어찌 보면 너무나도 간단하다. 자신이 모르는 무언가 새로운 사실이 있다고 하자. 나는 가만히 있는데 그 사실이 내게 다가온다면 그것은 광고다. 반면 그 사실은 가만히 있는데 내가 찾아갔다면 정보일 가능성이 크다. 다시 말해 새로운 사실을 찾는데 어떠한 노력이나 비용이 든다면 정보일 가능성이 크다는 말이 되고, 노력과 비용 없이 그냥 다가온다면 광고일 가능성이 크다는 얘기다. 그러므로 위에서 예로 든 은행 직원의 말은 결과적으로 펀드 판매를 위한 광고로 볼 수 있다.

그럼 9시 뉴스에서 나오는 새로운 뉴스는 정보일까, 광고일까? 필자는 (대부분이) 광고라고 본다. 그냥 신경 쓰지 않고 있어도 들리는 것이 뉴스이기 때문이다. 신문은 어떨까? 신문은 공중파 뉴스에 비해 행간에서 얻을 수 있는 정보가 제법 된다. 하지만 기사의 선택 단계에서 데스크나 신문사의 관점이 반영되기 때문에 완전한 정보 매체라고 볼 수는 없다. 더욱이 각종 인터넷 포털에서 무료로 제공되는 기사의 경우는 광고의 성격을 더 많이 갖는다.

특히 증권사 HTS에서 무료로 뿌려지는 경제전문지 기사는 광고가 더 많다. 독자들 중에서 HTS로 주식매매를 해본 경험이 있고, 뉴스를 보고 급하게 매수주문을 내서 실패한 적이 있는 투자자라면 이 말을 잘 이해할 것이다. HTS에서 뉴스가 처음으로 뿌려진 시간과 분봉의 움직임을 유심히 관찰해보면 뉴스가 나오면 일반적으로 그때부터 매도물량이 쏟아진다는 것을 알 수 있을 것이다. 따라서 뉴스, 특히 경제나 주식투자에 관련된 뉴스는 정보라기보다는 광고에 가깝다고 할 수 있다. 이러한 정보의 탈을 쓴 광고를 믿고 투자했다가 낭패를 본 경우를 주변에서 흔히 발견할 수 있다. 따라서 '뉴스는 정보를 파는 곳이다'라고 정의하는 편이 낫다고 본다.

투자를 하기 위해 우리는 많은 정보를 찾아다니고 분석한다. 그런데 정보라고 생각했던 어떤 사실이 누군가의 의도가 담긴 광고였다면 애초에 시작을 잘못한 셈이 된다. '카더라' 통신만이 아니라 공중파, 일간지, 인터넷 포털에서 접하는 모든 사실들에 대해 한번쯤 따져보는 자세가 필요하다. 아니면 아예 광고나 정보의 채널을 닫아버리고 투자에 임하는 게 더욱 현명한 선택이라고 필자는 믿고 있다.

가령 9시 뉴스에서 초대박 뉴스를 보고 다음날 해당 종목을 매수한다면 어떤 결과가 발생할까?

그림 1-2는 2009년 12월 27일 두바이 원전설비 수주 뉴스가 나온

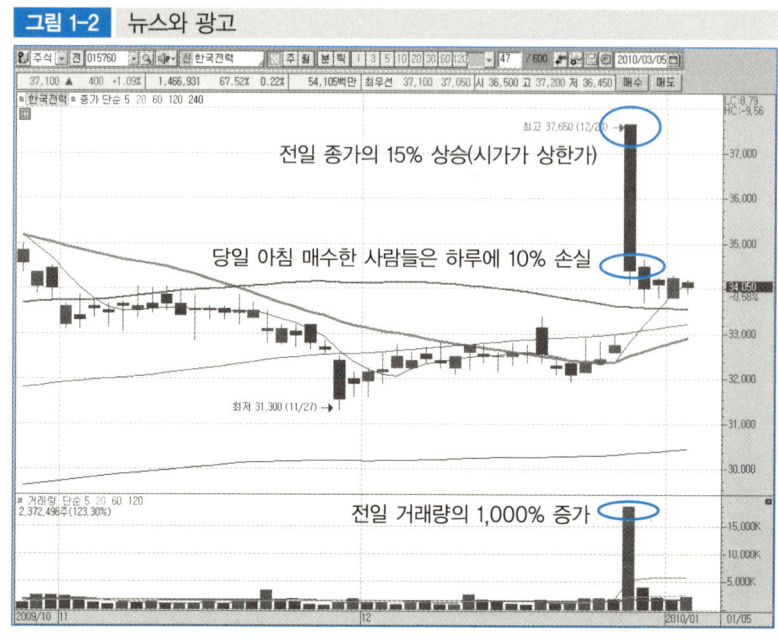

그림 1-2 뉴스와 광고

다음 날의 주가를 보여준다. 27일 저녁 9시 뉴스에서는 모든 방송사마다 대한민국의 국운을 바꿀 만한 대규모 공사를 수주했다는 소식이 첫머리를 장식했다. 뉴스뿐 아니라 이전의 예능 프로에서도 이러한 호재를 자막으로 내보내며 만방에 알렸다. 그리고 다음날 아니나다를까 주가는 개장과 함께 상한가로 직행했다. 하지만 장중 내내 매도물량에 치여 전일 대비 1,000%가 넘는 거래량을 보이며 종일 흘러내려 전일 종가 대비 5%의 상승으로 마감했다. 물론 이후에 전고점을 회복하기는 했지만 결국 전일 뉴스를 보고 아침에 매수한 모든 투자자는 최대 10%의 손실을, 그것도 가장 안전한 우량주라고 일컬어지는 종목에서 맛봐야 했다. 이렇게 본다면 '국운을 바꿀 만한 수주

라던 뉴스는 투자를 결정하기 위한 정보로서 가치가 있었을까? 심각하게 판단해보기 바란다.

지나친 수익추구는 욕구인가, 본능인가

일찍이 미국의 심리학자 에이브러햄 매슬로^{Abraham Maslow}는 인간의 욕구를 다음 그림과 같이 5단계로 분류해서 설명했다.

그림 1-3 매슬로의 인간의 욕구 5단계

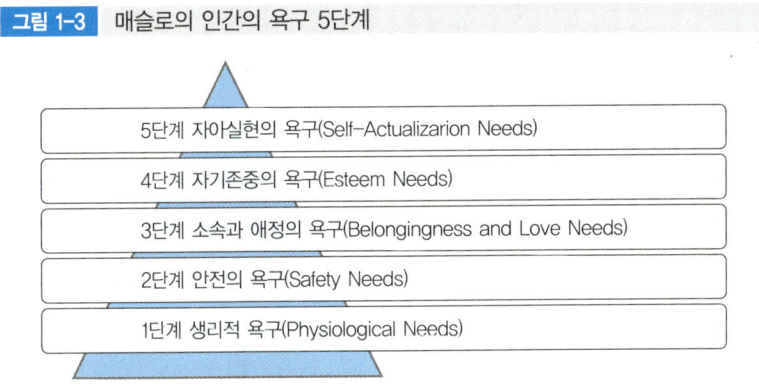

매슬로의 이론에 따르면 하위단계의 욕구가 실현되어야 상위단계의 욕구를 희망할 수 있다. 즉 1단계 욕구인 의식주가 실현되지 않으면 상위단계인 안전에 대한 욕구는 희망할 수 없다는 것이다. 집에서 아이들이 밥을 굶고 있다면 찬밥 더운밥 가려가며 더 좋은 일자리를 원하지는 않는다. 그리고 아무리 좋은 일자리라도 명퇴의 가능성이

있으면 애정과 소속의 욕구인 취미생활이나 동호회 활동도 뜸해지는 것이다. 언제 해고당할지 모르는 판에 낚시동호회의 주말 계획 따위에 관심을 두지는 않을 것이다.

펀드투자에서 더 많은 수익을 바라는 것은 인간의 자연스러운 욕구 중 하나다. 매슬로의 욕구 단계론에 따라 생각해보면 펀드투자는 자아실현이나 지위나 취미활동 단계의 욕구가 아니다. 생계를 해결하기 위한 수단이 아니라면 안전한 미래에 대한 욕구로 해석해야 한다. 좀더 많은 수익을 얻고자 하는 것은 보다 안전한 미래를 원하기 때문이다.

자녀의 결혼, 불안한 직장생활, 부모님의 갑작스러운 병환 등 인간의 걱정 중 90% 이상이 기우라는 얘기도 있지만 알 수 없는 미래에 대한 불안 때문에 인간은 항상 안전지대를 만들어두고자 한다. 안전에 대한 욕구가 늘어날수록 수익에 대한 욕심도 늘어난다. 그래서 때로는 과감한 액션을 동반하기도 한다.

전 재산과 그 재산으로 동원할 수 있는 신용까지 최대한 활용하여 1억을 투자하기로 한 투자자가 있다. 너무나 매력적인 상황이 시장에서 연출되었기 때문이다. 사람들은 모두가 우상향을 외치고 언론에서도 온통 장밋빛 전망 일색이다. 하지만 시장은 냉엄한 곳이다. 미수와 신용까지 동원한 투자자는 이제 생존본능의 지배를 받게 된다. 즉 매슬로의 욕구 5단계 중 가장 저급한 단계로 하강하게 된 것이다. 취미생활은 고사하고 안전한 미래를 위한 투자도 아니다. 이제 이 돈에는 아이들 생계가 달려 있고 이 돈이 없어진다면 당장의 끼니를 걱정해야 할 상황에 봉착하게 된 것이다.

한 연구에 따르면 인간의 사고 안에는 부정과 긍정이 17:1의 비율로 공존한다고 한다. 즉 긍정적인 생각 한 가지를 할 때 부정적인 생각 열일곱 가지가 든다는 이야기다. 누군가 한 명이 "앞으로 잘 될 거야. 분명 대박 날 거야"라고 생각할 때 "더 떨어질 거야. 쪽박 차서 거지 될지도 몰라"라고 생각하는 사람이 열일곱 명이라는 말이기도 하다. 현재 시점을 기준으로 내일의 주가가 오를 확률은 50%다. 대부분 현재의 종가를 기준으로 오르거나 내리거나 둘 중 하나이기 때문이다. 한 달 후도 마찬가지고 1년 후, 10년 후도 마찬가지다. 가장 자연스러운 확률이 50%임에도 불구하고 특수한 경우에는 94.44% (17/18)의 사람이 하락한다고 단정 지어버린다.

공포의 질곡 속에서는 시장에서 주는 공포의 주파수와 생존본능의 주파수가 증폭될 때 부정적인 사고의 비율이 높아질 수밖에 없다. 더 이상 유연한 사고를 할 수 없는 절박한 상황에서 시장을 대하는 투자자의 수익률이 훌륭할 수 없다는 사실은 누구라도 예상할 수 있을 것이다. 지나치게 욕구를 추구하다 탐욕에 사로잡히면 결국엔 생존의 문제에 부딪히게 된다는 사실을 기억해야 한다.

투자의 목적을 기억하고
실체를 바로 보라

당신이 이 책을 선택한 이유는 분명 돈을 더 많이 벌기 위해서일 것이다. 돈은 무엇일까? 너무 진부하거나 무의미한 질문일 수도 있겠다. 하지만 본게임에 들어가기 전에 이런 질문을 던지는 데는 필자 나름의 이유가 있다.

돈이 우리가 필요로 하는 것을 얻기 위한 최선의 수단일 경우가 많기 때문에 모두가 더 벌고 싶어한다. 하지만 많은 사람들에게 그 자체가 목적이 되어버린다. 심지어는 24시간 수익에 대한 집착에서 벗어나지 못하게 되기도 한다. 그래서 결국 더 소중한 것을 잃어버리고 나중에 후회하는 사람들도 많이 봤다.

투자는 욕심만으로 되는 것이 아니다. 아니, 욕심이 앞서면 투자로 돈을 벌 수 없다. 서서히 한 걸음씩 투자를 하고자 하는 이유와 목적을 기억하면서 나아가길 바라는 마음으로 이 장을 마련했다.

투자를 하는 것은 더 행복해지기 위해서다

행복하게 산다는 것은 무엇을 의미할까? 부자란 무엇인가를 정의하는 것만큼 어려운 일이다. 너무나 철학적인 문제이고 개인적인 문제다. 생김새가 다르고 성격이 다르듯이 우리가 추구하는 행복은 모두 다르므로 이에 대해 논할 수는 없다. 다만, 필자가 이 책에서 다루고 싶은 것은 경제적인 면에서의 행복이다.

우리가 발 디디고 있는 세상은 유한하기 때문에 희소성으로 인한 경제적 문제가 발생한다. 물질적인 기준으로만 생각한다면 우리 삶에 있어서의 행복이란 자신의 욕망에 비해 얼마만큼의 재화나 용역을 가지고 있는가에 달려 있다고 볼 수 있다. 즉, 다음과 같은 식으로 표시될 수 있다.

$$경제적인\ 의미에서의\ 행복 = \frac{소비\ 가능한\ 재화와\ 용역의\ 양}{욕망}$$

이 식은 분자(재산)를 키우든가 분모(욕망)를 줄임으로써 경제적인 행복의 크기를 키울 수 있음을 보여준다. 욕망과 비교하여 소유하고 있는 재화나 용역의 양이 충분하다면 경제적인 의미에서 행복한 상태가 될 수 있고, 소비 가능한 재화나 용역의 양이 아무리 많아도 욕망이 크다면 불행하다는 말이 된다.

일반적으로 겉보기 관점에서의 부자는 소비 가능한 재화나 용역의 양이 많은 상태를 의미한다. 그런데 위의 식을 참고하면 부자가 아닐지라도, 즉 재화나 용역이 적을지라도 마음먹기에 따라 얼마든지 경제적으로 행복을 누릴 수 있다. 무소유의 행복이 그렇다.

굳이 식까지 만들어가며 이 이야기를 하는 것은 단순히 재화에 욕심 부리지 말고 안분지족하라는 고리타분한 설교를 하기 위해서가 아니다. 해마다 경제적인 행복을 누리기 위해 분자를 키우고자 결심한 수많은 사람들이 투자의 세계로 들어온다. 주식과 부동산, 주식 편입 비중이 높은 펀드투자 등이다. 그런데 대부분은 처음 생각했던 목표수익을 달성하더라도 목표를 계속해서 상향조절하며 행복하지 못한 투자를 한다. 게다가 무리하게 신용대출을 받고 전 재산을 쏟아붓는 경우도 심심찮게 봐왔다. 그런 과정을 통과의례라 말하기도 하고 '수업료'라고 부르기도 하면서 으레 있을 수 있는 일인 것처럼 치부해버리는 것이 이쪽 세계 사람들의 관습이다. 하지만 너무나 혹독한 통과의례, 너무나 비싼 수업료 때문에 평생 그 그늘을 벗어나지 못하고 살아가야 하는 이들도 있음을 알아야 한다.

돈을 버는 것도 궁극적으로는 행복한 삶을 살기 위해서다. 또한 오늘 투자를 하는 행위도 우리 삶의 일부분이기 때문에 미래를 위해 저당 잡혀서는 안 된다고 생각한다. 시장에 발을 들여놓는 순간부터 투자의 이유와 목적을 잊어버리고 조급증을 앓는 것은 결코 행복한 투자가 될 수 없으며 행복한 결과를 얻기도 어렵다.

모든 투자는 위험을 동반한다

투기speculation를 하지 말고 투자investment를 하라고 많은 투자자들은 조언한다. 사실상 투자와 투기는 모두 희망을 먹고 자란다. 이러한 희망이 역사를 발전시켜온 에너지의 원천이다.

그렇다면 둘의 차이는 무엇일까? 투기의 사전적인 의미는 가격 변동이 있을 것을 예견하여 그에 따라 얻을 수 있는 차익을 목적으로 하는 매매행위를 말한다. 이 단어에는 추측이라는 의미가 담겨 있으며 불확실하고 위험이 높은 투자행위로 간주된다. 투기를 위한 거래는 실거래와는 달리 그 동기가 가격의 등락에 따른 차익의 취득에만 있다. 그래서 가격 변동이 심하고 동시에 전망을 예측하기 어려운 투자상품이 대체로 그 대상이 된다.

반면 투자는 장기적인 이익추구에 목적을 둔다는 점에서 투기와 다르다. 특히 위험을 회피하면서, 즉 투자원금의 보존을 추구하면서 투자 대상의 가치가 증가함에 따라 적정한 수익을 거두고자 하는 행위다. 투자를 소비라는 측면에서 살펴보자. 확실한 현재의 소비를 희생하고 이에 대한 보상으로 불확실한 미래의 수익을 바라는 행위로 저축과 투자를 들 수 있다. 저축이 소극적인 행위라면 투자는 보다 적극적인 행위다. 즉 투자는 현재 유보한 소비를 최대한의 미래소비로 전환하기 위해 미래에 소득을 창출해낼 자산을 취득하고 운용하는 적극적인 행위다.

투자와 투기를 딱 잘라서 구분할 수 있는 기준은 없기 때문에 매우 주관적일 수밖에 없다. 이때는 다음과 같은 표현이 적절해 보인다. '내가 하면 투자, 남이 하면 투기.' 많은 사람들이 실제 그렇게 생각하고 있기도 하다. 내가 하면 안전해 보이지만, 남이 하는 것은 왠지 불안해 보이는 것은 고속도로를 달리는 조수석 탑승자의 심정만은 아닌 것 같다.

그렇다면 '투자'에는 위험이 없을까? 그렇지 않다. 모든 투자는 크든 작든 위험을 동반한다. 투자라는 말 자체가 알 수 없는 미래에 대한 기대를 담고 있기 때문이다. 펀드투자도 마찬가지다.

카페를 운영하다 보면 가끔 난감한 질문들을 접할 때가 있다. 그중 가장 대표적인 것이 "안전하고 수익률 높은 펀드가 어떤 건가요?"와 같은 질문이다. 초보 투자자의 심정이 이해가 가기는 하지만 '안전하고 수익률 높은' 투자 대상은 펀드뿐 아니라 어디에도 있을 수 없다. 상대적이긴 하지만 모든 투자에서 수익과 안전은 공존할 수 없는 개념이기 때문이다. 이런 관점에서 보자면 내일의 10원보다는 오늘의 10원이 더 가치가 있다.

따라서 미래의 수익, 즉 투자수익의 정의에는 시간가치와 함께 위험에 대한 보상이 포함되어야 한다. 즉, 투자를 통해 얻어야 할 수익을 다음과 같은 식으로 간략히 표현할 수 있다.

미래의 수익 = 기간에 따른 대가 + 위험을 감수한 대가

주식이든 채권이든 혹은 은행예금이든 금융자산에 투자할 경우에는 여러 가지 위험이 뒤따른다. 채무불이행의 위험, 시장 가격 변동의 위험, 인플레이션에 의해 자산의 실질가치가 변동할 위험(즉 구매력 감소의 위험) 등이다. 투자자는 이러한 위험을 회피하고 수익률을 극대화하기 위한 방법을 찾아야 한다. 그러기 위해선 시장상황에 따라 보유자산을 적절히 배분하는 것이 중요하다.

이를 위해 먼저 위험자산과 무위험자산(안전자산)의 개념부터 알아보자. 다음 그림은 경제 교과서에서 일반적으로 제시하는 자산 분류다.

그림 1-4 자산의 분류

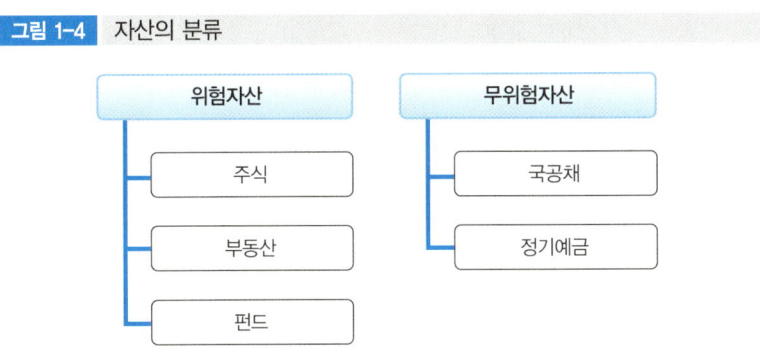

위험자산은 일정 기간 동안의 투자수익률이 확정되지 않은 투자자산을 말한다. 주식은 대표적인 위험자산이며 펀드 역시 투자를 전문가에게 위임하는 것일 뿐 위험자산이기는 마찬가지다. 반면에 무위험자산은 말 그대로 위험이 없는 금융자산이며 안전자산이라고도 한다. 안전자산은 주로 채무불이행의 위험이 없는 자산이라는 의미로 사용

되며 만기까지의 기간을 단축함으로써 시장의 가격 변동에서 오는 위험을 어느 정도 회피할 수 있다. 그런데 이는 다분히 이론적인 개념이다. 투자자의 포트폴리오 선택의 범위가 주식과 같은 위험자산에 국한되는 것을 방지하고 자산구성을 다양화하기 위해 고안된 것이다.

앞의 그림을 보면 국공채와 정기예금이 안전자산으로 분류되어 있지만 사실 세상에 완벽한 안전자산은 존재하지 않는다고 볼 수 있다. 시장의 가격 변동과 인플레이션에 의한 자산의 실질가치 변동위험이 존재하는 한 예금이나 현금, 실물자산인 금도 상황에 따라 위험자산으로 돌변할 수 있기 때문이다. 채권 역시 완전한 안전자산은 아니다. 채권은 어느 정도 확정된 수익을 얻을 수 있다는 이점이 있으며 변동성이 작기 때문에 주식에 비해 상대적으로 덜 위험한 자산일 뿐 안전자산이라고 말할 수는 없다. 특히 국채는 나라가 망하지 않는 이상 채무불이행의 위험이 거의 없다. 하지만 만기 이전에 매각하거나 원리금을 재투자할 경우 시장 및 이자율 변동위험에 노출되므로 이 역시 상황에 따라선 위험자산이 된다. 채무불이행의 위험이 있는 회사채는 더 말할 것도 없다. 결국 화폐가치의 변동에 따라 실질 투자수익률이 변동하는 위험을 고려한다면 모든 투자자산은 위험자산으로 분류하는 것이 옳은 일이다.

앞서 말했듯이 투자라는 단어 속에는 이미 미래의 불확실성에 수반되는 위험 가능성이 내포되어 있다. 따라서 투자의 대상이 되는 모든 것은 안전하지 않다. 또한 안전한 대상은 투자의 대상이 되지 못한다. 그러므로 투자를 할 때는 높은 수익률만을 바랄 것이 아니라 위험에 대한 대비를 하는 것이 중요하다. 이 책에서 필자와 함께 위험을 회피하면서 투자할 수 있는 여러 방법을 모색해보도록 하자.

원금보장의 함정에서 벗어나라

투자의 세계에서 원금보장이란 말은 금융권의 사탕발림에 지나지 않는다. 물가상승의 에스컬레이터는 대부분 올라가기 때문이다. 사실 그들이 하는 말을 조금만 생각해보면 원금보장보다는 원금보관이라는 뜻에 더 가까움을 알 것이다. 적어도 경제적인 측면에서는 원금보장형 상품을 기피하는 것이 현명하다.

카페 게시판에는 종종 다음과 같은 문답이 올라온다.

질문: 좋은 펀드 추천해주세요. 물론 원금보장은 되어야 하고요.
답변: 그러면 채권형펀드나 혼합형펀드로 하세요. ○○펀드가 좋아요.

이 질문과 답변에서 답변이 잘못되었다. 결론부터 말하자면 채권형펀드 역시 원금보장이 되지 않는다. 채권형펀드가 주식형펀드에 비해서 변동성이 적은 것은 사실이나 그렇다고 해도 원금이 보장되는 것은 아니다. 이에 대해서는 뒤에서 자세히 살펴보기로 하고 여기서는 '원금'이라는 점에 대해 생각해보자.

1,000만 원을 펀드에 투자했는데 잔고가 800만 원이 되었다면 200만 원의 손실을 보았다는 것은 유치원생도 알 수 있다. 그런데 은행에 적금을 들었는데 1,000만 원이 1,020만 원이 되었다면 예금자는 이익을 본 것일까?

만약 그 기간 동안 물가상승률이 3%였다면? 20만 원은 1,000만 원의 2%이므로 물가상승률 대비 1%의 손실을 본 것이 된다. 따라서 투자의 출발선은 단순히 원금 그대로가 보장되는 것(원금보관)이 아니라 물가상승률 이상의 수익을 얻는 것이 되어야 한다.

다음 표는 40년간 우리나라의 물가상승률과 은행 금리를 비교한 그래프다.

표 1-2 1968~2008년 우리나라 물가상승률과 은행 금리

쌀값	금값	소비자물가지수	생산자물가지수
37.3배	45배	22.9배	14.8배

※ 자료: 한국은행 경제통계시스템

40년 동안 쌀값이 40배 가까이 뛰었다. 그런 상황인데 펀드에 40년 투자해서 원금만 받았다면 잘된 투자라고 할 수 있을까? 20년 전의 자장면 가격과 현재의 자장면 가격을 비교해보라. 그리고 홈쇼핑 보험판매사들의 만기환급금을 강조하는 광고의 진실이 제대로 눈에 들어온다면 당신은 원금보장의 함정에서 벗어났다고 볼 수 있다. 앞서 답변자가 제시한 채권형펀드 역시 물가상승률보다 낮은 수익률을 보인다고 하면 결과적으로 원금손실이라고 봐야 한다.

그런데 채권형펀드 중 유일하게 물가상승률에 뒤처지지 않는 펀드

가 있다. 바로 물가연동국채 비중이 높은 펀드가 그것이다. 물가연동국채는 국채의 원리금을 소비자물가지수에 연동시킴으로써 물가 변동위험을 제거한 국채로 우리나라에서는 2007년 최초 발행된 이래 총 27조 원 규모가 발행되었다. 대신 이 경우에는 물가 하락 시에 원금손실의 위험이 있다.

결론적으로 말하자면 세상에서 완벽하게 원금이 보장되는 상품은 없다. 인생에 기복이 있듯이 소득을 창출할 수 있는 모든 시스템에도 기복이 있다. 직장생활도 인센티브를 받을 때가 있는가 하면 감봉, 심지어는 해고를 당해서 실업급여를 받다가 재취업을 하기도 한다. 분명 원금보장이 되지 않는다.

그러므로 오르내림에 대해서 여유롭고 너그러운 관점을 갖는 것이 필요하다. 결국 심리적인 측면이라는 말이다. 바짝 다가서서 보면 보이지 않던 것이 한 발짝 떨어져서 보면 선명하게 드러날 때가 있다. 가까이서 세밀히 보는 것을 찰察이라 하고 멀리서 넓게 보는 것을 관觀이라 한다. 멀리서 넓게 보고 가까이서 세밀히 다시 보는 자세, 즉 대관세찰大觀細察의 자세가 필요하다. 투자를 하면서 원금보장의 문제에 핵심을 맞출 것이 아니라 시장의 위험을 적절히 활용함으로써 물가상승률 이상의 수익을 올리는 방법을 제시하는 것이 이 책의 목적이다.

Part 2

먼저 **투자 환경**을 **이해**하자

순수한 이론으로 세상을 설명한다는 것은 잃어버린 지갑을
찾기 위해 가로등이 비치는 밝은 곳만 살펴보는 것과도 같다.
잃어버린 지갑은 보통 밝은 곳보다 어두운 곳에서 발견되기 마련이다.
제임스 토빈

펀더멘털 분석으로 시장 이해하기

아무리 훌륭한 지도가 있어도 현재의 위치를 모르면 무용지물이 되고 만다. 아무리 기술적 분석에 뛰어나다고 해도 실물경제에 대한 지식이 전혀 없다면 현위치를 모르는 채 지도를 보는 것과 같다. 정작 중요한 것은 우리가 지금 어디에 있는가이다. 현재의 위치를 알아야 주식시장이 고평가되었는지 저평가되었는지를 가늠할 수 있기 때문이다.

주식시장에 참여하면서 항상 경제지표를 살펴봐야 한다는 것에 대해서 필자는 어느 정도 회의적인 입장이다. 그리고 매순간 시장의 경제지표들을 살펴서 투자에 활용한다는 것도 현실적으로는 바람직하지 않다. 지나친 관심이 독이 되는 경우도 있다. 하지만 비정상적인 과열상태나 비정상적인 하락이 지속된다고 판단된다면 경제지표를 살펴보면서 정상적인 현재의 위치를 가늠해볼 필요가 있다.

특히 최근의 서브프라임 사태로 촉발된 폭락과 같이 대부분의 개인투자자들이 손실을 입어 아비규환의 상태일 때는 정신을 바짝 차리고 현실을 냉철하게 분석해야 한다. 투자는 안개 속에서 이루어져야 성공할 때가 많다. 안개 속에서 희미하게나마 이정표를 찾을 수 있다면 당신의 투자는 조만간 기대 이상의 풍성한 과실을 안겨줄 것이다.

금융거래는 제로섬게임이다

금융이란 돈의 흐름을 말한다. 우리가 은행에 돈을 예금하면 기업들은 그 돈으로 공장을 증설하는 등 설비투자를 확대하여 고용을 창출한다. 가계에서는 기업에서 월급을 받아 소비를 하고 남는 부분을 다시 저축한다. 이러한 일련의 과정을 가장 단순하게 본 돈의 흐름이라고 할 수 있다. 돈을 수요하는 경제주체와 공급하는 경제주체 간에 어떠한 방식을 통하여 거래가 이루어지는가 하는 것이 금융시장의 본질이다.

시장은 크게 금융부문과 실물부문 두 가지로 나눌 수 있는데 초기 금융시장은 실물시장에 편의를 제공하는 방향으로 발전해왔다. 주식시장 역시 금융시장의 일부분인데 대체로 실물시장을 선행하는 경향이 있다. 주식시장이 경기순환 사이클을 앞서 가고 실물시장이 뒤따른다. 그리고 이러한 사이클은 주기적으로 나타난다고 하는 것이 정설이다.

전통적으로 금융부문이 실물부문에 상당 부분 의존해왔다. 금융거래는 돈과 금융상품이 교환되는 것이고, 그 상품이 다시 다른 거래자의 돈과 교환되는 것이므로 결국 금융거래는 금융상품을 매개로 한 돈과 돈의 거래인 셈이다. 이러한 돈과 돈의 거래는 나가는 돈과 들어오는 돈이 같기 때문에 항상 제로섬이 된다. 과거에 비해 금융시장이 비약적으로 발전하면서 금융부문으로 들어간 돈이 실물부문으로 바로 되돌아오지 않고 금융권에 머무는 시간이 갈수록 길어지고 있다. 심지어 많은 돈이 금융상품을 자주 갈아타는 데 쓰이면서 실물부문으로 흘러가지 않는 경향이 강해지고 있다.

상호 보완적인 관계에 있어야 하는 금융부문과 실무부문의 본질적인 기능에서 보면 문제가 아닐 수 없다. 분야가 어디든 거래를 위해서는 돈이 필요한데 돈의 양은 한정되어 있다. 금융거래가 실물거래에 비해 크게 증가하고 있다는 것은 그만큼 돈이 실물거래가 아닌 금융거래에 쓰이고 있다는 의미이며 실물거래의 위축을 의미한다.

앞으로 살펴보겠지만 요즘은 은행의 예금금리가 과거에 비해 낮기 때문에 투자자들이 기대수익이 높은 다른 금융상품들에 관심을 갖기 시작했다. 은행 금리는 단기적으로 오르기도 하지만 장기적으로는 계속해서 하락하고 있다. 만약 실물경제의 발전이 금융산업의 발전을 뒤따라가지 못하면 금융시장에서 거품이 발생하고 그 거품은 언젠가는 꺼지고 만다. 다시 말해 부가가치를 더 높이는 방향으로 실물경제가 활성화될 때 비로소 금융산업의 발전도 뒷받침될 수 있다는 것이다. 최근 미국의 서브프라임 사태로 촉발된 금융위기 역시 총체적인 관점에서 볼 때 비대해진 금융산업과 실물경제의 상호작용이 없었기 때문이라고 볼 수 있다.

예금자가 은행에 돈을 입금하면 은행은 그 돈을 기업에게 대출해주고 기업은 그 돈으로 실물부문에서 투자를 한다. 기업 경영으로 발생한 수익 중 일부가 은행에 대출이자로 되돌아오면 은행은 그중 일부를 예금자에게 이자로 지급한다. 즉, 이러한 과정을 통해 발생하는 수익은 실물부문의 발전에 기반하는 것이다.

하지만 오늘날에는 실물부문과 관계없이 금융부문 자체 내에서도 수익이 발생하고 있다. 예를 들어 증권을 싸게 산 후 비싸게 팔아서 얻은 수익이 그렇다. 갈수록 금융부문의 부가가치나 수익률이 계속해서 증가하고 있는데 이는 금융부문에서 적은 비용으로 점점 더 많은 양의 금융거래를 처리하고 있다는 것이다.

실물부문을 통해 발생한 수익과 금융부문 내에서만 발생한 수익은 내용상으로 상당한 차이가 있다. 먼저 실물부문을 통해 수익이 발생하는 경우는 경제 전체로 보면 원원의 결과를 가져온다. 하지만 실물부문과 관계없이 금융부문 내에서만 발생한 수익은 새롭게 생겨난 수익이 아니라 단순히 한 투자자에게서 다른 투자자에게로 돈이 이동한 것에 불과하다. 이것이 금융거래가 제로섬인 이유다.

문제는 투자수익이 실물부문과 관계없이 생기는 경우 금융거래가 투기적으로 변질되거나 거품이 발생할 가능성이 커진다는 데 있다. 실물부문에 기초하지 않은 금융상품의 수요와 공급은 상품의 가격 변동성을 더 키우게 된다. 또한 저축자금이 금융부문에만 머물수록 실물부문의 투자가 위축되고 결국 실물투자수익률이 지속적으로 하락할 수 있다는 더 큰 문제를 발생시킨다.

우리나라 경기순환 주기는 평균 50개월이었다

주식이든 부동산이든 또 다른 대상이든 투자를 하려면 가장 먼저 살펴봐야 하는 것이 바로 경기다. 경기는 일정 시점의 총체적인 경제활동 상태다. 경제성장률이나 실업률 등을 의미하기도 하고 실물부문(생산, 고용 등)과 금융부문(통화량, 금리 등), 대외부문(수출, 수입)의 활동을 망라한 거시경제지표의 종합적인 움직임을 말하기도 한다. 즉 평균적인 추세수준을 가리킨다.

1년에 4계절이 있는 것처럼 경기 역시 일정한 주기에 따라 순환한다. 다음 그림과 같이 활황, 후퇴, 침체, 회복 등 4국면을 반복하면서 진행된다.

일반적으로 경기회복기의 후반부부터 경기침체기의 전반부까지를 경기의 호황국면이라 하고, 경기후퇴기의 후반부부터 경기활황기의

그림 2-1   경기순환 주기

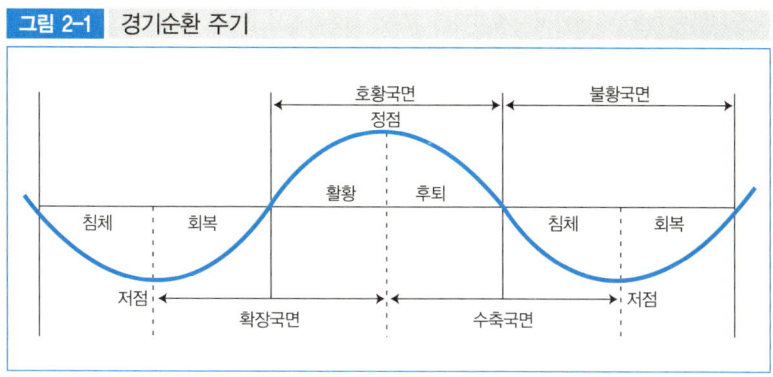

전반부까지를 불황국면으로 구분한다. 또는 저점에서 정점까지를 확장국면, 정점에서 저점까지를 수축국면으로 구분하기도 한다.

그림 2-2와 표 2-1은 우리나라의 경기순환을 나타낸 것이다. 통계청 발표에 따르면 1970년부터 최근까지 아홉 번의 단기 순환이 있었던 것으로 분석된다. 하나의 주기, 즉 저점에서 정점까지 보통 40~60개월 동안 진행되어왔다. 1972년을 기준으로 경기순환 주기를 보면 평균 50개월로 확장국면이 31개월, 수축국면은 19개월가량으로 나타나고 있다.

그림 2-2   1970~2008년까지 우리나라의 경기순환 국면

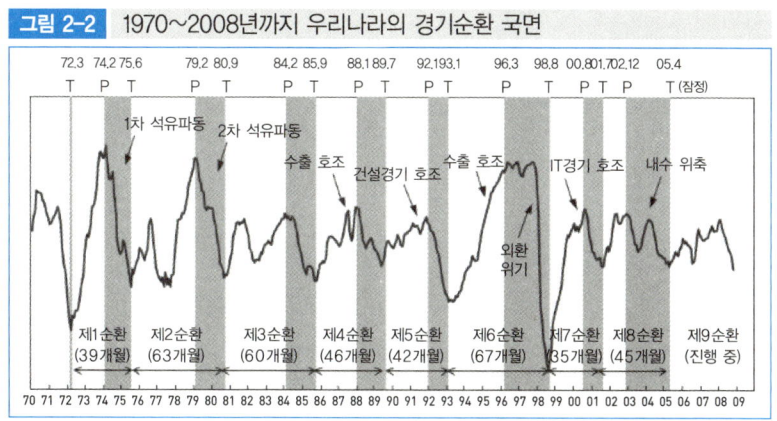

※ 자료: 통계청

표 2-1 1972~2005년까지 우리나라의 경기순환표

	기준순환일			지속기간(개월)		
	저점	정점	저점	확장기	수축기	순환기
제1순환기	1972. 3	1974. 2	1975. 6	23	16	39
제1순환기	1975. 6	1979. 2	1980. 9	44	19	63
제1순환기	1980. 9	1984. 2	1985. 9	41	19	60
제1순환기	1985. 9	1988. 1	1989. 7	28	18	46
제1순환기	1989. 7	1992. 2	1993. 1	30	12	42
제1순환기	1993. 1	1996. 3	1998. 8	38	29	67
제1순환기	1998. 8	2000. 8	2001. 7	24	11	35
제1순환기	2001. 7	2002.12	2005. 4	17	28	45
제1순환기	2005. 4					
평균	–	–	–	31	19	50

※ 자료: 통계청

　제1, 2차 순환기에는 석유파동이, 제6차 순환기에는 외환위기라는 외부 충격이 가해져 진폭이 컸지만 대체적으로 추세수준을 중심으로 상하운동을 해왔음을 알 수 있다. 현재는 2005년 4월을 기점으로 제9순환기가 진행되고 있다고 보는 것이 일반적인 견해다. 이처럼 경기순환 주기 중 현재 어느 위치에 있는지를 먼저 파악한다면 투자를 늘릴 것인지 관망할 것인지 회수할 것인지에 대한 전략을 세우는 데 하나의 기준으로 활용할 수 있을 것이다.

　경기의 변동이 에스컬레이터라면 주식과 부동산은 에스컬레이터에 탄 어린이가 요요를 가지고 노는 것에 비유할 수 있다. 요요가 아무리 올라간다고 해도 그 절대적인 높이는 에스컬레이터의 이동 방향에 따른 높낮이를 넘어서기 힘들다.

　주가는 경기에 선행하는 것으로 알려져 있으므로 현명한 투자자라면 경기 변동의 전환점을 예측하여 주식시장의 동향을 예측하려 할

것이다. 경기곡선과 주가곡선의 시차는 나라마다 다르게 나타나는데 미국이나 일본의 경우는 그 시차를 대략 1년으로 보고 있으나 우리나라는 6개월 정도로 본다. 경기순환 주기를 감안하여 주식시장이 어떻게 움직일 것인지를 예측하는 데 판단자료로 삼는 것도 이러한 통계적 사실들이 있기 때문이다.

경기순환의 가장 중요한 점은 그 원인이 무엇이고 주기가 얼마이든 간에 정점과 저점을 반복한다는 사실 그 자체다. 하지만 대부분의 투자자들이 이러한 사실을 망각한다. 산이 높을 때는 하늘 끝까지라도 올라가리라 생각하고, 골이 깊을 때는 지구 반대편까지 뚫고 내려갈 것이라고 판단해버린다.

콘트라티예프Nikolai Kondratiev, 쥐글라르Clement Juglar, 슘페터Joseph A Schumpeter 등 많은 학자들이 경기변동의 원인과 그 주기에 관한 학설들을 내놓았다. 느낌과 감정의 지배를 받는 투자자의 입장에서 보면 일단은 경기는 일정한 주기를 반복한다는 사실만을 기억해도 부족함이 없어 보인다. 펀드투자에 필요한 언급은 이 책의 후반에 이어진다.

우라카미 쿠니오의 주가의 사계절

일본의 유명한 투자자 우라카미 쿠니오는 경기순환 주기를 활용하여 주식시장을 네 국면으로 설명하였다. 1년에 4계절이 있듯이 주가에도 4개의 계절이 있다는 것인데 각각을 금융장세, 실적장세, 역금융장세, 역실적장세로 부른다.

경기가 침체되어 있을 때는 투자와 소비가 모두 심각하게 위축되고 돈을 빌리려는 사람보다 갚으려는 사람이 많아져 유동성이 하락한다. 이를 디레버리징deleveraging이라고 한다. 시중 유동성이 감소하면서 전반적인 자산 가격의 디플레이션이 일어나고 이로 인해 소비는 더욱 위축되는 악순환이 이어진다.

이러한 악순환을 끊고 경기를 부양하기 위해서 정부에서는 금융정책과 재정정책을 실시한다. 정부의 정책이 제대로 효과를 발휘하여 통화량이 증가하면 금리가 떨어지고, 예금과 채권에 몰려 있던 자금들은 주식과 부동산시장 등으로 이동하게 된다. 경기는 여전히 침체되어 있지만 돈이 주식시장으로 유입되기 때문에 경기회복에 대한 막연한 기대감만으로 주가가 상승하는 국면이 오는데 이를 금융장세라고 한다. 시중 유동성의 증가로 촉발된 장세이므로 유동성장세라고도 한다.

주가가 어느 정도 부양되고 최악의 상황은 지나갔다는 인식이 퍼지면 기업들의 투자심리가 회복됨으로써 설비투자와 고용에 적극적이 되므로 자금수요가 증가한다. 그 영향으로 금리가 바닥을 치고 서서히 오르게 된다. 고용이 증가하면서 소비도 뒤따라 증가하므로 기업의 매출 역시 증가한다. 이에 반해 금융비용은 여전히 낮게 유지되는 상황이므로 기업의 실적이 호전된다. 주가는 이러한 펀더멘털 요인을 바탕으로 상승에 더욱 박차를 가하게 되는데 이러한 국면을 실적장세라고 한다.

기업들의 실적이 하나둘 호전되고 점점 더 많은 기업들이 투자에 참여하기 시작하면 자금의 수요가 증대되므로 금리가 상승을 시작한다. 그 결과 높아진 금융비용이 기업의 실적에 부정적으로 작용하는 시점이 온다. 이때 주가는 천정을 치고 하락을 시작하는데 이때부터를 역금융장세라고 한다.

실적의 악화를 감지한 기업들은 서서히 투자를 줄이기 시작하고 이는 다시 소비의 감소를 불러와 기업의 실적에 영향을 미친다. 금리가 정점을 지나 하락하기 시작해도 과도한 경쟁과 높은 금융비용에 의해 실적이 지속적으로 악화되어 주가 하락이 가속화되는데 이를 역실적장세라고 한다.

우라카미 쿠니오의 이론은 금리와 실적이라는 두 가지 변수와 주가와의 관계를 이론적으로 정리했다는 점에서 꽤 유용한 측면이 있다. 그러나 이를 교조주의적으로 해석해서는 곤란하다. 특히나 오늘날과 같은 글로벌 경제에서는 환율, 원자재 가격, 유가 등 기업의 실적에 영향을 미치는 추가적인 변수가 많기 때문이다. 그러므로 그의 이론은 외부적 변수가 대체적으로 안정적으로 유지될 때 가장 잘 들어맞는 하나의 모델로 인식하는 것이 바람직하다.

정부 경기정책의 목적은 '부양'이 아니라 '안정'

기업 실적의 악화와 일자리 부족, 소비 위축 등 경기가 침체되면 이를 극복하기 위해 정부에서는 경기정책을 실시한다. 그런데 그 목적을 단순히 경기를 부양시킨다는 차원으로 이해하면 오산이다. 경기가 침체되면 활성화시키기 위해서 노력하고 경기가 과열국면에 들어서면 진정시키기 위한 정책을 실시한다. 즉, 정부 경기정책의 목적은 '안정'이다. 다음 그림처럼 경기의 추세를 전환시키는 것이 아니라 실제 일어날 경기 변동의 '진폭'을 줄이는 것이라 할 수 있다. 정부의 경기정책에는 재정정책과 금융정책 두 가지가 있다.

그림 2-3 | 정부 경기정책의 효과

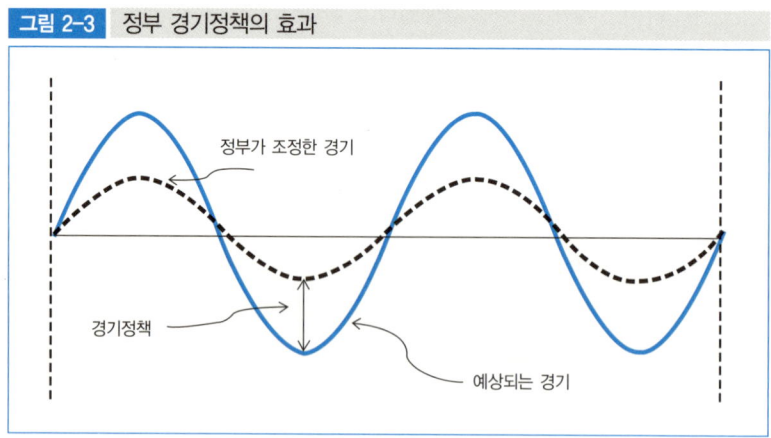

재정정책

재정정책은 정부 자신이 직접 지출을 증감하거나 세금의 감면 또는 증세 등을 통해 국민들의 가처분소득을 증감시킴으로써 지출 증감을 유도하여 유효수요를 조정하는 것이다. 경기활성화를 위한 재정정책을 쉽게 설명한다면 돈이 없는 사람에게 돈을 가져가게 하여 소득을 늘려줌으로써 소비를 촉진시킨다는 의미가 된다.

예를 들어보자. 만약 쌀을 살 돈이 없는 실직자에게 돈을 주면 실직자는 그 돈으로 쌀을 산다. 쌀집 주인은 그 돈으로 과일을 사고 과일가게 아저씨는…. 이렇게 여러 곳을 거치며 피를 돌게 한 돈은 누군가의 여윳돈이 되어 은행에 저축된다. 은행은 그 돈을 자동차 만드는 기업에 빌려줘서 투자를 늘리게 하고 기업에서는 일할 사람이 필요하게 되므로 그 실직자는 다시 직장을 얻게 된다는 이야기다. 그런데 정부는 실직자에게 그냥 돈을 나누어주지는 않는다. 대규모 사회간접자본에 투자해서 고용을 창출하거나 세금을 감면해주는 식으로 실직자의 주머니를 채워준다.

이러한 재정정책을 위해서는 정부 역시 돈이 필요하다. 이때 필요한 돈은 어디에서 충당할까? 돈이 있는 사람에게서 빌려온다. 정부가 돈을 빌리는 대가로 적어주는 차용증서를 채권이라고 한다.

채권은 차용증서이므로 돈을 빌리는 기간이 있고, 만기 시 채권 가격만큼 지불해야 한다. 때문에 이러한 재정증권을 무차별적으로 발행하면 규모가 점차 커지면서 나중에 정부가 부담해야 할 채무가 많아진다. 이렇게 되면 정부는 또 다른 재정증권을 팔아서 이전의 채권을 상환해야 한다. 즉 이자를 갚기 위해서 또 다른 돈을 빌려야 한다는 이야기다.

표 2-2 여러 가지 채권

	발행 주체	종류
국채	국가가 발행하는 채권	제1·2종 국민주택채권, 국채관리기금채권, 재정증권, 공공용지보상채권, 양곡기금증권, 국민투자채권, 외국환평형기금채권, 농어촌지역개발채권
지방채	지방자치단체가 발행하는 채권	서울도시철도채권, 도로공채, 상수도공채, 지역개발채권
특수채	특별법에 의해 설립된 법인이 발행하는 채권	토지개발채권, 전력공사채권, 도로공사채권, 서울시지하철공사채권, 기술개발금융채권
금융채	특별법에 의해 설립된 법인 중 금융기관이 발행하는 채권	통화안정증권, 산업금융채권, 장기신용채권, 중소기업금융채권, 주택금융채권
회사채	상법상 주식회사가 발행하는 채권	보증사채, 무보증사채, 담보부사채, 전환·교환사채, 신주인수권부사채, 옵션부사채

그 외의 문제점도 있다. 재정정책 자체가 시중에 돈이 부족해서 시행하는데 이 채권이 시중의 돈을 다시 긁어모으니 돈가뭄이 더 심해질 수밖에 없다고 비판하는 사람들도 있다.

하지만 시중에 돈이 남아도는데도 돌지 않는 경우라면 이러한 정책은 효과가 있다. 여유가 있으면서 소비를 하지 않는 사람에게 돈을 빌려와서 돈이 부족하지만 소비를 원하는 사람에게 공급한다는 측면을 보자. 이런 경우 정부가 돈은 있지만 소비할 의향이 없는 사람들에게 채권을 팔아 돈을 가져와서, 돈은 없지만 소비할 의향이 있는 사람에게 지원하면 돈이 다시 돌 수 있다.

이처럼 재정증권을 발행해서 돈을 경제에 공급하는 정책이 재정정책의 직접적인 방법이라면 조세정책은 간접적인 방법이다. 즉 세금을 감면해줌으로써 기업과 가계의 주머니를 채워주어 경제를 돌아가게 한다는 의미다.

하지만 이 역시 문제를 수반하는데 사회계층 간 소비성향이 다르다는 데 있다. 소비성향은 소비율이라고도 하며 소득에 대한 소비비율을 말한다. 즉 소득분에 비해 소비가 크다면 소비성향이 큰 것이다. 일반적으로 소득이 커지면 소비도 증가하지만 그 증가비율은 소득이 커짐에 따라 줄어든다.

가령 100억 원을 가진 부자가 있고 1,000만 원밖에 없는 중산층이 있다고 가정한다면 이들이 똑같이 100만 원을 소비한다고 봤을 때 부자의 소비성향은 0.01%, 중산층은 10%가 된다(물론 실제로는 부자가 더 많이 소비하겠지만 비율은 훨씬 적다). 다시 말해 조세정책을 통해 경기를 활성화시키고자 할 때 모든 소득 계층에 똑같은 혜택을 준다고 하면 그다지 효과적일 수 없다는 얘기다. 중산층이 많으면 이러한 정책은 효과적으로 나타날 수 있지만 우리나라의 경우 IMF를 겪으면서 중산층이 줄어든 만큼 실제 정책으로 효과를 발휘하기는 어렵다. 정부에서 현재 부동산 감세정책을 벌이고 있는데 여당에서는 강행하고 야당에서는 반대를 하는 것도 이러한 맥락으로 이해할 수 있다. 글로벌 금융위기에서 집을 가진 부자들만의 감세정책이 경제 전반적으로 효과를 미칠지 여부는 소비성향부터 따져보고 판단하는 것이 바람직하지 않을까 싶다.

금융정책

금융정책은 시중 통화량의 조절을 통하여 이자율에 영향을 줌으로써 궁극적으로 투자와 소비 수요를 좌우하는 것을 목표로 하고 있다.

모든 가격이 수요와 공급에 의해 결정되듯이 궁극적인 이자율 역시 이러한 수요와 공급의 법칙에 의해서 결정된다. 금융정책은 시중에 돈을 풀거나 거두어들임으로써 투자와 소비를 조절하는 것이다. 여기에는 국채의 매각과 매입, 시중은행의 지불준비금이나 할인율의 변경 등이 이용된다.

경기침체가 계속될 때 정부는 묶여 있는 돈을 풀어서 경기를 부양시킨다. 통화 공급의 증가는 시중 이자율(이를테면 돈을 빌리는 값)을 하락시키므로 투자와 소비수요가 증가하도록 하는 측면이 있다. 은행에서 돈을 빌려와서 실물경제에 설비투자를 하려는 기업은 투자 후 기대되는 수익률이 은행에 갚아야 할 이자율보다 커야 한다. 은행에 갚아야 할 돈이 기업활동을 통해 벌어들일 돈보다 크다면 기업은 당연히 투자를 포기할 것이다. 불황기에는 기업의 투자수익률이 특히 더 저하되므로 은행 이자율보다 낮아지는 경우까지 발생한다. 이런 때 정부가 나서 한국은행을 통해 금리를 조정함으로써 기업들의 대출을 원활하게 만들 수 있다.

과거 군사정권 때와는 달리 금리자유화의 개방경제 시스템하에서는 한국은행이 강제적으로 시중은행에 이자율을 내리라 마라 명령할 순 없게 되었다. 그래서 은행의 은행으로서 금융기관의 예대업무를 수행하고 있는 한국은행은 자체 이자율 조정을 통해서 간접적으로 시중 이자율을 조정한다. 중앙은행에서의 이자율이 조정되면 시중은행도 기업에 대출해줄 때 이자율을 조정하게 된다는 의도다. 은행뿐 아니라 다른 금융기관들도 경쟁력을 유지하기 위해서 순차적으로 금리를 조정한다. 이렇듯 한국은행의 금리 인하는 금융시장 전체의 금리를 낮추는 결과를 가져온다. 이것이 정부의 금리정책이다.

그러나 이 정책은 단기적으로 긍정적일 뿐이다. 장기적으로 볼 때 통화 공급의 증가는 물가상승으로 이어져 그 효과가 상쇄되기 쉬우며, 일반적으로 재정정책의 효과보다 직접적이지 못한 면이 있다고 평가되고 있다.

인플레이션과 그 이면

학자들은 자본주의가 낳은 가장 심각한 두 가지 병폐를 실업과 인플레이션이라고 한다. 부의 불균형이라는 관점에서 보면 실업은 국민 중 특정 집단에 집중되는 경향이 있는 반면, 인플레이션은 국민 모두에게 영향을 준다. 따라서 물가상승이 현저할 경우 인플레이션이 정치적 쟁점이 되고, 정부의 능력을 평가받는 척도가 되는 것은 너무나도 당연한 일이다.

인플레이션이란 하나의 상품 가격이 오른 것을 두고 말하는 것이 아니다. 대부분의 상품 가격이 상승해야 인플레이션이 된다. 인플레이션의 사전적인 정의는 화폐의 가치가 떨어져서 전반적인 물가 수준이 지속적으로 상승하는 현상이다. 인플레이션은 물가지수^{price} $_{index}$로 나타내는데 소비자물가지수, 생산자물가지수, 근원물가지수

등이 있다.

　인플레이션에 대해 논할 때 일반적으로 가리키는 것은 그중 소비자물가지수로 보유한 화폐의 액수를 구매력으로 환산한 것이다. 즉 같은 1,000원이지만 10년 전과 비교할 때 현재에 구매할 수 있는 능력이 저하되었다면 화폐가치가 떨어진 것이므로 그만큼 물가가 올랐다고 말할 수 있다. 생산자물가지수는 소비자 대신 생산자의 일반적인 구매품목의 물가 수준을 이야기한다고 이해하면 되고, 근원물가지수는 소비자물가지수에서 계절적 요인이나 외부 충격에 따라 단기적으로 급등락하는 품목을 제외하고 산출하는 물가지수로 우리나라를 포함하여 국가에서 통화정책의 운용에 활용한다.

　인플레이션이 주식시장에 미치는 영향은 단기 긍정적, 장기 부정적이라고 말할 수 있다. 시중에 통화가 증가하면 주식시장으로 유입되는 자금이 늘어나기 때문에 주가 상승이 일어난다. 하지만 앞서 살펴보았듯이 실물부문과 무관한 금융부문만의 가격 상승은 거품이 형성되기 쉽고 결과적으로 붕괴를 가져온다. 인플레이션이 진행되는 동안 주가는 고점을 찍고 하락하는 것이 일반적이다.

　전반적으로 물가가 오르기 때문에 대다수가 경제적으로 힘들어지지만 모든 일이 그렇듯이 인플레이션으로 이익을 보는 쪽도 있다. 정해진 액수를 급여로 받는 근로자, 확정 이율을 지급받는 금융자산 보유자, 물가와 무관하게 대여 당시의 기준으로 돈을 받게 되는 채무자에게 불리하다. 반면 고용주, 부동산 등 실물자산 보유자, 채무자는 상대적으로 유리하다. 또한 자산의 가격이 올라감에 따라 정부의 세수가 증가할 수 있다는 점도 있다.

인플레이션과 관련하여 그 이면의 이야기를 해볼까 한다.

미국 정부의 부채 규모는 어제 오늘의 일이 아닌 만큼 익히 알려진 바다. 하지만 최근 서브프라임 사태로 비롯된 가계와 금융기관의 부실화는 정부로 하여금 더 많은 국채를 발행하도록 하는 발판을 만들었으며, 이는 결국 미래 납세자의 채무가 된다. 2008년 말 기준 미국 정부의 부채는 11조 6,000억 달러를 넘어서 같은 시기 GDP(국내총생산) 13조 8,000억 달러의 80%를 넘는다. 11조를 한화로 계산하면 1경 4,000조 원이 넘는 어마어마한 돈이다. 게다가 밑빠진 독에 물 붓기 식의 구제금융 지원 등으로 부채 규모는 빠르게 증가하고 있다. 대체로 GDP 대비 정부 부채가 10%를 웃돌면 그때부터는 부채에 의해 성장의 속도가 줄어드는 것으로 알려져 있다. 갚아야 하는 이자 비용 때문에 생산이 축소될 수밖에 없기 때문이다.

이 상황에서 생산을 늘려 성장을 꾀하려면 돈이 좀더 원활히 흘러다닐 수 있는 여건을 마련해주어야 하는데 금리를 내리거나 돈을 더 찍어내는 수밖에 없다. 이자율을 낮춰서 경제를 활성화시키는 것이 여의치 않으면 차용증을 써주고 돈을 더 빌려올 수밖에 없다. 대부분의 국가들은 국채를 발행해서 국민이나 외국으로부터 돈을 빌려온다. 그런데 미국은 특이하게도 국채가 잘 팔리지 않으면 중앙은행에서 달러를 마구 찍어낸다. 그러고는 그 돈으로 국채를 매입하게끔 하는 것이다.

국채 역시 발행 물량이 늘어날수록 가격이 하락한다. 가뜩이나 수익률이 낮은 판에 공급과다로 수익률이 더 떨어지면 수요가 줄어들어 일반 국민이나 외국에서 외면하기 마련이다. 그러면 또 다른 국채를 매입하기 위해 중앙은행에서 다시 달러를 찍어낸다. 어쨌든 현재의 미국이 채무를 줄여야 한다는 것은 누가 봐도 자명한 사실이다.

현재 미국 전체(정부, 기업, 가계)로 GDP 대비 380%에 이르는 부채 규모는 1930년대 초 대공황기의 260%보다 심각할 정도로 높은 수준이다. 이 같은 난국을 타개하기 위한 미국의 시나리오를 생각해보자. 국가부도를 내거나 국민들이 열심히 저축해서 갚거나 아니면 항공모함이나 정부 소유의 부동산 등 자산을 팔아서 갚는 것 등의 방법을 생각해볼 수 있다. 하지만 국가부도를 내고 러시아처럼 모라토리엄을 선언하기도 만만찮다. 그렇다고 미국 국민들이 열심히 저축해서 빚을 갚는다는 것 또한 어불성설이다. 지구촌의 보스를 자청하는 미국이 항공모함이나 전투기를 팔아버리고 동네 양아치로 전락한다는 것은 더욱 상상하기도 싫을 것이다.

그렇다면 또 다른 방법을 생각해볼 수 있다. 바로 가장 손쉬운 방법, 인플레이션을 활용하는 것이다. 즉 물가를 올려버리면 된다. 인플레이션은 채권자에게는 불리하지만 채무자에게는 유리하다고 했다. 물가가 오르면 돈의 가치가 떨어진다. 즉 갚아야 하는 빚의 가치가 떨어진다. 약간의 산수가 필요하긴 하지만 이해하는 데 크게 어렵지는 않을 것이다.

이와 같은 미국의 시나리오는 다른 국가들의 대응을 불러왔다. 알다시피 미국 달러는 세계적으로 무역 결제에서 기축통화로 사용되고 있다. 그런데 이 기축통화가 제 역할을 하고 있지 못하다는 규탄의 소리들이 나오고 있다. 2009년 6월 미국 채권의 3분의 1(1조 달러)을 보유하고 있는 브릭스(브라질, 러시아, 인도, 중국) 국가의 정상이 사상 최초로 한자리에 모여 미국 달러의 횡포에 대해 목소리를 높였다. 각국 대표들은 미국 국채 보유량을 줄이고 특별인출권^{SDR}을 늘려 이를 국제적인 결제에 사용하는 등 대안통화에 대해 논의했다. 이러한 움직임이 가시화되어 현재 구축된 시스템 어딘가에서 미국 달러의 투매가 시작된다면 그 연쇄작용으로 달러가치의 급격한 하락이 불가피할 것이다.

미국이 재채기만 해도 세계는 감기에 걸린다는 말이 있는데, 투자자로서 우리는 미국 달러의 과잉 공급이 미국뿐 아니라 우리나라에 어떤 여파를 몰고 올지 관심을 기울여야 할 것이다.

양면을 살펴봐야 하는 물가

한국은행 홈페이지를 방문하면 가장 먼저 눈에 띄는 문구가 있다. "물가안정, 한국은행이 국민 여러분께 드리는 약속입니다." 그만큼 정부의 지상 최대 명제 중 하나가 바로 물가를 잡는 것이다.

우리나라의 경우 물가 중에서 가장 신경 써야 하는 것이 유가다. 유가가 오르면 거의 모든 제품의 생산원가가 올라버려 물가상승을 견인하기 때문이다. 1975~78년의 석유파동과 2008년의 예가 여기 해당된다. 유가가 하락하면 실물부문과 금융부문 등 모든 분야에 영향을 주는 한편 조만간 경기가 회복되어 증시가 상승하리라는 기대감을 갖게 하기도 한다.

하지만 유가의 상승과 하락이 가져오는 결과보다 더욱 중요한 게 있는데 바로 그 원인이다. 막연하게 유가가 상승하니 주가가 떨어진다, 아니면 유가가 하락하니 주가가 오른다는 일차원적인 해석은 도리어 투자의 손실만 키울 수 있다.

단적인 예로 1975년과 2008년의 유가 급등을 들 수 있다. 두 기간 모두 오일쇼크라고 불릴 정도로 유가가 단기간에 폭등했다. 그러나 두 사례의 원인은 사뭇 달랐다. 1975년의 석유파동 때에는 원유 공급이 줄어들어 원유 수입 가격이 4배나 폭등했고 그러자 다른 물가들도 영향을 받아 크게 상승했다. 그럼에도 수출은 늘지 않아 경제 압박이 가중됐다. 원유 가격의 급상승은 전 세계적인 인플레이션을 촉발했고 이에 따라 구매력이 떨어졌으며, 구매력이 떨어지자 소비자가 줄어 결국 심각한 경기침체를 맞이하는 연쇄작용이 일어난 것이다. 그러나 당시의 어려움은 석유를 수입에 의존하고 있던 다른 나라들도 공통적으로 겪어야 했던 일이다.

하지만 2008년의 유가 폭등은 석유의 소비가 늘어나면서 발생한 사태다. 특히 인구 13억의 중국과 11억의 인도가 석유 소비를 주도했다. 고공비행하는 유가는 대체에너지 양산의 길을 열었고, 바이오에너지와 오일샌드 같은 과거에는 크게 수익성이 없다고 봤던 자원도 기술의 발전과 함께 개발이 촉진됐다. 특히 바이오에너지의 경우 옥수수 등이 대체에너지로 주목받으면서 전 세계적으로 식량위기라는 말이 화두가 되기도 했다.

이처럼 원인을 알고 나면 투자의 대응 전략이 달라진다. 후자의 예에서는 몇 가지 투자 대상을 선별해낼 수 있을 것이다. 일단 유가가 높아짐으로 해서 산유국들이 엄청난 오일머니를 벌어들이리라는 사실을 알 수 있다. 우선 중동 쪽의 구매력이 증가할 것이므로 그곳에 진출한 우리 기업들의 실적이 늘어날 것이다. 특히 건설업에서 유망한 종목들을 찾아낼 수 있다.

이러한 투자기회는 1975년 오일쇼크 이후 중동건설 붐이 일었고 당시 관련 업종의 주가가 상승했던 예에 대해 학습효과가 되어 있는 투자자라면 손쉽게 얻을 수 있는 것이었다. 또 바이오에너지에 대한 관심이 높아지면서 옥수수 등의 수요가 높아지고 있다는 사실을 보고 곡물가의 상승을 예견할 수 있었을 것이다. 따라서 곡물 등 원자재에 투자하는 적절한 펀드를 선택했다면 승산 있는 수익기회를 붙잡았을 것이다. 반면 원인도 모르고 분석도 하지 않은 채 원유펀드나 곡물펀드 등 원자재펀드를 매수했다면 쪽박을 면키도 어려웠을 것이다.

정리하자면 과거 석유파동 때에는 중동 국가들의 감산협의에 따른 '공급부문'이 가격 상승을 일으켰고, 최근에는 중국과 인도 등의 대량 소비라는 '수요부문'이 가격 상승을 일으켰다. 이처럼 가격의 변동성 자체보다 그 원인에 대해 신경을 쓰는 자세가 필요하다.

통화량과 통화정책

역사적으로 살펴보면 다양한 물품들이 화폐로 사용되었다. 인디언들은 조개껍데기를 화폐로 사용했고 로마에서는 소금을 교환의 매개물로 사용하기도 했다고 한다. 하지만 이러한 과거의 화폐가 현대에선 더 이상 화폐의 구실을 하지 못한다. 화폐로 인정되기 위해서는 반드시 사회적 약속이 필요하고 또한 모든 이들로부터 인정을 받아야 한다. 화폐의 생명은 신용이다. 신용에 의한 호환성을 가지기만 하면 어떠한 것도 화폐 역할을 할 수 있다고 주장하는 학자들도 있다.

통화량

통화, 즉 유통되는 화폐의 양을 측정하는 일은 상당히 중요하다. 경제 규모에 비해 통화량이 너무 많으면 인플레이션 우려가 있고 너무 적으면 경제활동이 위축될 수 있다. 한국은행이 지금까지 돈을 얼마나 찍었는지를 조사하면 될 것 같지만 돈의 양을 측정하는 것은 그렇게 간단한 문제가 아니다.

만약 한 개인의 일이라면 어렵지 않을 것이다. 얼마나 많은 돈이 서랍에 있고 얼마만큼의 돈이 은행에 예치되어 있는지, 또 월급이 얼마이며 적금이나 양도성예금증서[CD] 등 어떤 재산이 금방 현금화될 수 있는 것인지 간단하게 목록을 작성할 수 있을 것이다.

개인이 아닌 경제학자나 정책입안자는 M_1, M_2, M_3라 불리는 척도

표 2-3　통화량의 종류

통화지표의 종류		범위
협의의 통화(M_1)		현금+요구불예금+수시입출식 저축성예금
		M_1+비통화금융기관 요구불예수금+금융기관 수시입출식 저축성예금(은행저축예금 및 MMDA, 투신사 MMF)
총통화		M_1+은행의 저축성예금+거주자외화예금
광의의 통화	M_2	신M_1+기간물정기예적금 및 부금+ 시장형상품+실적배당형 상품+금융채+기타(투신증권저축, 종금사발행어음) 단, 만기 2년 이상 장기상품 제외
		M_1+비통화금융기관 단기저축성예금 및 부금+금전신탁(장기제외)+CD+RP+표지어음+금융채(장기 제외)-예금은행 장기저축성예적금
	M_3A	M_2-장기 저축성예금
	M_3B	M_3A+제2금융권의 단기예수금
금융기관유동성(L)= 총유동성(M_3)		M_3B+비통화 금융기관 예수금+채권발행+상업어음매출+양도성예금증서+환매조건부채권매도액

를 이용하여 통화의 공급량을 주의 깊게 관찰한다. M이라는 것은 통화의 합계를 표시한다. M_1은 현금과 은행 요구불예금, M_2는 M_1에 저축성예금을 합친 것, M_3는 M_2에 제2금융권의 예수금 등을 합친 것이다. M_3는 통화지표 가운데 가장 광범위한 L(광의유동성) 지표가 개발되면서 L로 바뀌었다.

다음의 표를 보면 항목명에 M_1(협의통화), M_2(광의통화), L(금융기관유동성) 등으로 통화량의 종류를 구분하고 있다. 이 중에서 광의통화인 M_2가 한국은행의 통화량 관리지표로 쓰인다.

표에서 보듯 통화량은 단순히 현금과 수표로만 이뤄지지 않는다. 애초에 한국은행이 공급한 통화를 근본적 또는 원천적인 통화라고 해서 '본원통화'라고 부르는데 시중은행은 이 본원통화를 가지고 '신용통화'를 창조할 수 있다. 즉, 은행이 기업 등에 돈을 빌려주는 행위가 여기 해당된다. 대출은 결국 빚을 화폐로 만드는 과정이다.

예를 들어 중앙은행이 10이란 통화를 공급했을 때 은행의 지급준비율을 10%로 정하면 시중의 전체 통화량은 100이 된다. 10의 10%인 1을 남기고 9를 대출하고, 이 돈이 민간에 흘러갔다가 다시 은행으로 돌아오면 은행은 9의 10%인 0.9를 남기고 8.1을 대출한다. 이런 과정을 반복하면 이론적으로 통화량은 100이 만들어진다. 이를 통화의 승수乘數효과라고 하며 계산 방법은 다음 식과 같다. 여기서 n은 지급준비율이다.

$$\frac{1}{n} \times 본원통화$$

지급준비율이란 은행의 지급불능 사태를 방지하기 위해 고객의 예금 중 중앙은행에 적립해야 하는 준비금의 비율을 말한다. 예금자를 보호한다는 취지에서 출발한 제도이지만 요즘에는 중앙은행의 시중 통화량 조절 수단으로 더 중요한 의미를 갖는다. 앞의 예에서 만약 한국은행이 지급준비율을 11%로 1%만 높여도 시중의 통화량은 100에서 91로 뚝 떨어진다. 이런 방식으로 시중의 유동성을 관리하는 것이다.

화폐, 통화, 본원통화, 통화량, 유동성 등 비슷해 보이지만 분명히 서로 다른 의미를 갖는다. '통화량=본원통화+신용(통화)' 정도로 정리해두면 앞으로 경제지를 읽는 눈이 한층 열릴 것이다.

통화승수와 신용창조

다음 표와 그림은 우리나라의 2008년 월별 유동성지표다. 통화승수는 시중은행들이 신용창조를 얼마나 했는지를 나타내는 척도가 되는데, 본원통화와 광의통화인 M_2의 금액을 비교함으로써 얻을 수 있다.

표 2-4 유동성지표

단위: 10억 원

항목명	2008/01	2008/02	2008/03	2008/04	2008/05	2008/06	2008/07	2008/08	2008/09	2008/10
본원통화	53,108.2	49,614.9	43,303.7	49,911.9	54,088.5	52,599.8	53,433.0	55,444.2	58,349.4	53,287.3
M_1	299,221.3	301,597.8	294,147.1	300,930.3	305,517.0	312,889.1	306,116.2	307,518.7	315,216.1	315,925.8
M_2	1,295,781.1	1,315,172.2	1,316,505.1	1,350,862.3	1,362,825.6	1,368,551.7	1,375,993.6	1,394,030.4	1,392,431.9	1,411,370.4
Lf	1,712,839.5	1,728,493.7	1,739,648.7	1,776,764.8	1,790,783.8	1,794,340.1	1,800,110.0	1,821,200.0	1,827,677.8	1,841,360.8
L	2,077,465.7	2,103,677.6	2,116,376.7	2,164,343.1	2,187,399.0	2,196,370.6	2,208,104.7	2,233,363.7	2,232,777.4	2,249,308.1
통화승수	24.40	26.51	26.70	27.06	25.20	26.02	25.75	25.14	23.86	26.49

※ 자료: 한국은행 통계

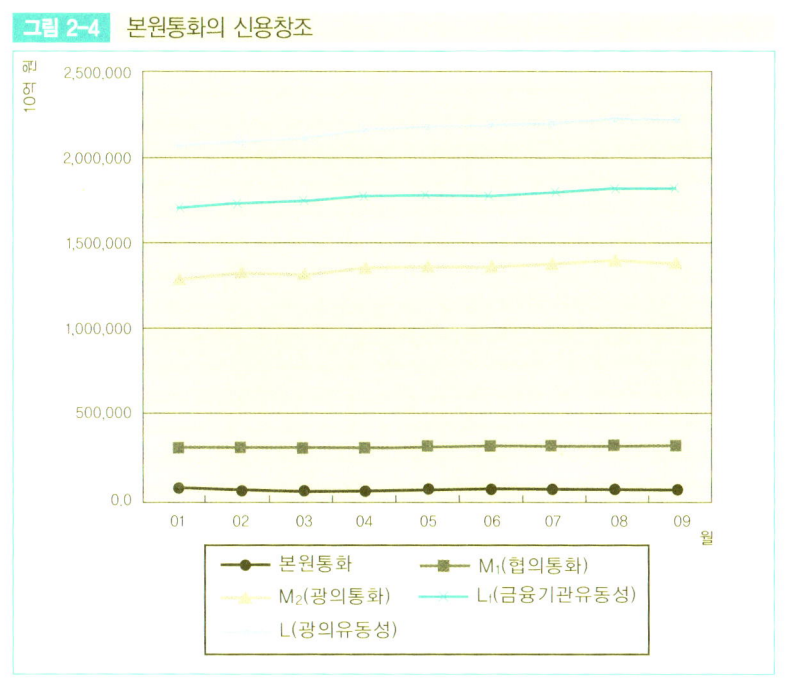

그림 2-4 본원통화의 신용창조

2008년 10월 현재 한국은행의 본원통화는 53조 원으로 50조 원을 조금 넘는데 광의통화는 1,300조 원이다. 50조 원의 본원통화를 가지고 1,300조 원의 광의통화를 만들어냈다는 것이므로 통화승수는 약 26.49다. 즉 시중은행의 신용창조가 25배 정도라고 말할 수 있다.

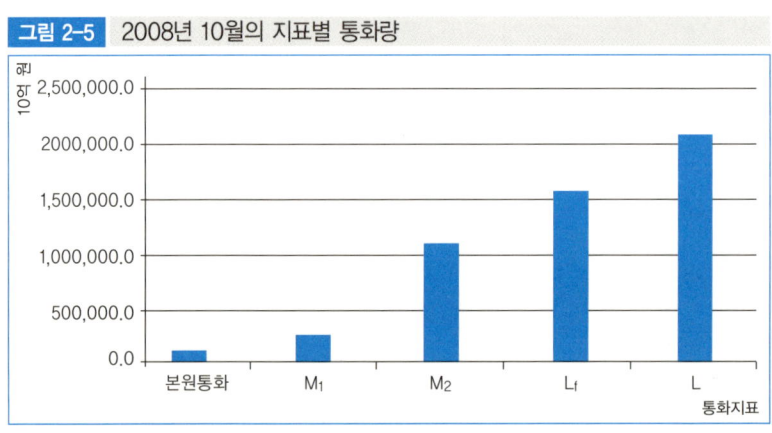

그림 2-5 2008년 10월의 지표별 통화량

이처럼 다양한 통화지표를 사용하는 이유는 통화량이 물가와 금리에 영향을 미치기 때문에 그 장단기적 영향 정도에 따라 구분할 필요가 있어서이다. 예를 들어 상품을 구입할 때 은행예금보다는 지갑 속에 든 현금이 더 빨리 쓰일 것이고, 은행예금은 수익증권보다는 더 빨리 현금으로 바뀌어 쓰이게 될 것이다. 펀드도 언젠가는 소비에 쓰이겠지만 현금이나 은행예금보다는 더 느리게 소비될 것이다. 즉 얼마나 빨리 현금으로 바뀌는지가 얼마나 빨리 물가에 영향을 미치는지를 결정한다.

또한 소비되는 돈과 저축하는 돈의 양을 구별하여 측정함으로써 미래의 경제 변화를 가늠해보기 위해서이기도 하다. 통화의 공급량은 통화량의 단기 변화와 장기간의 동향을 파악하기 위해 여러 번 측정된다.

한국은행의 통화정책이 여유가 있을 때는 통화 공급량이 늘고 경제가 빠른 속도로 성장하면서 기업체들은 더 많은 직원을 고용하게 되고 전국에 걸쳐 풍요로운 분위기가 넘쳐난다. 그러나 만약 한국은행이 통화를 긴축시킬 경우, 예를 들어 인플레이션율을 낮추기 위해 통화 공급을 줄이면 경기가 진정되면서 점차 실업률이 증가하여 침체된 분위기가 된다.

산업경기의 호조가 비교적 장기간 이어지고 시장 전반적으로 낙관적인 전망이 만연해지면 덩달아서 화폐의 기능을 하는 상품들이 등장한다. 즉 거래의 수단이 되고 가치저장의 수단이 되겠다고 나서는 상품들이다. 주식과 같은 유가증권과 부동산 등이 대표적이고 이미 앞에서 살펴본 바와 같이 튤립과 같은 식물들도 가세하는 말도 안 되는 상황이 벌어진다. 이런 상품들이 실제로 화폐처럼 유통수단으로 사용되고 가치저장의 수단으로도 이용되면 경제는 갑자기 통화량이 풍족해진 것과 같은 현상이 일어나 더 활기를 띠기 시작한다. 통화는 유통과 가치저장을 활발하게 하는 기능을 발휘함으로써 생산활동을 촉진하는 경향이 있는데 대체화폐들이 경기를 더욱 활성화시키는 것이다.

주식과 부동산이 폭발적인 반응을 일으킬 경우 통화량이 갑자기 늘어난 것과 같은 효과가 나타나면서 경기를 더욱 상승시킨다. 그렇지만 이런 폭발적인 상승은 지속가능성이 없다. 미래의 수요를 현재로 끌어들임으로써 발생한 거품이므로 시간이 흐르면 언젠가는 수요측면에 공백이 생기게 된다.

이처럼 거품이 형성되었다가 붕괴되면 부동산과 주식 가격이 폭락하는데 이때도 역시 통화량의 축소와 같은 효과를 나타낸다. 결국은 신용창조의 역과정인 신용수렴이 나타난다. 이렇게 신용수렴이 본격적으로 일어나면 경기는 더욱 침체된다. 경기침체가 기업과 금융기관의 경영수지를 악화시켜 신용수렴을 다시 촉진하게 되는 악순환이 진행되면서 금융시스템의 위기 또는 금융공황으로 발전하기도 한다.

일례로 미국의 서브프라임 사태로부터 촉발된 2008년의 금융위기가 그러한 상황이다. 시장이 불안해지면 신용수렴을 넘어서서 신용경색이 나타난다. 신문에는 연일 돈을 빌려주지 않는 은행들에 대한 기사가 실리고 시장에는 실제로 돈이 돌지 않는다. 신용경색이라는 말은 서로가 서로를 믿지 못한다는 뜻이다. 앞서 정리한 '통화량=본원통화+신용'에서 '신용' 부분이 위축되는 것이다. 즉, 시중은행의 신용창조 기능이 위축된다.

필자가 이 글을 쓰고 있는 지금도 은행들은 떨어진 BIS 자기자본비율 다시 올리랴, 과도한 대출 때문에 급하게 끌어다 쓴 CD, 은행채 메우랴 발등에 떨어진 불 때문에 고객들에게 대출할 여력이 없다. 또 요즘 같은 상황에선 섣불리 대출해줬다가 떼일지도 모른다는 두려움에 대출이 위축되고 있다. 서로가 믿지를 못해 돈이 실물경제로 공급이 되질 않고 은행권 안에서만 맴돌고 있다는 말이다. 중소기업은 중소기업들대로 돈가뭄에 아우성을 치고 가계는 가계대로 높아진

금리 때문에 매월 지출되는 이자 부담이 커지고 있다.

시중은행에서 신용창조의 역과정인 신용수렴이 일어나기 시작하면 통화승수가 작아질 것이라고 예측할 수 있다. 그림 2-6은 IMF를 전후한 통화승수를 나타낸 것이다. 그림에서 눈여겨볼 점은 IMF가 본격적으로 가시화되기 이전인 1995년부터 이미 통화승수의 하락이 나타나기 시작했다는 것이다. 이처럼 뭔가 이상한 조짐이 발생하면 그 원인부터 살펴볼 일이다.

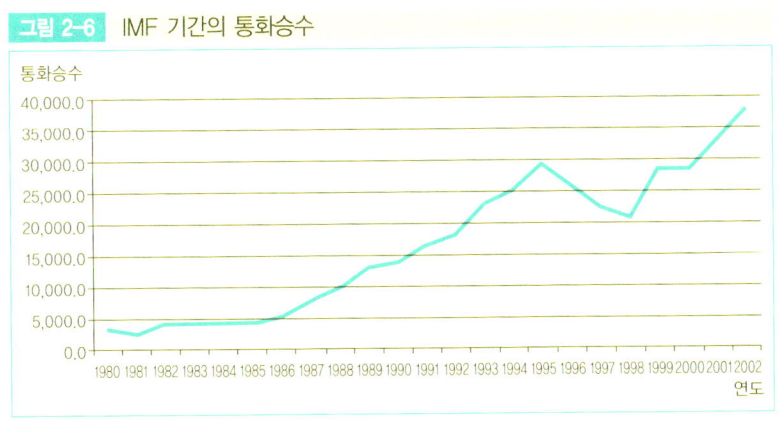

그림 2-6 IMF 기간의 통화승수

※ 자료: 한국은행 통계

2008년부터의 서브프라임 사태 역시 마찬가지다. 앞의 표 2-4에서 각 통화와 통화승수의 증가율을 정리한 것이 표 2-5다. 이를 보면 9월의 통화량 지표를 보면 통화승수가 줄어들었다는 것을 알 수 있다. 사상 초유의 리먼 브라더스 사태가 터지고 시장에 공포감이 만연한 것은 10월 이후부터다. 하지만 시장에서는 이미 신호를 보내고 있었다. 분명히 시차가 존재할 텐데 9월의 통화승수가 8월에 비해서

0.11%로 작아진 23.9의 통화승수를 나타내고 있다. 본원통화가 전월 대비 5.24%나 늘어났는데도 M₂는 거꾸로 줄어들어 최초로 마이너스를 기록하고 있다.

표 2-5 리먼 브라더스 파산 당시의 유동성

(단위: 10억 원)

항목명	비고	2008/01	2008/02	2008/03	2008/04	2008/05	2008/06	2008/07	2008/08	2008/09	2008/10
본원통화	금액	53,108.2	49,614.9	49,303.7	49,911.9	54,088.5	52,599.8	53,433.0	55,444.2	58,349.4	53,287.3
	증가율	-5.83%	-6.58%	-0.63%	1.23%	8.37%	-2.75%	1.58%	3.76%	5.24%	-8.68%
M₂(광의통화)	금액	1,295,781.1	1,315,172.2	1,316,505.1	1,350,862.3	1,362,825.6	1,368,551.7	1,375,993.6	1,394,030.4	1,392,431.9	1,411,370.4
	증가율	1.74%	1.50%	0.10%	2.61%	0.89%	0.42%	0.54%	1.31%	-0.11%	1.36%
통화승수		24.4	26.5	26.7	27.1	25.2	26.0	25.8	25.1	23.9	26.5
		8.04%	8.64%	0.73%	1.36%	-6.90%	3.26%	-1.02%	-2.36%	-5.09%	10.99%

리먼 브라더스의 파산으로 신용경색이 본격화된 것이 9월 중순인데 신용수렴의 조짐이 즉각적으로 나타나고 있음을 알 수 있다. 그 뒤 10월의 지표를 보면 본원통화가 5조 원 줄어들었고 M₂는 늘어났으며 통화승수는 26.5로 커졌다. 그런데 자세히 보면 10월 들어서 한국은행이 58조 원에서 53조 원으로 본원통화를 5조 원 줄인 것으로 나타나 있다. 왜 그럴까?

표 2-6 2008년 외환보유액 현황

통계표	2008/01	2008/02	2008/03	2008/04	2008/05	2008/06	2008/07	2008/08	2008/09	2008/10	2008/11
외환보유액 현황	261,870,733	262,364,808	264,245,660	260,482,546	258,198,958	258,097,988	247,522,666	243,200,228	239,671,786	212,252,810	200,505,915
변동폭		494,075	1,880,852	-3,763,114	-2,283,588	-100,970	-10,575,322	-4,322,438	-3,528,442	-27,418,976	-11,746,895
변동률		0.19%	0.72%	-1.42%	-0.88%	-0.04%	-4.10%	-1.75%	-1.45%	-11.44%	-5.53%

답은 여기에 있다(표 2-6 참조). 과거 IMF 외환위기를 겪어본 정부의 대응이다. 10월에 갑자기 외환보유고가 -11.4%인 270억 달러 이상 줄어들었다. 11월에는 더 줄어들지 모르고 12월에는 외환보유액이 2,000억 달러 이하로 감소할지도 모른다는 우려 때문에 미국으

로부터 달러 스왑을 한 것이다. 그리고 11월에 평가절하되는 환율을 방어하기 위해서 10월에 막대한 외환을 지출했고 은행에 대한 외환 지원 등으로 달러를 써버렸기 때문이다. 그리고 이 중 대부분은 은행이 원화를 대가로 부족한 외화자금을 얻은 것으로 그만큼 한국은행의 본원통화가 환수되었다. 따라서 한국은행은 본원통화를 늘리지 않아도 되었던 것이다.

컨설팅과 카운셀링

쉬운 애기를 어렵게 하면 컨설팅이고 어려운 이야기를 쉽게 하면 카운셀링이라 하는 듯한데, 어려운 이야기를 좀 쉽게 해보자.

우리나라는 달러가 부족할 경우 미국으로부터 빌려온다. 그럼 이 달러의 원산지 미국은 어떻게 할까? 가령 과거 9·11테러 때처럼 신용경색이 완연하여 시중에 돈이 돌지 않으면? 그들은 아주 손쉬운 방법을 사용한다. 그냥 돈 찍는 기계로 돈을 찍어서 공중에서 뿌려버린다. 2010년 연임이 확정된 연방준비제도이사회 의장 벤 버냉키는 '헬리콥터 벤'이라는 별명으로 알려져 있다. 제로 금리에 이를 정도의 금리정책을 실시하고 이에 의해 시중의 돈이 고갈되면 헬리콥터로 돈을 살포해서라도 경기를 살리겠다는 입장을 고수하고 있으며, 실제로 2007년 이후 서브프라임 사태를 그렇게 대처했다.

위기극복의 방편으로 돈을 찍어내는 이러한 획기적인(?) 방법은 사실 어제 오늘의 일도 아니다. 1부의 미시시피 버블편에서 서술했듯이, 이미 300여 년 전 프랑스에서 존 로의 아이디어로부터 시작되었다. 역사적인 사건의 외형만 보더라도, 독자들은 통화량을 이해하는 눈이 한결 부드러워질 것이다.

여하튼 시중에 돈이 늘어나면 돈이 돈 구실을 하지 못할 수밖에 없다. 미국에서 달러를 마구 찍어낼수록 거기 비례하여 달러의 가치는 떨어진다. 과거 금본위제하에서는 금의 단위무게당 가치로 달러의 가치가 어느 정도 고정되어 있었다. 하지만 1971년 닉슨 대통령 시절 금본위제를 철폐하면서부터 달러의 가치는 '달러 찍는 기계 소유자의 의도' 대로 결정되어왔다. '글로벌'이라는 시중에 달러가 너무 흔해지면서 달러 가치 하락을 의식한 국가들은 가능하면 달러를 보유하지 않거나 비중을 줄이고 유로화나 위안화 같은 다른 돈들을 보유하려는 움직임이 늘어나는데 이는 너무나 당연한 일이다.

『화폐전쟁』의 저자 쑹훙빙은 '철본위제'라는 적절한 표현으로 현재 미국의 화폐제도를 설명하고 있다. 전투기, 탱크, 항공모함이 바로 철로 만들어진다는 데서 나온 '시니컬한' 이름이다. 시간이 갈수록 미국의 국무장관들이 바빠질 수밖에 없는 이유가 여기에 있다.

과거에 콘돌리자 라이스가 그랬고, 현재의 힐러리 클린턴이 여러 국가들을 누비고 다니느라 바쁜데 그녀가 하는 말의 핵심은 "한 대 맞을래, 달러 보유할래?" 정도가 되지 않을까.

콜금리

우리나라의 경제가 자동차고 통화량이 자동차의 속도라면 콜금리는 운전사인 정부가 사용하는 액셀이나 브레이크에 비유할 수 있다. 앞서도 말했듯이 정부 통화정책의 궁극적인 목표는 물가안정이고 한국은행이 이 역할을 담당한다.

1990년대 후반까지 정부는 통화량을 조절함으로써 경제성장률과 물가상승률 등을 조절하려 했다. 하지만 금융시장이 상대적으로 비대해진 현재는 보다 선진적인 유동성 관리를 위해서 목표로 하는 인플레이션율(근원인플레이션율)을 발표한 후 통화량과 금리를 동시에 고려하는 정책으로 전환하여 시행하고 있다. 때문에 투자자의 입장에서도 금리와 통화량을 함께 고려해야 보다 나은 투자 결과를 얻을 수 있다.

금리와 통화량은 동전의 양면과 같다. 시중에 돈이 넘치면 금리는 내려가고 시중에 돈이 부족해지면 금리는 올라간다. 통화량은 금리로 움직인다는 관점으로 접근하면 이해가 한결 쉬워진다. 금리 움직임에는 시중의 유동성(통화량)뿐 아니라 신용경색 여부, 통화 유통속도의 변화, 시장의 인플레이션 기대 심리 등 모든 정보가 복합적으로 녹아들어 있다. 통화량은 늘었지만 금융시장에 불안감이 높아져 신용경색이 빚어지거나 유통속도가 떨어져 있다면 금리는 내려가지 않는다. 즉 통화량을 보면 긴축을 해야겠지만 금리를 보면 아직 그럴 때가 아니란 말이다. 또 금리는 실시간으로 정확한 관측이 가능한 반면 통화량은 일정한 시간(M_3의 경우 2개월 늦게 집계된다)이 지나야 알 수 있고 정확도도 떨어진다. 이처럼 금리에 포커스를 맞추어 보면 정확한 신호를 포착할 수 있다.

특히 콜금리의 추이를 보면 대략적인 정부의 대응을 읽을 수 있기 때문에 콜금리를 결정하는 메커니즘을 이해해야 한다. 한국은행은 매월 초 금융통화위원회를 열어 한 달 동안 적용할 콜금리의 목표수준을 정한다. 예를 들어 이번 달에는 콜금리의 목표수준을 종전의 5%에서 25bp 올려 5.25%로 관리하기로 했다고 발표했다 하자. 여기서 한국은행이 콜금리를 직접 정하지 않고 목표수준을 정하는 이유는 한국은행이 민간인끼리 거래하는 콜거래금리를 이래라 저래라 할 수 없기 때문이다. 대신 유동성을 줄였다 늘렸다 하는 등 다양한 방법으로 콜금리가 목표한 수준에 이르도록 유도하겠다는 뜻이다. 때문에 5.25%가 이번 달 콜금리 목표수준이라 하더라도 매일의 콜금리는 5.15%도 되고 5.40%도 될 수 있다. 월간 평균치를 그 정도에서 맞추겠다는 뜻으로 받아들이면 된다.

콜금리를 변경하기로 했을 때 중요한 점은 그 폭이다. 너무 적게 조정하면 정책효과가 없고 너무 많이 조정하면 시장이 충격을 받는다. 콜금리는 금융회사 간에 초단기로 자금을 거래할 때 적용되는 금리이기 때문에 시중의 유동성 사정에 따라 민감하게 반응한다.

한국은행은 시중자금이 부족해 콜금리가 월중 목표치보다 올라갈 것 같으면 자금을 풀고 유동성이 지나쳐 콜금리가 내려갈 것 같으면 유동성을 흡수해서 일정한 수준으로 관리하는 일을 한다.

콜금리를 높이거나 낮추면 장단기 금리 전달 메커니즘을 통해 전체적인 금리수준이 달라지는데 이에 따라 여러 부문에서 파급효과가 나타난다. 금융통화위원회가 콜금리 목표수준을 정하면 한국은행 실무부서는 이를 한 달 동안 준수해야 한다. 실제 금융통화위원회가 콜금리 목표수준을 5%에서 5.25%로 올리겠다고 발표만 해도 동작 빠른 금융시장에서는 그날부터 5.25%에 콜금리가 형성된다.

CD금리와 국고채금리

콜금리를 움직이면 몇 개의 금리가 따라서 움직인다. 그중 하나가 바로 양도성예금증서인 CD$^{\text{Certificate of Deposit}}$의 금리다. CD는 은행에서 취급하는 금융상품으로 액면가보다 싸게, 즉 할인해서 팔고 만기에 액면가를 돌려주는 상품이다. 예를 들어 은행이 만기가 3개월이고 액면가 1,000만 원인 CD를 950만 원에 팔았다고 하자. 투자자는 3개월 후 만기일에 이 증서를 은행에 가져다주고 액면가 1,000만 원을 받는다. 50만 원의 수익을 얻게 되는 것이다. 또한 만기일까지 기다릴 필요 없이 언제든 다른 사람에게 팔 수도 있다.

CD가 생겨난 이유는 채권이나 기업어음처럼 은행도 언제든지 쉽게 사고팔 수 있는 금융상품이 필요했기 때문이다. 예금은 이자율도 낮고 예금통장을 사고팔 수도 없기 때문에 증권에 비해 경쟁력이 떨어진다. 때문에 이런 단점을 줄이고 시중자금을 끌어 모으기 위해 은행이 만든 금융상품이 CD다. 이름과 도장이 찍혀 있지 않고 남에게 쉽게 양도할 수 있는 예금통장인 셈이다. 은행에서 예금으로 받아들인다는 의미로 '양도성예금증서'라고 부른다.

은행은 CD를 판매한 돈을 정기적금처럼 만기일까지 안심하고 쓸 수 있지만 은행에서 팔려 나간 CD는 투자자들 사이에서 수없이 거래된다. 액면가는 그대로이지만 CD의 거래가격은 수요와 공급에 따라 항상 변한다. 액면가 1,000만 원의 CD가격이 960만 원이 되기도 하고 940만 원이 되기도 한다. 그 차익이 투자자의 수익이며 이를 은행 이자라 볼 수 있다. CD의 수익률이 은행 금리와 비슷하기 때문에 CD를 시장금리의 기준으로 이용하기도 한다. 은행들이 대출을 해줄 때 적용하는 금리도 이 CD금리를 기준으로 결정된다.

단기 금리로는 만기 3개월의 CD수익률이 기준금리(지표금리)로 많이 이용되는데 CD가 불규칙하게 발행되고 발행물량도 많지 않아 기준금리의 역할을 하기에는 부족한 면이 있다. 그래서 한국은행은 한국은행에서 발행하는 만기 91일의 통화안정증권의 수익률인 코리보KORIBOR를 기준금리로 이용하도록 제안하고 있다. 통화안정증권은 CD보다 비교적 규칙적으로 발행되고 거래량도 많아 대표적인 단기 금리채권이라고 볼 수 있기 때문이다.

반면 장기 금리에서는 3년 또는 5년 만기의 국고채가 기준금리로 이용되고 있다. 우리나라의 경우 대표적인 장기채는 대부분 국고채들이다. 만기가 주로 3년과 5년에 집중되어 있다. 최근 들어 장기 금리와 단기 금리 간 차이가 줄어들면서 고수익을 추구하는 단기 자금이 금융시장을 분주히 이동하고 있다.

채권수익률과 이자율

채권수익률과 이자율은 반대 방향으로 흐른다. 중앙은행이 국공채 시장에서 국공채를 매입하면 수요와 공급의 법칙에 의해서 채권의 가격이 올라간다. 이것은 채권의 수익률을 낮추는 요인이 된다. 즉 채권을 보유하고 있을 때 나오는 이자율은 일정한데, 채권의 가격이 올랐으니 그 오른 가격으로 채권을 매입해서 기존의 이자율을 받게 되었다면 수익률이 줄었다는 것이다.

그렇게 되면 채권을 매입하는 사람들(일반적으로 국공채 딜러나 은행들)은 채권을 매입하기보다는 이자율이 더 높은 은행이나 다른 금융상품을 찾게 된다. 이때 만약 투자상품이 채권과 은행예금뿐이라고 가정하면 수요와 공급의 법칙에 의해서 예금의 공급이 늘었으므로 은행 금리도 그만큼 하락하게 된다.

콜금리는 금리 중에서 가장 단기 금리다. 콜금리의 상승이 장기채 수익률을 상승시킨다는 말은 단기 금리의 상승이 장기 금리에 영향을 미친다는 논리인데 현실적으로 논란이 많은 부분이다. 장단기 금리는 사실 따로 노는 때가 많다. 물론 단기 금리 상승의 영향이 장기채로까지 미치는 데에는 시차가 길다고 하지만 현재 상황을 보면 단기 금리는 거의 0%인데 장기 금리는 7%다. 그런데도 서브프라임 사태 등을 겪으면서 위험 때문에 장기채에 적극 투자하는 사람들이 많이 줄어들었다.

금리 하락과
그 영향

　금리는 상황에 따라 오르기도 하고 내리기도 한다. 금리의 상승과 하락은 매우 복잡하기 때문에 조절하기가 쉽지 않다. 금리를 형성하는 가장 기본적인 요인은 투자(빌려가는 쪽)와 저축(빌려주는 쪽)이다. 일반적으로 금리는 돈을 빌리는 사람과 빌려주는 사람 사이에서 결정된다. 빌려줄 수 있는 금액보다 빌려가려는 금액이 많으면 당연히 높아지고, 빌려줄 수 있는 금액이 넘치면 낮아진다. 기업들의 투자가 활발해지면 투자자금에 대한 수요가 늘어나고 사람들이 저축을 많이 하면 자금의 공급이 늘어난다. 이론적으로 금리는 저축 규모와 투자 규모가 서로 균형을 이루는 수준에서 결정된다.
　금리가 하락하는 원인을 찾자면 여러 가지가 있을 수 있지만 가장 크게는 다음 두 가지로 볼 수 있다. 경제성장률이 낮아지면서 투자수익률이 저하된 것과 금융시장이 발전하고 자유화된 데 따른 것이다.
　먼저 선진국으로 갈수록 경제성장률이 낮아지는데 이것이 금리 저하의 원인이 된다. 왜 그럴까? 생산된 제품이 100개가 있는 경우 새로이 10개의 제품이 생산된다면 증가율은 10%다. 그런데 1,000개의 생산품에서 새로이 50개의 제품이 생산되면 증가율은 5%밖에 안 된다. 다시 말해 생산량이 늘어나더라도 경제 규모가 커지면 그 증가율은 작아진다. 경제성장률이 낮아진다는 것은 기업들의 수익률도 전반적으로 낮아짐을 의미한다. 수익률이 낮으면 대출을 받으려는 기업들은 높은 이자를 줄 수가 없고 은행들도 높은 이자를 요구할 수 없기 때문에 금리가 낮게 형성된다.

또한 세계 경제성장률이 둔화되면서 많은 돈이 안전한 자산인 채권 쪽으로 몰려든 것도 금리가 떨어지게 된 원인 중 하나다. 채권을 사려는 사람들이 많기 때문에 채권 발행 기업은 굳이 높은 이자를 지불할 필요가 없게 된 것이다.

금리가 하락하는 좀더 직접적인 이유는 기업들이 과거에 비해 투자할 대상을 찾기가 어려워져서다. 이에 따라 기업들이 투자를 점점 줄이고 있는데 이는 기업들이 금융기관에서 돈을 덜 빌린다는 것을 의미하기도 한다. 금융기관 입장에서는 어떻게든 우량기업이 대출을 더 해갈 수 있도록 유도하기 위해 금리를 낮추게 된다.

금융위기 이후 기업들이 신규 투자를 하기보다는 부채를 줄이면서 재무구조를 개선하는 것을 주요 경영 전략으로 삼게 되었고 그 결과 기업들의 부채비율은 급격히 줄어들었지만 투자도 그만큼 부진해졌다. 금융기관들도 재무구조가 건실하지 못한 기업들에게는 자금을 대출해주지 않기 때문에 기업들은 투자보다는 재무구조 개선에 주력할 수밖에 없었다. 투자가 감소하는 또 다른 이유는 과거에 비해 주주들의 요구가 거세졌기 때문이다. 최근 주주들은 단기 배당이나 주가의 시세차익 등에 집착하면서 경영진에게 단기 수익을 본격적으로 요구하고 있다.

거시적으로 보면 국내뿐만 아니라 국제적으로 통화량이 급격히 늘었다는 점도 금리가 하락하게 된 또 다른 원인이라고 할 수 있다. 지금 전 세계적으로 엄청난 양의 통화가 금융시장에서 돌아다니고 있으며 우리나라에도 많은 외국 자금이 유입되었다. 시중에 외국 돈이 늘어나면서 굳이 높은 금리를 주면서까지 돈을 끌어오지 않아도 되는 상황이 됐다.

정부의 정책에 의해 금리를 내릴 수 있다. 앞서 살펴봤듯이 금리 인하로 금융기관의 대출 이자가 하락하면 돈을 빌리러 온 개인이나 기업들의 이자 부담이 줄기 때문에 돈을 많이 빌릴 수 있다. 이 자금에 의해 소비와 투자가 늘 것을 기대하는 정책이다.

지금부터는 금리 인하정책의 효과를 살펴보도록 하자.

먼저 주식시장의 활성화다. 금리 인하로 사람들이 주식시장에 자금을 투여함으로써 매수자가 늘어나면 주가가 오른다. 그러면 기업들은 자금을 조달하기 위해 은행에서 대출을 받는 대신 주식시장에서 고가에 신규 발행한 주식을 팔 수 있다. 결국 주식시장이 활성화되면 유상증자 물량을 쉽게 소화시킬 수 있고 자본금이 늘어나는 만큼 부채비율이 줄어 재무구조를 개선하는 데 도움이 된다. 또한 주식시장뿐 아니라 부동산 쪽으로도 돈이 몰려 부동산가격의 상승을 초래한다. 이 때문에 건설 투자를 증가시킬 수는 있지만 부동산 투자자가 늘어나면서 버블이 형성될 수 있다.

또한 금리가 하락하면 환율이 상승하여 수출 경쟁력을 높일 수 있다는 장점도 있다. 금리가 상승하면 높은 금리를 노리는 외국 자금을 끌어들이게 된다. 반면 금리를 내리면 외화 유입이 감소하기 때문에 그만큼 외국 돈을 구하기 어려워지고 환율이 상승하게 된다. 외국 돈의 가치가 올라간다는 것은 우리나라 돈의 가치가 하락한다는 것을 뜻한다. 이는 우리나라 수출상품의 가격이 낮아진다는 것을 의미하기 때문에 경쟁력이 높아지는 효과를 만들어낸다.

그런데 갈수록 금리정책의 효과가 줄어들고 있다. 그 이유를 찾아보면 다음과 같이 서로 연관성을 갖는 여러 가지를 발견할 수 있다.

먼저 한국은행이 경기부양을 위해 콜금리를 내리더라도 시중은행이 예금금리만 큰 폭으로 내리고 대출금리는 소폭만 내리는 경우가 많다. 이럴 경우 예금금리와 대출금리의 차이, 즉 예대금리 차가 커지면서 기업과 가계보다는 오히려 은행들만 혜택을 보게 된다. 뿐만 아니라 콜금리를 인하하더라도 대기업들은 이미 충분한 자금을 가지고 있기 때문에 대출수요가 증가하지 않는 반면 자금이 부족한 중소기업에게는 은행이 대출을 꺼리는 현상이 발생한다. 은행이 대기업이나 중소기업의 구분 없이 표준화된 대출심사기법을 적용하는 경향이 많아지면서 대기업보다 신용 면에서 열세인 중소기업은 그만큼 대출받기가 어려워지고 있다. 특히 은행들이 대형화, 겸업화되면서 그만큼 수익구조가 다양해진 것도 중소기업 대출이 줄어든 원인이다.

게다가 근래 들어 은행들이 주주가치경영을 표방하면서 위험이 큰 장기 투자수익보다는 단기의 가시적인 수익을 요구하는 주주들의 요구를 맞추기 위해 위험부담이 큰 기업 상대 대출을 줄이고 보다 안전한 부동산 담보대출이나 국고채, MMF 투자 등을 늘리고 있다. 이런 현상은 외국인 주주들이 늘어나면서 더욱 확대되는 경향이다. 따라서 콜금리 인하로 대출을 증가시키는 효과를 크게 기대할 수 없게 되었고 이는 그만큼 금리 인하로 인한 실물경제의 활성화효과도 줄어들었다는 것을 의미한다.

금리정책이 실물경제에 미치는 영향은 앞으로 더욱 줄어들 것으로 보인다. 우리나라 경제가 세계화되면서 세계 경제에 대한 의존도가 높아졌기 때문이다. 금리 변화보다는 세계 경제의 호황과 불황에 따라 우리나라 경기도 변화하는 경우가 많아졌다. 더욱이 금융시장이 세계화되면서 국내 투자자들이 국내외 금융시장에 자유롭게 투자할 수 있게 된 것도 금리정책의 영향력 약화를 가져왔다. 국내 금리와 외국 금리를 비교하면서 투자할 수 있는 상황이므로 정부가 금리를 내리면 보다 높은 금리를 주는 외국으로 투자자금이 빠져나갈 수 있다(가장 대표적인 경우가 2005년 중반부터 러시를 이룬 일본 엔캐리 자금의 이동이다).

하지만 보다 근본적인 원인은 앞서도 살펴보았듯이 실물부문과 금융부문의 관계가 약해졌다는 데 있다. 한국은행이 금리를 인하해도 증가된 통화량이 실물부문으로 흘러가지 않고 금융부문에서만 머무는 시간이 길어지면서 실물부문에서의 기대효과가 그만큼 늦게 나타나게 된다.

국제수지 변동과 환율

국제수지를 알아야 환율을 이해한다

우리의 경제가 인체라면 물가상승률은 체온과 같다. 본격적인 증상을 진단하기 위해 다음 단계로 반드시 살펴봐야 할 것 중 하나가 바로 국제수지다. 왜냐하면 국제수지는 과도한 적자도 문제이고 과도한 흑자도 문제가 되기 때문이다.

여러 나라 사이의 모든 경제적 거래를 체계적으로 기록한 표를 국제수지표라 한다. 국제수지표는 국내총생산^{GDP}과 같은 유량의 개념으로 대개 1년을 기준으로 작성된다(여기서 유량^{flow}이란 일정 기간의 양을 말하며, 대비되는 말로 일정 시점의 양을 표시하는 저량^{stock}이 있다).

그림 2-7에서 보는 것처럼 국제수지는 경상수지와 자본수지로 나누어지고 경상수지는 다시 상품수지, 서비스수지, 소득수지 그리고

그림 2-7 국제수지표의 구성

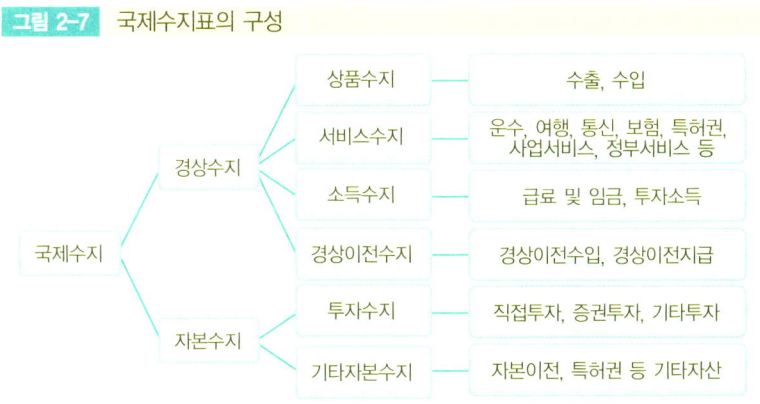

경상이전수지로 구분된다.

경상수지 중에서 상품수지는 상품의 수출과 수입의 차이를 나타내고 서비스수지는 외국과의 관계에서 서비스로 벌어들인 돈과 지급한 돈의 차이다. 소득수지는 외국과 자본, 노동 등 생산요소를 거래해서 벌어들인 돈과 지급한 돈을 기록하며, 경상이전수지는 거주자와 비거주자 사이에 아무런 대가 없이 주고받은 거래의 수치 차이다. 이때 한 나라의 거주자는 그 나라에 거주하고 있는 외국인이나 외국인 기업도 포함하는 반면 다른 나라에 있는 해외 지사나 현지 법인은 제외한다.

자본수지는 투자거래, 기타 자본거래, 준비자산 증감 등으로 구분되는데 각 경제주체들이 돈을 외국으로부터 차입하거나 외국에 빌려줌으로써 발생한 외화의 유출입 차이를 나타낸다.

국제수지표에서 가장 중요한 것은 경상수지와 자본수지다. 펀드 투자자로서 경제학을 공부하는 이유를 다시 한번 생각해볼 필요가 있다. 궁극적으로 경기의 불황과 침체 그리고 그 정점들을 예측하기 위함이다. 다시 말해 우리 정부의 대응을 이해하기 위함이라는 뜻도 된다는 것을 재삼 강조한다.

먼저 경상수지부터 살펴보자. 국제거래에서 수출과 수입의 가장 중요한 부분을 담고 있는 것이 바로 경상수지다. 경상수지가 적자라는 사실은 수출입 중 수입이 많다는 얘기다. 이에 따라 국내생산이 감소하고 국민소득이 줄어들며 실업이 발생하게 된다. 또한 국제수지의 균형을 유지하기 위해 외화부채를 끌어와야 하므로 원리금 상환부담이 증가하고 결국 허약체질로 바뀌어 경제의 안정을 해치게 된다. 뿐만 아니라 경상수지의 적자는 경제정책의 폭을 좁히게 되어 건실한 국민경제의 운영에 커다란 장애요인으로 작용한다.

한편 경상수지가 흑자일 때는 상품의 수출이 늘어나고 국내생산이 증가하기 때문에 국민소득 역시 증가하게 된다. 또한 이러한 흑자로 인해 외화자산이 늘어나면 외채를 갚을 수도 있고 원자재를 안정적으로 확보할 수 있으며 무역마찰을 피하기 위해 국외에 직접 투자할 수도 있다. 이때는 수입이 급증하는 경우에도 그리 큰 염려를 하지 않아도 된다. 경상수지의 흑자는 대외 거래에 여유를 주기 때문에 경제정책의 선택폭이 넓어져 국민경제를 더욱 건실하게 운영할 수 있게 해준다.

충분한 영양이 공급된 경제는 혈액순환도 원활하고 체력도 증가한다. 하지만 뭐든지 과한 건 모자람만 못하다고 했다. 국제수지 역시 마찬가지다. 무역 상대국에서의 수입규제는 물론이거니와 영양 공급을 넘어서 비만 단계로 들어서면 혈중 콜레스테롤이 증가하듯이 경제 전반적으로 여러 가지 부작용 징후가 나타난다. 이를테면 물가상승을 들 수 있다. 예를 들어 100원어치의 물건을 생산하기 위해서 1,000원이라는 돈이 필요한데 보유중인 돈이 5,000원이라면 생산에 필요하지 않은 나머지 돈은 다른 투자처를 찾아 흘러가기 마련이다.

이처럼 과도한 국제수지의 흑자는 국내 통화량의 증가를 가져온다. 따라서 인플레이션을 일으킬 수 있으며, 실물투자로 전이되지 못한 자본은 금융권에 머물면서 갈 곳을 찾는다. 부동산이나 주식시장에서 버블을 발생시키는 경우도 있고 시장 상황이 여의치 않다면 해외의 마땅한 투자처를 찾아 떠나게 된다. 자본이 해외로 유출되면 국내소득의 감소효과로 이어져 총수요가 부족해지며 결국 경기는 침체기에 들어간다. 잃어버린 십 년, 제로금리, 엔캐리로 설명되는 일본경제가 경기부진에 빠져서 쉽게 헤어나지 못하고 디플레이션에서 헤매는 원인도 여기에서 찾아볼 수 있다.

국제수지에서 적자만 경제에 질병을 일으키는 것이 아니라 흑자도 마찬가지인 셈이다. 다만, 일반적으로 국제수지 적자의 누적이 영양실조로 인한 빈혈을 일으킨다면 국제수지 흑자는 비만과 혈중 콜레스테롤 증가로 설명될 수 있다.

국제수지 적자로 설명되는 1997년 IMF 외환위기

외환보유고를 우리나라의 대내외 경제활동을 원활하게 하기 위한 마이너스통장이라고 한다면 1997년도의 IMF 외환위기는 잔고가 부족해서 일어난 사태로 설명할 수 있다. 거기에는 반드시 일정 수준 이상의 외화가 입금되어 있어야 한다. 좀더 구체적인 수치로 표현하자면 통상적으로 200억 달러 이상은 있어야 한다. 그런데 외환위기 당시 잔고가 70억 달러 정도밖에 없었다는 데서 문제가 출발한다. 국제적인 금융거래도 개인 간의 채무관계로 설명하면 이해가 쉽다. 만약 몇 명이서 KOREA라는 사람에게 돈을 빌려줬는데 채무자가 더 이상 빚을 갚을 능력이 안 된다고 판단된다면 어떻게 하겠는가? 최대한 손해를 덜 보기 위해서는 자신의 돈부터 빼내가려고 할 것이다.

이것이 쉽게 설명한 1997년 IMF 외환위기의 형국이다. 결국 우리나라는 IMF라는 세계적인 기구로부터 구제금융을 지원받는 것으로 일단락 지었다.

그럼 이러한 문제는 왜 발생한 것일까? 미국의 1929년 대공황의 원인이 80년이 지난 지금까지도 명쾌하게 설명되지 않는 것과 마찬가지로 이 역시 마찬가지다. 그렇지만 하나의 이유라도 더 짚어보고 넘어가는 것이 투자자들에게 공부가 될 수 있고 차후에 수익 낼 기회를 포착할 수 있는 밑바탕이 된다.

문민정부(1993~1998)가 들어서면서 과도한 내수경기 부양정책과 자본자유화 조치를 단행한 이후로 한국은행은 더욱 엄청난 통화를 공급했다. 그러자 의도한 대로 내수경기는 살아났지만 그 이후가 문제였다. 통화의 유통속도가 증가하자 승수효과를 통해서 물가가 급등하게 된 것이다. 우리 상품의 국제적인 가격경쟁력은 점차 떨어지고 수입품의 가격경쟁력이 높아지면서 우리 상품은 해외 시장에서 점차 설 자리를 잃어간 반면 국내 시장에 수입상품이 급증하게 되었다.

그 결과 국제수지상 막대한 적자가 누적되었으며 이것이 외환보유고를 고갈시킨 결정적인 원인으로 작용했다. 1994년 현재 외환보유고는 257달러였는데 그 후 4년 동안 국제수지 무역적자가 무려 435억 달러에 달했다. 적자 누적 규모가 외환보유고의 2배 가까이에 이르렀으니 잔고가 고갈될 것은 불 보듯 뻔한 일이었다. 마이너스통장인 외환보유고가 바닥을 드러내자 우리나라의 대외주가인 환율이 평가절하되어 이번에는 환율 폭등이라는 후폭풍을 겪어야 했다.

환율은 결과적으로 그 나라의 주가다

앞서 국제수지를 이해했다면 환율을 이해하기가 훨씬 수월해진다. 환율이라는 문제가 발생하는 것은 국제거래의 소비자와 생산자가 서로 다른 화폐를 사용하기 때문이다. 예를 들어 미국에서 한국산 자동차를 사려는 사람들은 달러화로 지불하고자 하지만 한국의 자동차 회사나 근로자들은 원화로 지급받기를 원한다.

주가를 예측하는 것은 신의 영역이라고 한다. 환율 역시 마찬가지다. 환율이란 서로 다른 두 나라 화폐 간의 교환비율을 말한다. 즉, 한 나라의 화폐가치를 다른 나라의 화폐로 표시한 것이며, 자국화폐 입장에서 보면 자국통화의 대외가치가 되고, 외국통화 입장에서 보면 외국화폐의 국내 시장 가치가 된다. 자국의 대외적인 지불능력인 화폐의 가치는 것은 결국 그 나라의 모든 경제적 지표의 상태를 종합적으로 표시한 것이라 볼 수도 있다.

표 2-7 달러 증가가 환율에 미치는 영향

달러 증가 → 환율 하락 = 원화 평가절상			
수출 하고 받은 돈 (달러 공급 증가)	외국에서 빌린 돈 (달러 공급 증가)	외국인 투자자금 유입 (달러 공급 증가)	외국인 관광객 방한 증가 (달러 공급 증가)

표 2-7은 환율이 하락하는 경우들을 정리해본 것이다. 펀드투자 초보들이 많이 혼란스러워하는 부분이라 구체적으로 표시를 했다. 쉽게 생각하자면 국내에 달러(다른 외화 역시 마찬가지)가 많이 유입되면 상대적으로 우리 돈이 귀해진다고 보면 된다. 수요와 공급의 법

칙에 의해서 사는 달러는 많아지고 파는 원화는 적어진다. 따라서 원화가치가 오른다. 원화가치가 오른다는 것은 평가절상 된다는 의미인데 1,000원으로 1달러를 사던 것이 예컨대 500원으로 살 수 있게 되었다는 의미다. 1달러의 값이 1,000원에서 500으로 떨어졌으므로 환율이 하락했다고 표현한다.

그럼 환율이 떨어지면 누가 이득이고 누가 손해일까? 표 2-8을 자세히 보기 바란다.

표 2-8 환율로 이익을 보는 사람, 손해를 보는 사람

환율 하락 = 원화 평가절상 (예: 1달러가 1,000원에서 500원으로)					
수입업체 유리 (수입 증가)	수출업체 불리, 가격경쟁력 약화 (수출 감소)	수입 원자재 가격 하락 (물가 안정)	해외관광 증가 (외화 유출)	외자도입 기업 유리 (상환부담 감소)	주식, 부동산 등에서 외국인 투자 감소 (외국자본 감소)

환율이 떨어졌다면, 다시 말해 원화의 가치가 평가절상되었다면 일단 손에 원화를 쥐고 있는 사람이 이득이다. 수출하는 기업과 수입하는 기업 중 누가 현재 원화를 쥐고 있을까? 그렇다. 수입자는 아직 상품을 결제하기 전이므로 원화를 손에 쥐고 있다. 따라서 수입하는 업체에게는 유리하다.

수출기업은 수출대금으로 받은 외화를 우리 돈으로 바꿔야 하는 처지이므로 불리해진다. 예를 들어 우리나라에서 장난감 자동차를 생산하는 업체가 있는데 지금까지처럼 1대에 1달러를 받았다. 그런데 예전에는 원화 1,000원과 바꿀 수 있었는데 지금은 500원밖에 되지 않는다. 달러의 가치가 떨어진 것이다. 업체 입장에서는 장난감 1

대에 500원을 받으면 손실이 나므로 1,000원에 맞추기 위해서는 2달러에 팔아야 한다. 이렇게 되어 외국에서 가격경쟁력이 떨어지는 것이다. 환율이 하락하면 획득할 수 있는 외환 규모가 작아지기 때문에 수출채산성이 악화된다. 대신 석유나 곡물 등 원자재 수입 가격이 하락하므로 수출기업에도 일정 부분의 상쇄효과는 있다.

환율이 이처럼 수출기업과 수입기업에 작용하여 국제수지에 영향을 미치지만, 앞서 국제수지 부분에서 살펴본 것처럼 국제수지가 환율의 변동을 가져오기도 한다. 둘 사이에는 밀접한 연관이 있으므로 일탈 상황 시에는 이 연관관계 속에서 원인을 찾는 것이 좋다.

환율 하락으로 이익을 보는 또 다른 예는 외국에서 자본을 빌린 기업이다. 원리금 상환부담이 감소하여 환차익을 얻는다. 반면 해외에 투자를 많이 한 기업은 환차손을 입는다.

환차익에 민감한 부류가 외국자본이다. 환율이 하락하면 국내 증시에 유입됐던 외국자본의 해외 유출이 가속화되고 해외에서 유입되는 자금의 규모가 줄어든다. 환율이 상승하면 당연히 위의 경우와 반대 상황이 벌어진다는 것은 누구라도 이해할 것이다.

한편 환율은 인플레이션율에도 영향을 미치는데 환율이 상승하면 수입제품의 원가가 상승하므로 제품 가격이 오르고 인플레이션율이 높아진다. 특히 달러화표시 부채가 큰 기업은 환율 상승에 따른 환차손을 안게 된다.

이제 환율과 주식시장을 보자. 환율과 주가는 일반적으로 반비례하는 경우가 많다. 하지만 주식시장의 수급적인 측면만 고려한다면 환율이 급등의 정점을 지난 시기는 단기 투자가들에게 주식투자의 적기가 될 수 있다. 수출기업들이 최악의 상황을 벗어날 공산이 크기 때문이다. 즉 최악의 상황에서 수출채산성이 악화된 것이 이미 주가에 반영되었으므로 주식은 떨어질 만큼 떨어진 상태다. 더욱이 조만간 환차익을 노려 떠난 외국인들이 되돌아올 가능성도 높아졌다고 볼 수 있다. 이에 대해서는 4부 펀드투자 실전 매수 타이밍 부분에서 다시 이야기하도록 하자.

여기까지 투자를 하면서 반드시 기본적으로 알고 있어야 하는 경제지표들에 대해 살펴보았다. 지나치게 전문적인 부분을 다루기에는 지면상 한계가 있거니와 필자의 얕은 지식도 문제다. 무엇보다 펀드투자에 크게 필요한 내용이 아니라 보기 때문에 각각의 지표들이 어떤 역할을 하는지 이해하는 데 중점을 두고 서술하였다.

본문 중에서도 강조하였지만 각각의 지표는 개별적으로 의미를 갖기보다 여러 지표들의 상호작용 속에서 뚜렷한 큰 그림을 만들어낸다. 통화와 통화량, 정부의 통화정책을 기본으로 하여 물가와 인플레이션 관리, 금융기관들의 신용창조와 금융거래의 태생적 한계, 경기 사이클과 기업들의 투자, 무역수지 그리고 주식시장에 이르기까지 어떤 이상이 나타날 때 원인을 추적하는 카테고리를 보다 폭넓게 잡기를 바란다. 이 모든 것에 전문가가 되어야 할 필요는 없지만 신문기사 한 줄을 읽을 때라도 그것이 무엇을 의미하며 어디에 영향을 주겠는지 정도는 파악할 수 있어야 시장에서 성공적인 대응을 할 수 있다. 또한 앞에서 언급한 모든 내용들은 단지 이론에 불과할 뿐이며 현실의 투자세계는 이론과는 동떨어질 때가 많다. 그 이유는 모든 경제질서를 흩뜨릴 만큼 집중된 자금력을 동원할 수 있는 이익집단이 상존하기 때문이다.

기술적 분석으로
시장 이해하기

 기본적 분석이 현재 주가를 형성하는 원인을 찾는 데 반해 기술적 분석은 현재 가격과 그 움직임에만 관심을 둔다. 과거의 데이터와 패턴을 바탕으로 미래의 움직임을 예상하는 주가 분석의 한 갈래다. 하지만 같은 이론과 패턴이라도 적용하는 사람의 성향이나 주관에 따라 얼마든지 달리 해석할 수 있다는 비판이 뒤따른다.
 기술적 분석에 관한 이론들은 시장에 넘쳐나고 있다. 초보 투자자라면 이러한 갖가지 기술적 분석의 이론을 두루 섭렵하기 전에 일단 그 가짓수가 지나치게 많다는 것을 눈치 챘으면 좋겠다. 그리고 왜 그렇게 이론이 분분할까에 대해 한번 생각해보길 권한다. 눈만 뜨면 새로운 이론들이 생겨나는 이유는 그 실체가 모호하고 정답을 규정할 수 없기 때문이다. 주식시장의 테마주도 실체가 모호하고 그 경계가 애매할수록 작전세력들이 오랫동안 우려먹을 수 있기 때문에 최고의 테마는 명확하지도 분명하지도 않은 경우가 많다. 다시 말해서 알아도 되고 몰라도 되는 것이다.

다만 필자가 소개하는 몇 가지 이론들은 시장에서 수십 년간 생존해온 방식으로, 실제로 수익을 낼 수 있는 모델이라기보다는 시장을 분석하는 하나의 방법 정도로 이해해두길 바란다.

차트 분석의 기본 용어들

흔히 기술적 분석이라 하면 차트 분석을 가리키는 경우가 많다. 다음 그림은 일반적인 HTS에서 볼 수 있는 특정 기간의 삼성전자 차트다. 이 그림 하나에 차트 분석의 가장 기초적인 용어들이 모두 담겨 있다.

캔들: 양봉과 음봉

그림 2-8에서 각각의 봉을 캔들이라 부르며 에도시대 거래의 신으로 불렸던 혼마 무네히사本間宗久*가 고안했다. 그림에서 캔들 A는 양봉, B는 음봉을 나타낸다. 시가보다 종가가 높으면 양봉이라 부르며, 시가보다 종가가 낮으면 음봉이라 한다. 봉의 색깔은 하루 중 상

그림 2-8 삼성전자 일간 차트

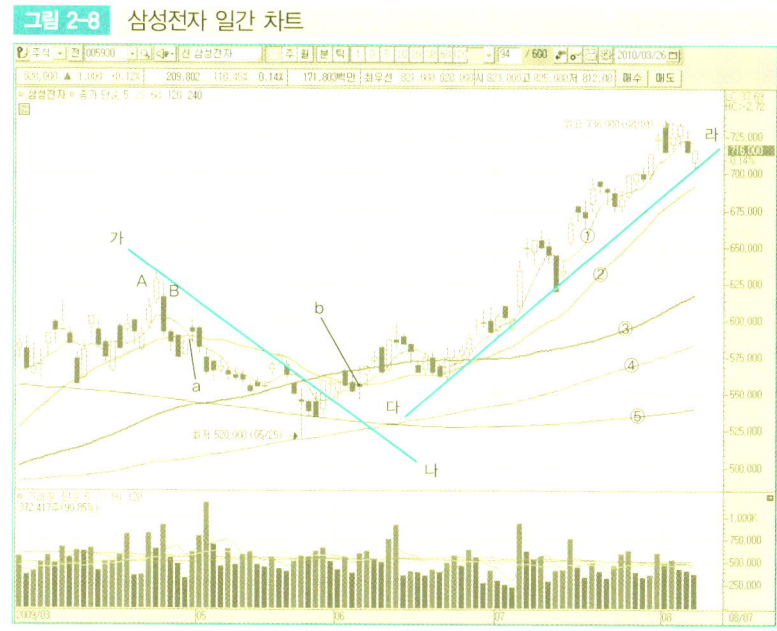

승과 하락을 나타낼 뿐으로 이전 거래일과 비교하여 올랐는지 내렸는지를 나타내지는 않는다.

이동평균선

그림에서 ①, ②, ③, ④, ⑤는 각각 5일, 20일, 60일, 120일, 240일의 이동평균Moving Average을 나타낸다. 이동평균선은 해당 기간의

---

*에도시대 '데와의 텐구', '거래의 신' 이라 불릴 정도로 신출귀몰한 매매술을 발휘한 상인. 혼마가 3대에 이르러 상속자의 대리인으로 가업을 운영하면서 가문을 전국 최고의 갑부가 되게 했을 정도로 쌀거래에서 성공했다. 현재 전 세계에서 사용되고 있는 캔들차트를 고안했으며 매수매도의 시기를 판단하는 기준으로 사카타5법을 정리했다. 최근 공개된 그의 거래비법이 담긴 밀전서 '혼마비전'은 현대 주식시장에서도 중요한 위치를 차지하고 있다. -「거래의 신 혼마」(이레미디어) 발췌

종가를 평균하여 선으로 나타낸 것이다.

　이동평균이란 시간의 흐름에 따라 가장 오래된 변수를 빼고 새로운 변수를 추가하여 평균을 구한 것이다. 전체 변수의 숫자가 변하지 않으므로 분모는 항상 일정하며 분자는 계속하여 최근의 숫자들로 업데이트된다. 따라서 각 시점마다 구한 이동평균은 변수들의 내재적 움직임을 시계열적으로 나타내준다. 이동평균은 변수로 사용할 기간을 미리 정해놓고 보통 n기간 이동평균으로 나타낸다. 여기서 n기간이라고 표현한 것은 이동평균의 시계열로 일간 자료를 사용하는 것이 일반적이지만, 경우에 따라서는 주간, 월간 자료를 사용하거나 30분, 1시간 등 일중 자료를 사용할 수도 있기 때문이다. 일반적으로 평균이 변수들의 대표 값으로 이해되는 것과 같이 n일 이동평균은 n일 동안 변수들의 흐름을 대표하는 값이라고 할 수 있으며, 매 시점을 기준으로 계산된 n일 이동평균은 일련의 추세를 형성한다.

　이동평균의 개념은 제2차 세계대전 중 초기 컴퓨터응용 분야에서 유래되어 예상하기 어려운 적기의 실제 행선지를 예측하는 데 사용되었다. 오늘날 금융시장에서는 투자자들이 이동평균 기법을 이용하여 매일의 가격 변동을 지표로 삼아 추세를 파악하는 데 활용한다.

　다우 이론에서는 일중 변동에 대하여 전혀 예측할 수 없는 우발적인 것으로 별다른 의미가 없는 운동이라고 정의하고 있으나, 일일 변동에 대하여 이동평균을 구해보면 일관된 흐름을 갖는 숫자, 다시 말하면 추세를 예측할 수 있는 지표를 얻게 된다.

골든크로스, 데드크로스

그림에서 a와 b는 각각 이동평균선이 교차하는 지점을 나타내고 있다. a 지점과 같이 단기 이동평균선이 장기 이동평균선을 교차하여 하락하는 상태를 데드크로스라고 하며, b와 같이 단기 이동평균선이 장기 이동평균선을 교차하여 상승하는 상태를 골든크로스라고 한다. 그림에 표시한 부분은 5일선과 20일선의 골든크로스를 보여준다. 기술적 분석에서는 일반적으로 교차되는 이동평균선의 기간에 따라 의미가 달라진다고 받아들여지고 있다.

정배열, 역배열

①~⑤는 모든 이동평균선이 위에서부터 단기~장기 순으로 정렬한 모습을 나타낸다. 이 같은 상태를 정배열이라고 부르며 반대로 정렬된 상태를 역배열이라고 부른다. 대체로 정배열 구간에서는 상대적으로 단기의 이동평균선이 하락돌파될 때마다 다음 기간의 이동평균선의 지지를 받을 가능성이 높기 때문에 상승이 이어지고, 역배열 구간에서는 하락 중인 이동평균선들의 저항을 지속해서 받으므로 하락이 이어지기 쉽다.

추세선

선 가-나는 하락추세선을, 다-라는 상승추세선을 나타낸다. 주가가 상승세에 있을 때 각 파동의 저점을 이은 것이 상승추세선으로 지지 가능성이 높은 지점이 되며, 주가가 하락세에 있을 때 각 파동의 고점을 이은 것이 하락추세선으로 반등 시마다 저항 가능성이 높은 지점이 된다. 하지만 이 역시 주관적으로 판단해야 하는 부분이 많은데, 특수하게 튀어나온 위, 아래 그림자를 포함시킬 것인지 캔들의 몸통을 지나게 그릴 것인지 등 세계적인 기술적 분석가들로서도 이견이 있다. 추세선으로 대략적인 지지와 저항의 수준은 짐작할 수 있지만 판단은 스스로 해야 한다.

기술적 분석의 한계

고백하건데 필자 역시 기술적 분석을 신봉하는 차티스트로 출발하였다. 해당 종목의 내재가치를 분석하거나 향후 전망 등에 대한 정보면에서 개미들은 항상 열세에 있다고 판단했기 때문이다. 일본의 도오지마 곡물거래소에서 쌀값의 변화를 나타내기 위해 표시하기 시작했다는 양봉과 음봉의 현란함 속에서 무수한 시간을 절망과 환희로 보냈다.

기술적 분석만으로 답이 나오는지 그렇지 않은지는 알 수 없다. 다만 필자 역시 차트가 없는 것보다는 있는 것이 도움이 된다는 데 이의를 제기하고 싶지는 않다. 하지만 한번쯤 생각해볼 문제가 있다. 시대가 바뀌었다는 것이다.

에도시대에 쌀값을 그래프로 나타낼 때에는 혼마 이외에는 아무도 그러한 툴을 쓰지 않았다. 따라서 차트가 왜곡되거나 그것을 역이용하는 세력들이 존재할 수 없었다. 그러므로 당시에는 차트만으로도 충분히 수익을 낼 수 있었으리라 짐작된다. 엘리어트 역시 모눈종이에 파동을 그려가면서 분석했다고 하는데 당시만 해도 기술적 분석과 패턴을 이해하는 투자자는 없었을 것이다. 즉, 시장이 그만큼 느리고 비효율적인 구석이 많았다는 얘기다.

하지만 지금은 다르다. 각 가정마다 공급되는 100메가짜리 광통신은 시장의 비효율성을 상당 부분 제거해버렸다. 간혹 차트상의 비효율적인 구석이 남아 있어 먹을 수 있는 패턴과 추세가 나타날 수 있을지는 모르지만 그 역시 언젠가는 제거될 수밖에 없는 시장의 비효율적인 측면에 지나지 않는다.

다음 그림은 필자가 엑셀로 만든 차트다. 이런 멋진 차트를 만드는 방법을 소개하자면 엑셀을 사용하여 시가, 고가, 저가, 종가를 50개 정도의 항목으로 만든 뒤 특정 셀에 다음과 같은 함수를 적어 넣으면 된다. '=RANDBETWEEN(-10,10)' 이런 함수를 랜덤함수라고 한다.

사실 이것은 필자의 생각이 아니라 1900년대 미국의 시카고대학 해리 로버트Harry Robert 교수에 의해서 시도되었던 방법이다. 단지 차이가 있다면 해리 교수는 직접 동전을 던져서 차트를 그린 반면 필자는 현대문명의 이기인 엑셀을 사용하여 매우 간단하게 작성했을 뿐이다. 이 차트 중에 2개의 실제 차트가 들어 있다. 독자들이 직접 찾아보기 바란다.

그동안 많은 이론가와 투자자들이 불확실한 미래의 주가를 예측하

그림 2-9 실제 차트와 엑셀 차트

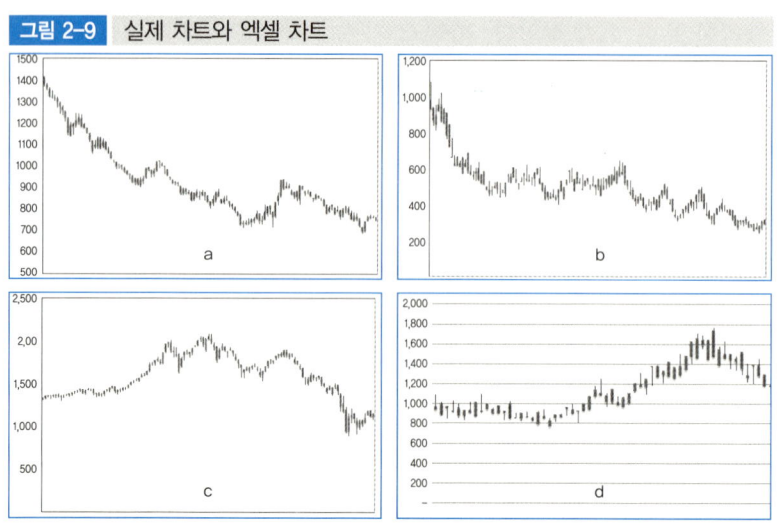

기 위해 끊임없이 노력해왔다. 일반적으로 주식투자에서 수익률의 극대화를 위한 분석의 중심축은 내재가치를 밝히려는 기본적 분석이라고 말할 수 있다. 그러나 기업의 주가는 반드시 내재적 가치와 동일하게 움직이지 않는다는 것을 우리는 주식시장에서 수없이 경험해왔다. 영업활동을 통한 경상이익이 증가한 기업의 주가가 횡보를 계속하거나 영업실적은 저조한데도 주가는 상승하는 경우 등을 독자들도 본 적이 있을 것이다. 이러한 현상은 기본적 분석만으로는 설명할 수 없으며 다른 해석을 필요로 한다.

그러면 무엇으로 설명할 것인가? 레비$^{M.\ Levy}$에 의하면 기술적 분석가들은 다음과 같은 기본적 가정을 전제로 주가의 움직임을 예측한다고 한다.

① 주가는 주식의 수요와 공급의 상호작용에 의해서만 결정된다.

② 주식의 수요와 공급은 합리적 또는 비합리적인 다양한 요인들에 의하여 결정된다.
③ 작은 오르내림은 있지만 주가는 상당한 기간 동안 지속적인 추세를 형성하며 변화한다.
④ 이러한 추세의 변동은 수급의 변화에 의해서만 발생하며 수급의 변화 원인은 시장 자체의 움직임에 의하여 시간이 지난 후에 알 수 있다.

사람들이 보통 주식투자를 처음 접할 때 가장 먼저 관심을 가지는 부분이 바로 차트, 기술적 분석일 것이다. 9시 뉴스에서 주식 관련 보도를 하면서 자료화면으로 제시되는 것도 차트이고 시중 서점의 주식투자 서적에서도 차트를 보는 법에 관련된 책들이 대다수다. 기술적 분석이 이해하기 쉽고 시각적으로 설득력을 갖기 때문이다. 즉 경제현상에 대한 분석이나 산업의 동향, 기업에 대한 분석과는 별개의 문제로 주가를 인식하므로 복잡한 이자율 예측이나 회계 데이터를 분석할 필요가 없다.

기술적 분석에서 필요한 두 가지의 역사적 데이터는 주가와 거래량이다. 주가나 거래량이 상당 기간 동안 지속하는 추세를 지니고 있으며 반복하여 나타나 일정한 패턴이 존재한다고 가정하기 때문이다. 이러한 데이터를 바탕으로 개별 종목의 차트를 작성하여 추세와 일정한 패턴을 관찰함으로써 미래의 주가가 어떻게 변할 것인가를 예측한다.

기술적 분석은 현재의 주가를 표현한다는 점에서 가장 유효한 방편이다. 예를 들어 어떤 곳을 찾아가려고 하거나 군사작전을 감행하고자 할 때 지도가 없다면 어떻게 될까? 의사소통에 상당히 곤란을 겪을 것이다. 어떤 곳을 찾아가려 할 때도 현재 자신의 위치가 어디인가를 알아야 도착할 곳의 위치도 계산할 수 있다.

하지만 기술적 분석 자체만으로는 의미가 없다. 소설『연금술사』를 보면 '사막에서는 한 번 일어난 일은 두 번 일어나지 않을 수 있다. 하지만 두 번 일어난 일은 반드시 세 번 일어난다'는 표현이 있다. 기술적 분석의 근간을 이루는 전제가 이 같은 가정이다. 과거의 데이터를 바탕으로 하는 까닭에 기술적 분석의 모든 지표는 후행성일 수밖에 없다.

기본적 분석 역시 높은 수익률을 얻기 위하여 출발한 분석방법이지만 시장에서 형성되는 주가에 대하여 모든 것을 설명하지는 못하고 있다. 따라서 보다 만족스러운 수익을 얻기 위해서는 기본적 분석에서 해결하지 못하는 부분을 설명하는 기술적 분석이 필요하다 하겠다. 군사작전에 반드시 지도와 나침반이 필요하듯이.

(그림 2-9에서 실제 차트는 a와 c 차트이다. a 차트는 2003년 8월부터 2005년 12월까지 코스피지수 일봉을 나타낸 것이고 c는 2006년 9월경부터 2008년 12월 말까지 코스피지수 주봉이다.)

다우 이론

　본격적인 기술적 분석이 대두된 시기는 1929년이다. 기술적 분석으로 시장 전체의 변동에 대한 추세를 파악하는 기법에는 일반적으로 알려진 다우 이론과 엘리어트 파동 이론 등이 있다.

　1900년대 《월스트리트 저널》을 창간하고 다우존스지수를 도입한 찰스 다우Charles H. Dow는 주가의 분석과 예측을 위한 체계적 연구를 통해 다우 이론을 개발하였다. 1929년 주가대폭락을 예측함에 따라 널리 인정받게 되었고 현재도 다우 이론은 많은 투자자들에게 기술적 분석의 근간으로 인식될 정도로 광범위하게 사용된다.

다우 이론의 핵심

　기술적 분석의 효시라고 할 수 있는 다우 이론에서는 전체 경제의 흐름이나 개별 기업의 재무제표 통계와 같은 기본적 분석의 대상보다는 주식시장 자체의 움직임을 분석하여 강세장 또는 약세장과 같은 전반적인 추세를 예측하는 데 목적이 있다. 일일 변동daily movement 2차 변동secondary movement, 주 변동primary movement의 세 가지로 나누어 파악하였다.

　또한 매일의 주가 변동을 단기 추세로, 수주 또는 수개월간의 주가 변동을 중기 추세로, 2~10년 정도까지의 주가 변동을 장기 추세로 구분하였다. 일일 변동의 단기 추세는 무시하고 중기 추세를 분석하여 장기 추세를 예측하고, 장기 추세가 전환하는 시점을 포착하는 것을 목적으로 하고 있다. 다우 이론에 의하면 강세시장과 약세시장은 다음과 같이 보통 세 가지 국면이 차례로 전개되면서 나타난다고 주장한다.

〈강세시장〉
- 제1국면
  - 강세시장의 초기 단계로 경제 및 시장 여건을 비롯해 기업환경이 회복되지 못하여 장래의 전망이 어두운 것이 특징이다.
  - 약세장에서 실망을 느낀 개인투자자들은 매도에 열중하고, 현재의 침체국면이 곧 호전될 것이라고 전망하는 소수의 투자자들만이 매도세를 버티고 있다.
  - 초기에는 거래량이 미미하지만 개인투자자들의 장세에 대한 실망으로 투기성 매도물량이 쏟아지는 반면 매수하려는 투자자도 함께 늘어나 거래량이 점차 증가한다.
- 제2국면
  - 전반적인 경제 여건과 기업의 수익성이 개선되어 일반인들의 투자심리가 회복되는 단계다. 따라서 주가도 점차 상승할 뿐만 아니라 거래량도 함께 증가한다.
- 제3국면
  - 기업의 수익성이 호전되고 개인투자자들이 주식시장에 적극적으로 참여하여 주가는 폭발적으로 상승한다. 이때 기업들은 유·무상 증자를 통하여 대규모 자본을 조달한다. 이 국면에 이르면 시장은 과열상태에 도달하여 투기적 시장 참여자가 늘게 된다.

〈약세시장〉

- 제1국면
  - 강세시장의 제3국면 마지막 단계에서 시장이 과열상태에 도달한 것을 알아채고 일부 투자자들이 매도물량을 증가시킨다.
  - 거래량은 다소 감소추세를 보이지만 아직 많은 편이며 개인투자자의 매매도 활발하다.

- 제2국면
  - 매수세력은 점차 감소하는 반면 매도세력은 증가하여 주가는 폭락하고 거래량도 크게 감소하는 추세를 보인다.
  - 이후 주가는 중기 하락추세가 장기간 지속되며 조정 및 보합 과정을 반복한다.

- 제3국면
  - 제2국면에서 주식을 매수하였거나 미처 매도하지 못한 개인투자자들이 투매를 시작하며 기업의 수익성 악화, 경기불황 예측 등 악재들이 시장에 만연해진다.
  - 시간이 지날수록 주가의 하락폭은 작아지지만 실망매물이 증가하여 주가는 계속 하락국면에 빠진다.

이상의 설명과 같이 다우 이론은 주가가 순환과정을 가지고 변동하므로 장기적인 추세를 예측할 수 있다고 보며, 시장 전체의 전환점뿐만 아니라 개별 종목에도 다우 이론을 접목하여 주가를 예측하는 데 사용할 수 있다고 주장한다.

그림 2-10에서는 중기 추세(2차 변동)와 장기 추세(주 변동)가 표시되어 있다. 그림에서의 불임점abortive point은 주추세의 전환을 알려

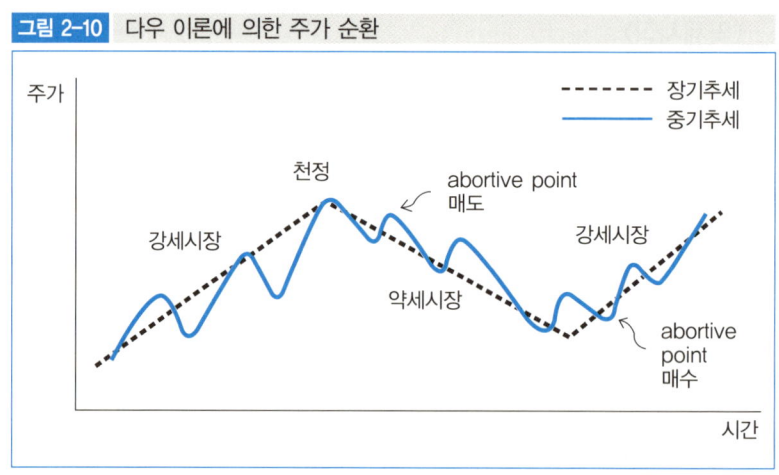

그림 2-10 다우 이론에 의한 주가 순환

주는데 실전에서는 매수, 매도 시점으로 잡는다.

　상승 후 하락할 때의 불임점은 다른 표현으로 전고점을 돌파하지 못할 때를 일컫는다. 즉 새로운 2차 변동의 천정이 그 이전의 천정보다 낮으면 불임점이 되는 것인데 이는 주 변동이 하강국면에 접어드는 신호라고 본다. 흔히 바닥이 아니라 '무릎에서 사서 어깨에서 팔라'고 말할 때의 그 어깨인데, 여기서 주의할 점은 올라가는 어깨가 아니라 내려오는 어깨라는 사실이다. 반대로 하락 후 상승에서의 불임점은 전저점보다 높은 저점이 형성될 때를 말한다. 이는 조만간 주 변동의 상승을 알리는 신호로 해석한다. 시중의 주식서적에서 흔히 얘기하는 쌍바닥 또는 짝궁뎅이의 매수 포인트가 되는 것이다.

다우 이론의 허와 실

　다우 이론은 시세의 연속성, 즉 관성을 가진다는 전제하에 중기적인 추세로 장기 추세를 파악하려 하는 이론이다. 다우 이론에 대한 일반적인 비판은 다음과 같다.

첫째 장기 추세와 중기 추세를 구분하는 척도가 애매하다. 이는 오로지 투자자 자신의 주관적인 관점에 의지한다. 즉 분석가들이 다우 이론으로 분석을 해도 이를 받아들이는 투자자들에 따라 해석이 달라진다는 의미다.

둘째 불임점의 포착 시점이 너무 느리다. 실제 차트는 앞의 그림처럼 명확하게 드러나지가 않기 때문에 시간이 지나봐야 명확한 불임점을 확인할 수 있다. 역추세기법에 비교하면 새로운 추세가 진행된 후에 진입 또는 퇴장하는 기법(올라갈 때의 무릎, 내려올 때의 어깨)이므로 보다 안전성이 있는 반면 기대할 수 있는 수익률은 낮다.

셋째 전적으로 차트에 의존하는 만큼 이론을 뒷받침하는 실증적 자료나 학술적 근거가 없다는 것이다.

이처럼 요약할 수 있는데 비판이야 어찌 됐든 우리로서는 취할 건 취하고 버릴 건 버리는 게 투자에 이로울 것이다. 필자의 경험으로 미루어 볼 때 그림이 불임점만큼 확실한 차트상의 위치도 없는 듯하다. 모든 기술적 분석 중 최고라고 할 만한데, 특히 펀드투자를 계획하고 있다면 다우 이론에서 이 포인트 하나만 취하면 된다고 생각한다. 여기에 좀더 승률을 높이려면 한 가지 전제를 붙이면 되는데 바로 '재료'다. 호재를 확인하고 내려오는 어깨(전고점을 뚫지 못하고 반락)는 신뢰도 높은 매도 포인트이고, 악재 후의 무릎(쌍바닥, 짝궁뎅이, 지지되는 바닥) 역시 신뢰도 높은 매수 포인트가 된다.

엘리어트 파동 이론

엘리어트 파동 이론이 유명해진 것도 다우 이론과 마찬가지로 1987년의 블랙먼데이(검은 월요일)라는 대폭락을 통해서다. 1938년, 엘리어트R. N. Elliot는 과거 75년간의 주가에 대한 자료를 분석한 결과 주가 변화는 대자연과 조화를 이루고 있으며 일정한 규칙을 가지고 반복된다는 사실을 발견했다고 주장하면서 자신만의 고유한 분석기법을 발표하였다. 그는 1935년 미국 주식시장의 폭락을 예측하기도 했고, 그의 이론을 신봉하던 로버트 프레히터라는 월가의 큰손은 이 투자법을 활용하여 1984년 4개월 만에 400%라는 대박을 터뜨리기도 했다고 한다. 하지만 그때까지도 그다지 관심을 얻지 못한 이론이었다. 그러다가 역사적인 1987년 10월 19일의 대폭락을 예측하면서 주목받기 시작했다.

엘리어트 파동 이론의 핵심

엘리어트는 주가의 움직임이 일정한 패턴을 갖는다는 사실을 알게 되었다. 그에 따르면 이러한 패턴은 5개의 상승파동과 3개의 하락파동으로 구성되며 무한히 반복된다. 다음 그림처럼 상승국면의 5개 파동은 3개의 충격파동과 2개의 조정파동으로 구성되며 하락국면의 3개 파동은 2개의 충격파동과 1개의 조정파동으로 구성된다. 그리고 이러한 작은 파동들이 모여서 또 다른 큰 파동을 형성한다는 것이 골자다.

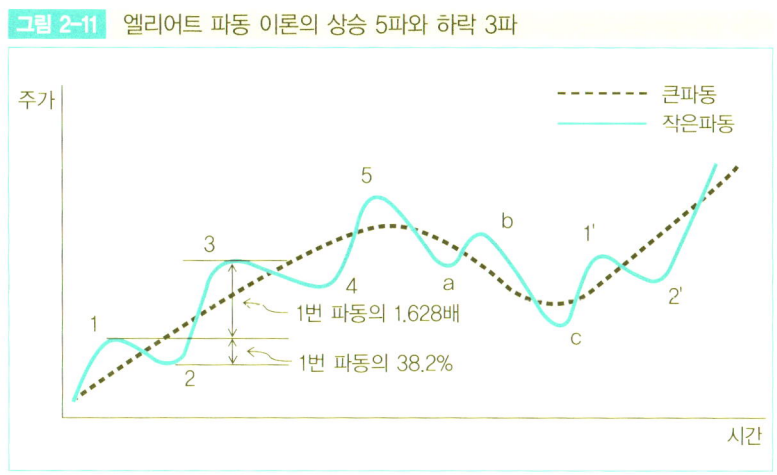

그림 2-11 엘리어트 파동 이론의 상승 5파와 하락 3파

그림에서 보면 실선 부분 중 0부터 5까지가 상승국면인데 0~1이 1파, 1~2는 2파, 2~3이 3파, 3~4가 4파, 4~5가 5파가 된다. 국면 중 상승파동인 1, 3, 5파를 충격파동이라 하고 하락파동인 2, 4파를 조정파동이라 한다. 실선의 5부터 c까지가 하락국면으로 5~a가 a파, a~b가 b파, b~c가 c파다. 하락국면에서는 하락파동인 a, c파를 충격파동이라 하고 상승파동인 b파를 조정파동이라 한다. 그리고 이러한 한 주기가 끝나면 새로운 추세로 접어들어 파동이 시작된다(1'). 이 파동들은 보다 큰 파동인 점선의 파동 안에서 진행된다.

필자가 정리한 각각의 핵심적인 파동의 의미는 다음과 같다.

〈상승파동〉
- 상승1파(충격파동: 상승)
  - 1번 파동은 지금까지의 추세가 끝나고 새로운 추세가 시작되는 파동

이다.
- 일반적으로 상승국면의 다른 충격파동인 3, 5파에 비해 폭이 적으며 그 힘도 강하지 않다.
- 식별하기가 어려워 시간이 지난 후에 확인할 수 있는 것이 일반적이다.

• 상승2파(조정파동: 하락)
- 2번 파동은 바닥권에 있던 주가가 급등하여 조정국면에 진입하는 하락파동이다.
- 조정을 거치더라도 1번 파동의 상승폭 이내에서 멈춘다.
- 일반적으로 1번 파동의 38.2%만 되돌린다.

예외) 만약 2번 파동이 1번 파동의 저점보다 하락하는 경우는 즉시 손절매를 해야 한다. 이러한 경우가 아니라면 2번 파동 안에서 진행되는 더 작은 주기의 하락파동에 따라 매수 시점과 가격대를 미리 정하여 적극적으로 매수에 임할 필요가 있다.

• 상승3파(충격파동: 상승)
- 3번 파동은 5개의 상승파동 중에서 가장 강력한 파동이다.
- 일반적으로 1번 파동의 1.618배 정도의 상승폭을 가진다.
- 3번 파동이 나타나는 경우 투자자는 목표치를 세워 그 가격대까지 기다리는 것이 바람직하다. 단기 매매로 물량을 빼앗기는 경우가 많으므로 가능한 매매를 자제해야 한다.

• 상승4파(조정파동: 하락)
- 4번 파동은 3번 파동의 조정파동인데 이전 조정파동과 다른 패턴을 보인다. 즉 2번 파동이 단순하게 조정을 거쳤다면 4번 파동은 복잡한 양상을 띠게 되고, 2번 파동이 복잡하게 조정을 거쳤다면 4번 파동은 단순해진다.
- 5번 파동을 위한 에너지를 축적하는 단계로 38.2%의 되돌림을 주는

것이 일반적이다. 따라서 확신을 갖고 매수에 임할 수 있다.
- 상승5파(충격파동: 상승)
  - 5번 파동은 마지막 상승파동이다.
  - 상승폭은 1번 파동과 같거나 1번 또는 3번 파동 상승폭의 61.8% 정도를 실현한다. 5번 파동에서는 매수보다는 매도에 치중하여 보유한 주식의 수익을 실현하는 자세로 임하는 것이 바람직하다.

〈하락파동〉

- 하락1파(충격파동: 하락)
  - a번 파동은 지금까지의 상승추세가 끝나고 하락추세로 전환되는 하락파동의 시작 파동이다. 투자자들은 이 파동을 단순히 그간의 상승에 대한 일시적인 조정으로 인식하기가 쉽다.
  - a번 파동이 보다 작은 주기의 5개 파동으로 구성되어 있으면 그동안의 상위 추세가 전환되는 신호로 보아 매매전략을 새롭게 세워야 한다.
- 하락2파(조정파동: 상승)
  - b번 파동은 a번 파동의 되돌림으로 나타나는 기술적인 반등국면이다.
  - 그 안에서 보다 작은 주기의 하락파동 3개가 진행되며 거래량도 많지 않다는 특징을 가진다.
  - b번 파동이 나타나면 5번 파동에서 소화하지 못한 매도물량을 매도할 수 있는 마지막 기회로 보아 투자에 임하는 것이 바람직하다.
- 하락3파(충격파동: 하락)
  - c번 파동은 하락파동의 마지막 파동으로 보다 작은 주기의 5개 파동으로 구성된다.
  - c번 파동이 형성되면 전문 투자가들은 서서히 매수를 시작하고 개인

투자자들은 무조건 팔자라는 분위기에 편승하여 투매에 가담하는 양극화 현상이 나타나 거래량이 크게 증가한다. c번 파동에서는 매매를 서두르지 말고 가격의 움직임을 관찰하는 인내가 필요하다.

엘리어트 파동 이론의 허와 실

대부분의 기술적 분석이 그렇듯이 과거의 데이터를 대입하면 이론은 성립한다. 엘리어트 파동 이론 역시 발견자 자신이 75년간의 주가 변동을 관찰하여 정립한 것이기 때문에 당시로서는 주가 변동의 상당 부분이 설명될 수 있었는지 모른다.

그러나 이 이론 역시 한계를 가진다. 개별 파동의 시작과 종결점이 애매하다는 점, 즉 가장 중요한 각 파동의 전환점을 포착하기 어렵다는 것이다. 현재의 파동이 새로운 파동의 시작인지 이전 파동의 연장선인지 애매하여 보는 이에 따라 해석을 달리할 수 있다. 또한 앞서 정리한 기본 개념에 대한 예외가 상당히 많다. 결국 어찌 보면 맞고, 어찌 보면 틀릴 수도 있는 이상야릇한 논리가 될 소지가 다분하다. 피보나치수열을 바탕으로 한 이론이라는 점 때문에 신비주의 색채가 강하다고 지적하는 이들도 적지 않다. 피보나치수열이야말로 인간이 숫자로 표현할 수 있는 가장 오묘한 자연의 질서가 아닌가.

필자의 견해로는 급락 후 반등 시의 되돌림 비율 등은 한번쯤 고려해볼 만하다고 본다. 대중의 움직임 역시 우주의 일부이고 자연계의 일부이기 때문이다. 극단적인 지수 움직임 뒤에는 더더욱 그렇다.

피보나치수열

13세기 이탈리아의 수학자 피보나치는 아라비아에서 수학적 전문 지식을 섭렵한 후 특징적인 수열 하나를 발표했다. 한 쌍의 새끼 토끼가 짝짓기를 하여 1개월 후 새끼를 생산하고 생산된 토끼가 또 번식을 하는 것을 반복하면 어떤 결과가 나오는가에 대한 궁금증으로부터 출발한다.

1개월 후에는 여전히 1쌍의 토끼,

2개월 후에는 1쌍의 토끼가 태어나기 때문에 2쌍의 토끼,

3개월 후에는 첫 번째 암토끼가 다시 1쌍의 토끼를 생산하므로 3쌍의 토끼,

4개월 후에는 2마리의 암토끼가 각각 1쌍의 토끼를 생산하므로 5쌍의 토끼………

이런 식으로 반복되는 결과를 수열로 나타내면

1, 2, 3, 5, 8, 13, 21, 34, 55, 89,…와 같이 되는데 수열 앞에 0과 1을 추가하여 0, 1, 1, 2, 3, 5, 8, 13, 21, 34,…를 피보나치의 수열이라 하고 각 항의 수를 피보나치수라 한다.

피보나치수열의 연속된 항의 비를 계산하면 1/1=1, 2/1=2, 3/2=1.5, 5/3=1.666…, 8/5=1.6, 13/8=1.625, 21/13=1.615…로 나타나는데 이 비율은 고대 그리스에서 찾아낸 황금비율인 1.618에 근접한다. 이를테면 파르테논신전의 가로세로 비율은 황금비 1.618…에 가깝다.

19세기 들어서 프랑스 수학자들이 자연에서 이와 같은 수열을 발견하기 시작하면서 더욱 주목받게 되었다. 예를 들어 코스모스의 동심원을 이루는 꽃잎 숫자의 비율, 달팽이 껍질이나 물

결치는 소용돌이, 태풍의 나선구조, 솔방울에서 나선형 곡선 구조가 나타난다. 엘리어트의 파동 이론이 대자연에 섭리에 따른다고 하는 것은 바로 이러한 자연 속에 숨겨진 수열의 비밀 때문이다.

니콜라스 다바스의 박스 이론

주식 관련 뉴스를 보다 보면 심심찮게 접하는 단어 중 하나가 바로 박스box다. 박스권에서 횡보한다, 박스권을 탈출한다 등으로 보통 이야기한다. 이 박스권이라는 용어를 처음 쓴 이가 바로 니콜라스 다바스Nicolas Darvas라는 헝가리 출신의 무용수다. 캐나다 은행가와의 인연으로 광산주에서 재미를 보면서 주식투자를 했으나 번번이 실패한 뒤 8년 동안 무용수로서 전 세계를 다니면서 주식투자와 관련된 연구 분석을 계속하여 만들어낸 이론이다. 주식시장에는 다양한 이론들이 있지만 박스 이론이 흥미가 있는 것은 이전의 다우 이론이나 엘리어트 파동 이론에 비해 자신이 직접 만든 이론으로 돈을 벌었다는 명확한 기록이 남아 있기 때문이다. 그는 여러 책에서 자신의 투자 경험과 이론을 소개하기도 했다.

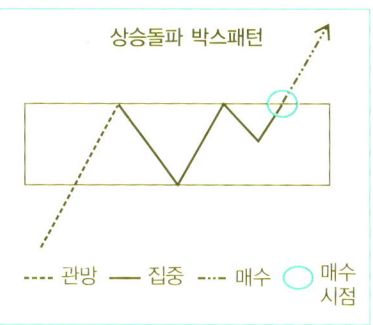

그림 2-12 박스 이론

그의 이론을 도식화하면 그림 2-12와 같다.

박스 이론은 매우 단순하고 명쾌하다. 그림처럼 박스권을 상향돌파하면 매수, 하향돌파하면 매도한다는 것이다. 그는 이러한 이론이 적용될 수 있는 이유를 주가는 일단 방향이 정해지면 일정 기간은 그 방향으로 지속하려는 경향이 있기 때문이라고 설명했다. 그러다 어느 가격 수준에서 방향을 되돌려 상하 움직임을 반복하는데 이 반복되는 가격대를 이탈하면 이전 움직임의 상단(하단)에서 지지(저항)를 받으며 또 새로운 박스를 형성한다는 것이다. 이렇게 계단처럼 계속되는 박스권을 주시하면서 상향돌파 시는 매수와 보유, 하향돌파 시는 매도함으로써 수익을 낼 수 있다는 것이 그의 이론이다.

필자의 개인적인 생각으로는 다바스의 엄청난 수익이 단지 이러한 이론만으로 이룩된 것은 아니라고 본다. 그것은 그의 직업과도 무관하지 않다. 무용수(특히 세계적인 무용수)란 직업은 주식시장에 수시로 관여할 수 없다. 그래서 불가피하게 기다릴 수밖에 없었고 이러한 기다림이 결국 과욕과 불안에 휩싸이지 않게 함으로써 손실을 줄일 수 있었던 것으로 보인다.

그의 이론은 특정 종목에 관해 서술한 것이지만 전반적인 시장의 흐름과도 무관하지 않으므로 한번쯤 눈여겨볼 만하다.

그랜빌의 법칙

기술적 분석의 한 갈래로 시장 움직임의 추세를 보는 추세추종이 있다. 추세추종 또한 아주 단순명료한 대전제를 가지고 있는데 이를 '시장에는 언제나 주기적으로 추세가 발생한다'는 문장으로 표현할 수 있다. 그중 그랜빌J. E. Granville이 고안해낸 투자전략을 살펴보고자 한다. '그랜빌의 법칙'이라 불리는 이 투자법은 관성의 법칙과 회귀

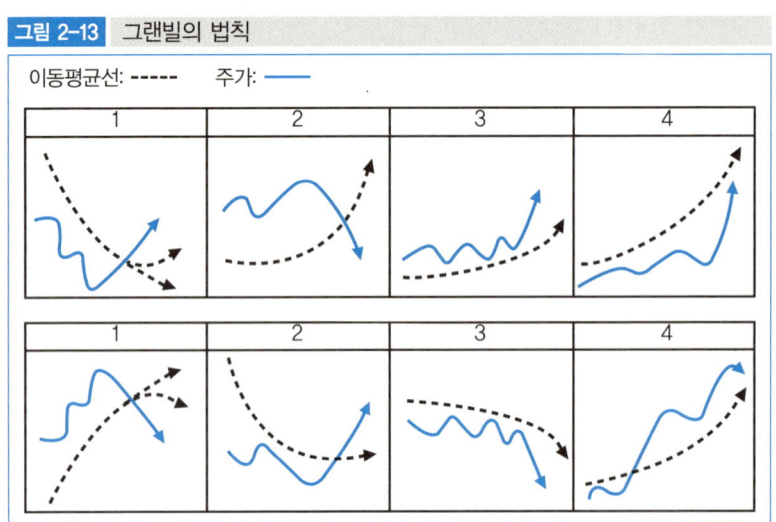

그림 2-13 그랜빌의 법칙

현상을 활용한 이동평균선 분석기법이다. 그랜빌의 법칙은 총 8가지, 매수법칙 4가지, 매도법칙 4가지로 구성되어 있다.

〈매수법칙〉

- 제1법칙: 이동평균선이 하락 또는 횡보 중 주가가 이를 상향돌파할 때 매수하라(상승세로 전환).
- 제2법칙: 이동평균선이 상승 중인 상태에서 주가가 이를 하향돌파하면 매수하라(일시 반락).
- 제3법칙: 이동평균선 위에서 등락하던 주가가 이동평균선을 접하지 않고 다시 상승할 때 매수하라(상승세의 지속, 눌림목).
- 제4법칙: 이동평균선 아래에서 급락하던 주가가 이동평균선으로 회귀할 경우 단기 매수하라(이격 축소, 급락에 따른 기술적 반등).

〈매도법칙〉

- 제1법칙: 이동평균선이 상승한 뒤 횡보 또는 하락으로 전환될 때 주가가 이를 하향돌파하면 바로 매도하라(하락세로 전환).
- 제2법칙: 이동평균선이 하락 중인 상태에서 주가가 이를 상향돌파하면 매도하라(일시 반등).
- 제3법칙: 이동평균선 아래에서 등락하던 주가가 이동평균선을 접하지 못하고 다시 하락할 때 매도하라(하락세의 지속).
- 제4법칙: 이동평균선 위에서 급등하던 주가가 이동평균선으로 회귀할 경우 매도하라(이격 축소, 급등에 대한 조정).

이 기법의 핵심은 주가는 이동평균선에서 멀어질수록 회귀하려 하며 가까워질수록 멀어지려 한다는 것이다. 그랜빌은 200일선을 가장 신뢰했다고 하는데 데이 트레이더는 매매 기간이 짧기 때문에 단기인 20일선을 주로 이용하고 있다.

하지만 알려진 기법은 더 이상 기법이라 부를 수 없듯이 이 역시 교과서적으로 적용하면 역이용당할 소지가 많다. 다만, 이동평균선을 중심으로 주가가 오르내린다는 점에는 대부분의 투자자가 공감하고 있다. 또한 다우 이론과 마찬가지로 '추세'라는 말에 내포되어 있듯이 주가는 한번 방향을 정하면 일정 기간은 그 방향으로 진행하려는 성질, 관성의 법칙이 적용된다는 사실도 중요하게 받아들여지고 있다.

특히 기억해야 할 부분은 직접투자의 경우 종목이 무거울수록(시가총액이 클수록 또는 변동성이 낮을수록, 기업의 내용이 우량할수록) 신뢰도가 커진다는 점이다. 따라서 코스닥의 대부분 종목이나 거래소의 중소형주에 대입하면 낭패를 볼 소지가 많다. 전체 시장에 투자하는 펀드투자의 특성상 투자하는 방법에 따라 참고할 만한 이론이다.

Chapter 6

시장을 분석한다는 것

　필자는 투자자이면서도 트레이더이다. 둘을 병행하면서 몇 가지의 기법을 활용하여 꾸준히 수익을 창출하고 있다. 필자뿐만 아니라 시장에는 꾸준히 성과를 올리는 투자자가 많이 있다. 이런 점을 볼 때 시장을 분석하고 대응하는 수준에 따라 그 결과가 달라진다는 것은 확실하다. 하지만 기본적 분석이든 기술적 분석이든 너무나 지나치게 자신의 입장만을 고집하면서 상대편의 타당한 주장까지도 거부하는 것은 옳지 않다. 앞서 살펴보았듯이 주식시장은 한 가지 분석법만으로 설명되지 않기 때문에 상호 보완할 부분은 수용해야 한다는 생각이다. 이 장에서는 시장을 이해하고자 했던 여러 가설과 연구들을 살펴보면서 어떤 관점을 갖는 게 필요한지 알아보고자 한다.

랜덤워크 이론과 효율적시장 가설

세상에는 많은 이론들이 존재한다. 과거에 검증받았던 이론일지라도 시간이 흐름에 따라 또 다시 검증을 요구받기도 한다. 경제학, 특히 시장을 분석한 이론들은 더욱 그러하다. 그 이론에 입각한 각종 보조지표를 베스킨라빈스에서 아이스크림을 선택하듯이 입맛에 맞게 선택할 수도 있지만 정작 중요한 것은 실제 수익을 발생시킬 수 있는가이다.

그런데 주식시장의 많은 분석가들은 원인의 규명에 대해서는 비교적 보수적이다. 원인 규명보다 결과물을 포장하는 데 관심이 집중되어야 하는 것은 그들의 존재의 이유를 지속시켜야 하기 때문이다. 그리고 투자자들은 될 수 있는 대로 자신들의 뇌가 폭발적인 시세분출에 자극받기를 원한다. 지옥 같은 손실에도 불구하고 시장을 떠나지 못하는 이들 중에는 달콤하고 짜릿한 수익률에 흥분하고 싶다는 열망이 그보다 강렬하기 때문이다.

그런 상황에서 랜덤워크 이론과 효율적시장 가설을 들춰내는 것은 이러한 분위기에 찬물을 끼얹는 행위와 같다. 하지만 이 두 가지 이론에 대해서는 개념만이라도 알고 있어야 한다는 게 필자의 생각이다. 뒤의 실전편에서는 일정 부분 효율적시장 가설을 전제로 하고 이야기가 진행된다는 점도 있다.

랜덤워크 이론

주식시장을 수학적으로 분석한 최초의 연구는 프랑스에서 이루어졌다. 소르본느대학의 젊은 수학자 바슐리에Louis Bachelier에 의해서다. 1914년 그가 발표한 논문의 제목은 '투기의 이론Theory of Speculation'으로 70여 쪽에 달하는 이 논문의 핵심은 주가는 아무도 예측할 수 없다는 것이었다. 랜덤워크 이론이 실제로 제대로 평가받은 것은 1954년에 이르러서의 일이며 주가 변동을 설명하기 위한 이론으로 채택된 것은 1960년대 들어서다.

주가는 럭비공이 튀거나 술 취한 주정꾼의 걸음걸이처럼 무작위로 움직인다는 랜덤워크는 주식시장뿐 아니라 일상적으로도 하나의 상용구처럼 쓰이고 있다. 랜덤워크라는 용어는 원래는 고대 통계학의 일부분이었다. 통계학에서는 어떤 확률변수가 무작위적(랜덤)으로 변동할 때 이를 랜덤워크에 따른다고 하는데, 이 개념을 빌어 설명하면 연속적인 주가의 변동은 서로 독립적이고 동일한 확률분포를 갖는다고 이해된다. 그러므로 과거의 주가는 미래의 주가 움직임에 아무런 영향도 미치지 않는다는 설명이다.

바슐리에의 랜덤워크 이론은 자연과학을 공부한 사람이라면 그리 낯설지 않은 인물들과 맥을 같이한다. 주가는 우주공간 속 분자의 움직임처럼 무질서하게 움직인다는 이 이론은 19세기 초의 브라운운동으로부터 프랙탈기하학 그리고 아인슈타인이 규명한 원자 이론에까지 그 맥이 이어져 있다. 이러한 부분은 크게 필요치 않다고 볼 수 있으나, 이론의 중요성에 비해 실전 투자자들에게 너무나 가볍게 다

뭐지고 있다는 점 때문에 사족처럼 언급해보았다.

현재 정리된 랜덤워크 이론은 다음과 같다: 주가는 어떠한 예측 가능한 패턴도 존재하지 않으며, 미래의 주가는 기업의 역사적인 성과와 상관없이 상승과 하락의 가능성이 동일하다. 주가는 항상 비이성적이고 비논리적이며 무작위로 변동하기 때문에 예측을 한다는 것이 불가능하다.

이 이론은 '시간이 흐를수록 가격 변동폭이 커지고, 그 변동폭은 시간의 제곱근에 비례한다'로 압축되는데 이에 대해서는 제4부 적립식 펀드와 변동성 부분에서 간략히 실례를 살피도록 한다.

효율적시장 가설과 검은 백조

누구나 알고 있는 랜덤워크의 이론을 빌려온 것은 효율적시장 가설을 설명하기 위해서였다. 주가가 랜덤워크를 따른다는 것을 어떤 이들은 시장의 비합리성(시장이 멍청하다)과 혼동하기도 한다. 즉, 시장이 너무나 멍청하기 때문에 어떠한 정보와도 상관없이 마음대로 오락가락한다고 판단해버린다. 하지만 랜덤워크 이론의 전제는 시장이 합리적이라는, 너무나 똑똑하다는 것이다.

랜덤워크 이론에서 한걸음 더 나아간 효율적시장 가설 역시 누구도 시장을 예측하지 못한다고 가정한다. 시장이 너무나 합리적이라면(너무나 똑똑하다면) 주가는 항상 신속하고 합리적으로 결정된다. 그러므로 주가의 변동은 항상 새로운 정보를 즉각 반영함으로써 일어난다는 말이 된다. 고로 주가가 랜덤워크를 따른다는 것은 주가가 현재 이용 가능한 모든 정보를 반영하기 때문에 발생하는 자연스러운 결과다.

이때 누군가가 자신은 시장을 예측할 수 있다거나 이길 수 있다고 말한다면 시장이 비효율적이라고 본다는 얘기다. 왜냐하면 아직 주가에 반영되지 않은, 자신만이 이용 가능한 정보가 남아 있다는 말이 되기 때문이다.

펀드스쿨 카페에서도 이러한 일로 문제가 된 적이 있었다. 한 회원이 자기가 아는 초고수로부터 유료로 얻은 정보가 있다는 글을 게시판에 게시했다. 며칠 지나지 않아 해당 게시물에는 댓글이 넘쳐났다. 수많은 회원들이 그 글에 현혹되어 비밀 정보를 얻기 위해서 아우성이었다. 결국 객관성의 원칙이라는 카페 운영원칙에 입각해서 해당 회원을 강등하는 등 징계조치를 취하긴 했지만, 그 일로 인해 탈퇴하는 회원도 생겨났고 주인장으로서 필자는 회원들로부터 한동안 심각한 원성을 들어야만 했다.

이러한 일들은 비단 펀드스쿨 내에서만 일어나는 일은 아니다. 대부분의 투자자들 특히 연이은 실패를 경험한 투자자들은 지푸라기라도 잡고 싶은 심정으로 비밀스런 투자 정보를 얻고 싶어한다. 그런 만큼 이러한 투자자들의 심리를 악용하는 사람들 역시 계속해서 생겨나고 있다. 그것이 시장 자체의 모습인지도 모른다.

효율적시장 가설의 핵심은 투자자들이 이용 가능한 정보는 이미 주가에 모두 반영되어 있다는 것이다. 따라서 누구든 합법적인 방법으로 취한 정보를 이용해서 투자를 한다면 시장에서 평균 이상의 수익을 올리는 것은 불가능하다고 본다. 다만, 현재의 주가가 어떤 범위의 정보까지를 반영하고 있느냐에 따라 효율성의 정도가 달라진다. 이러한 정도를 분류하여 유진 파마$^{\text{E. F. Fama}}$는 효율적시장 가설을 약형, 준강형, 강형의 세 가지 형태로 제시했다. 대략적인 내용은 다음과 같다.

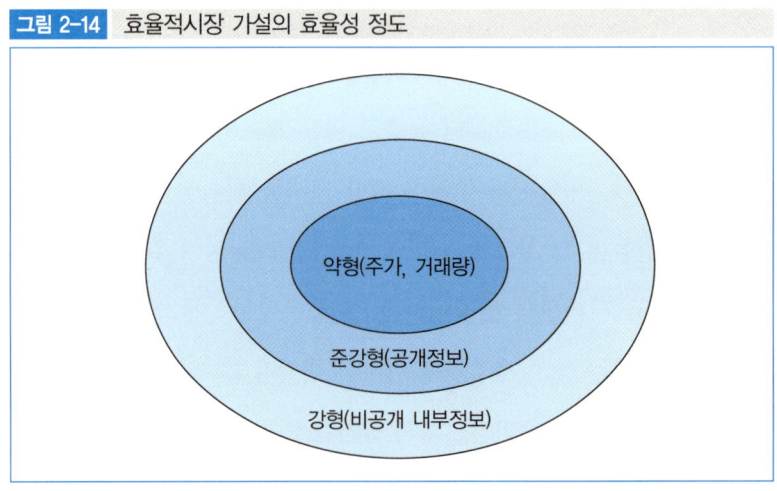

그림 2-14 효율적시장 가설의 효율성 정도

먼저 약형은 현재의 주가는 과거의 주가 관련 정보(과거의 주가 변동, 과거의 거래량)를 이미 반영하고 있기 때문에 어떤 투자자도 '과거 데이터를 바탕으로 한 투자전략으로써는 시장 평균을 넘어서는 수익을 얻을 수 없다'고 보는 시장이다. 준강형은 약형에다 공개적으로 이용 가능한 정보(기업의 영업보고서, 공시자료, 정부의 경제정책 등)까지 이미 반영하고 있기 때문에 '정보를 이용하여 지속적으로 초과수익을 얻을 수 없다'고 보는 시장이다. 그리고 강형은 준강형에다가 비공개된 내부정보까지 이미 주가에 반영하고 있으므로

'내부정보를 갖고 있다 할지라도 지속적으로 초과수익을 얻을 수 없다'고 보는 시장이다.

효율적시장 가설은 분석가들의 신속한 정보 입수와 분석활동, 주가에 대해 평가를 내리는 시장 참여자의 수 그리고 기업이 공시하는 정보의 질과 양에 따라 시장은 점차적으로 효율적으로 변해간다고 말한다. 따라서 앞으로의 시장은 새로운 정보에 대해 더욱 신속하게 반응하고 더욱더 무작위하게 변화하는 특성을 나타낼 것이라고 주장한다. 이에 따른다면 성공적인 투자전략은 더욱 희박해질 수밖에 없으므로 기관투자가와 개인투자자들의 투자성과의 차이도 줄어들게 될 것이다.

물론 최근의 서브프라임 사태로 인해서 부동산이나 주식시장이 폭락하면서 효율적시장 가설을 신봉하던 지지자들의 입지는 일거에 추락해버렸다. 그 이유는 '절대 일어날 것 같지 않은 일이 일어나버렸기' 때문이다. 이를 월가에서는 '블랙스완'이라는 말로 표현했는데 리먼 브라더스가 파산했을 때 키워드가 됐다. 블랙스완은 레바논 출신의 투자은행가 탈레브Nassim Nicholas Taleb의 저서로 널리 알려지게 되었다. 모든 백조는 당연히 흰색이라고 믿고 있었지만 유럽인들이 호주에 진출했을 때 검은 백조를 발견한 데서 비롯된 표현이다.

공사장에 가면 자갈과 모래가 뒤섞인 자재를 채로 걸러내 둘을 분리시키는 모습을 볼 수 있다. 효율적시장 가설은 시장에서 우리가 취할 수 있는 부분과 버려야 할 부분을 분리시켜준다.

효율적시장 가설이 발표되고 나서 실증적인 많은 검증들이 일어났다. 미국에서 한동안 인기를 누렸던 1월효과니 월요일효과니 하는 일정한 패턴들도 사라졌다. '다우의 개' 전략 같은 실제 가능했던 수익투자법도 공개된 이후에는 그 효과가 희석되고 말았다. 국내에서도 좋은 예가 있는데 한때 데이 트레이딩 기법으로 유행했던 상한가 따라잡기도 이젠 더 이상 먹히기 않는 방법이 되고 말았다. 오히려 세력들이 고점에서 물량 터는 방법으로 악용하기도 한다. 증시가 개방되고 점차 효율적시장으로 체질이 바뀌어감에 따라 이러한 비효율적인 부분이 감소하고 있다. 시장이 효율적으로 변해가는 만큼 특별한 지식이나 기술이 설 자리는 점차 좁아진다. 먹을 수 있는 파이가 그만큼 줄어든다는 이야기다.

그렇다면 아무리 노력해도 시장 평균 이상의 수익을 얻는 것은 현실적으로 불가능하다는 것인가? 아니다. 인간이 시장을 창조한 이상 완전효율이란 불가능한 가정이라고 보는 것이 타당하다. 완전히 효율적이지는 않다는 가정은 많은 수익기회를 제공한다. 한 가지 예를 들자면 세력의 존재 같은 것이다. 거대 자본세력은 시장의 판세를 좌지우지할 수 있다. 그들의 의지대로 주가가 움직여진다면 그들이 손을 놓기 전까지는 완전히 효율적일 수는 없다.

필자가 생각하는 이 가설의 논점은 효율적시장이 가능한가 아닌가가 아니라 시장이 어느 정도로 효율적인가여야 한다는 점이다. 또한 방법론에서 많은 논란을 일으키는 것은 사실이나 필자는 매우 긴 시간 시장에 자신의 자본을 투입하는, 소위 말하는 장기투자, 특히 평생 이루어지는 펀드투자의 경우에는 효율적시장 가설을 지지한다.

아기 코끼리는
어미 코끼리를 중심으로 움직인다

경제를 큰 코끼리라 하고 코끼리의 움직임이 우리의 투자수익을 결정짓는 것이라 가정하자. 코끼리가 풀이 무성한 언덕으로 올라가면 경기가 상승하는 것이고 강이 있는 저지대로 가면 경기가 하강하는 것이라고 할 때 코끼리가 지나온 동선은 우리 경제가 걸어온 발자취가 된다. 코끼리는 언젠가는 강가에 가서 물을 먹고 언젠가는 언덕 위로 올라가며 오르내리길 반복할 것이다.

우리가 코끼리의 움직임을 주목하는 이유는 앞으로 코끼리가 어떻게 움직일 것인가를 예측하기 위함이다. 기업가는 코끼리의 움직임에 따라 설비투자를 증설해야 할 때와 축소해야 할 때를 알 수 있고, 각 개인(가계)은 부동산을 사야 할지 팔아야 할지를 보다 효과적으로 결정하게 된다. 또한 정부는 코끼리가 절벽으로 가거나 험준한 산꼭대기를 오른다면 방향을 돌리려 할 것이다.

주변을 둘러보면 많은 사람들이 코끼리의 움직임을 관찰하고 있음을 알 수 있다. 예를 들어 코끼리가 오른쪽으로 고개를 돌리거나 꼬리를 흔들거나 아니면 오른쪽 발을 들거나 하는 행위를 관찰하는 여러 사람들이 있는데 우리는 이들을 경제학자라고 부른다. 이들은 모두 코끼리가 이제 어떤 움직임을 나타낼까를 예측하고자 한다.

그들은 코끼리가 고개를 오른쪽으로 돌리고 꼬리를 흔들면서 왼쪽 발을 든다면 코끼리가 이제 오른쪽으로 갈 것이라고 예측한다. 이때 말하는 오른쪽 발은 환율, 고개는 이자율, 꼬리는 GDP 등이 된다. 그리고 이러한 것은 방향을 알 수 없어서 변수라고 부르고, 통틀어서 거시경제적 변수라고 부른다. 코끼리(경제)의 움직임을 예측하는 것은 결국 거시경제 변수를 살피는 것이다.

거시적 경제 변수는 장래의 경기를 예측하거나 실업과 인플레이션 대책에 대한 토대를 제공할 수 있다. 다만 그 신뢰성이 문제다. 코끼리가 고개를 돌린다고 해서 반드시 그 방향으로 움직인다는 보장이 없듯이 변수가 방향을 제시하는 대로 경제가 움직이지는 않는다.

이러한 이유로 경제학자들은 애초부터 예고된 오류를 범할 수밖에 없다. 20세기 경제학의 거장 케인즈는 경제학은 '공부하는 자세'를 일컫는다고 하기도 했다. 필자가 알기로는 케인즈는 주식시장에서 큰 수익을 거둔 몇 안 되는 경제학자다.

그 코끼리와 함께 다니는 아기 코끼리가 한 마리 있는데 우리는 그 녀석을 주식시장이라고 부른다. 주식 투자자들이 하는 일은 아기 코끼리의 움직임을 예측하는 일이다. 아기 코끼리는 엄마 코끼리에 비해서 가볍고 동작도 빠르다. 경우에 따라서 어미 코끼리를 앞서기도 하고 뒤서기도 하지만(학자들은 대체로 앞선다고 이야기한다) 한 발짝 떨어져서 보면 결국 엄마 코끼리의 동선과 함께 움직임을 알 수 있다.

따라서 아기 코끼리가 어떻게 움직일지 알기 위해서는 반드시 엄마 코끼리의 움직임을 예측해야 한다. 주식시장의 움직임을 성공적으로 예측하려면 아기 코끼리의 단기적인 움직임 이전에 어미 코끼리의 움직임을 분석하는 것이 선행되어야 함을 이해했을 것이다. 많은 개인 투자자들이 아기 코끼리의 움직임에만 관심을 갖는데 이것이 수익을 크게 내지 못하거나 투자에 실패하는 큰 이유가 될 수도 있다.

시장을 분석한다는 것에 대한 필자의 입장은 그 논의의 출발이 '분석의 결과로 수익을 내는가 못 내는가'에 있어야 한다는 것이다. 이 장의 초입에서 언급하였듯이 자신을 어떤 관점의 신봉자로 못을 박고 다른 견해와 관점을 무조건 '틀렸다'고 단정 지어버리는 것은 득이 되지 못한다. 아예 귀를 닫아버릴 정도로 '틀린' 것이 아니라 어느 정도는 수용할 여지가 있는 '다른' 것으로 받아들이는 자세가 필요하다.

Part 3
왜 **펀드투자**인가?

10월은 주식투자를 하기에 특별히 위험한 달이다.
또한 7월, 1월, 9월, 4월, 11월, 5월, 3월, 6월, 12월, 8월
그리고 2월도 위험하다.
마크 트웨인

투자 대상별
역사적 수익률 데이터

　직장생활 때문에 매일 판에 박힌 일상을 지내오다 오랜만에 연휴를 맞아 2박 3일 여행을 떠나기로 했다면 준비할 것이 한두 가지가 아니다. 먼저 숙소를 정하는 것부터 시작해서, 식사는 현지에서 사 먹을 것인지 지어 먹을 것인지, 지어 먹는다면 메뉴는 무엇으로 할 것인지, 자동차로 갈 것인지 기차나 비행기를 탈 것인지…. 야영을 해야 한다면 주변의 지형과 각종 위험요소들도 살피고 일기예보도 참고해야 한다. 하지만 독자들의 투자는 어떠한가! 너무나 쉽게 뛰어 들었다가 너무나 쉽게 소중한 돈을 버리고 나오지는 않았는가?

　경제적으로 여유로운 생활을 희망하면서 아무것도 준비하지 않고 오로지 월급만 가지고 살아간다는 것은 정말 시대착오적인 발상일지도 모른다. 월가 최고의 투자 전략가로 불리는 윌리엄 오닐$^{William\ J.\ O'}$ ^{Neil}은 '주식투자는 선택이 아닌 필수'라고까지 말한 바 있다. 오늘날과 같은 환경에서 월급만 가지고 부를 쌓으려 하는 것은 말이 안 된다는 이야기다.

일반인들의 투자 대상은 보통 주식, 부동산, 채권과 예금, 귀금속 정도로 구분해볼 수 있다. 투자 대상에 따라 각각 일장일단이 있다. 하지만 장단점을 떠나 여러 면에서 가장 합리적인 대상을 선택하는 것이 가장 바람직한 첫 걸음이다. 이 책은 여러 대상 중에서 이미 펀드투자를 전제로 하고 있다. 이 장에서는 '왜 펀드투자인가'를 순차적으로 풀어가려 한다.

200년간의 투자 대상별 수익률 중 주식이 747만 배로 최고치

투자활동에서의 수익은 돈과 시간을 맞바꾸는 1차 수입과는 분명 다르다. 시간과 장소에 구애받지 않고 창출할 수 있다는 차원에서 볼 때 투여하는 인풋부터 달라야 한다. 1차 수입은 대부분 노력만 하면 어느 정도는 창출할 수 있다. 하지만 투자에서의 수익은 경우에 따라서는 노력과는 전혀 무관할 때가 많다. 따라서 무엇보다 선행해서 생각해봐야 할 부분이 바로 투자 대상이다.

일반인들이 투자 대상을 선택하는 경우는 대부분 누가 돈을 벌었다는 소식을 들었을 때부터다. 그래서 당연히 투자 대상 역시 그 말을 한 사람을 따라간다. 부동산으로 돈 벌었다는 얘기를 들으면 부동산으로, 주식으로 돈 벌었다는 얘기를 들으면 주식으로, 또 펀드로, 금으로 몰려간다. 그런데 1차 수입과 투자수익의 또 다른 엄청난 차이는 바로 손실을 볼 수 있다는 것이다. 시간과 노력으로 얻어지는 1차 수입은 손실이 발생하는 경우가 거의 없다. 하지만 투자는 전혀 다르다. 그러므로 모르는 곳에는 투자하지 않는 것이 가장 중요하고 투자 대상의 성격이 자신에게 맞는지부터 따져봐야 한다.

다음 표와 그림은 지난 200년 동안 미국에서 가장 많이 투자되었던 대상들의 수익률을 정리한 것이다. 그중 주식이 747만 배나 되어 가장 높은 수익률을 보인다는 점을 주목하기 바란다. 동 기간으로 환산한 다른 대상들 중에서 주택이 21만 배로 그다음이고 토지, 국채 순으로 나타났다.

표 3-1 투자 대상별 200년간 환산 수익률 (단위: 배)

투자대상	주식	장기국채	단기국채	금	토지	주택
수익률	7,470,000	10,744	3,679	11.17	561.78	215,364.20

앞의 각 항목들은 200년이라는 긴 시간 때문에 명확하고 정리된 데이터가 존재하지 않는다. 우리나라 데이터를 찾을 수 없어서 그나마 기록이 남아 있는 미국 자료를 참고했다. 다만 명확하지 않은 수치라 할지라도 그 비교 근거 데이터로서는 충분한 가치가 있으며 더군다나 주식투자가 가장 확실한 투자수단임을 보여주는 데에는 무리가 없다고 본다.

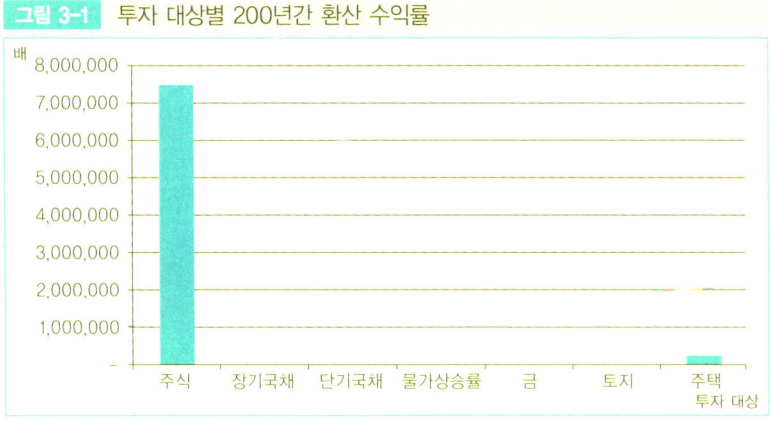

그림 3-1 투자 대상별 200년간 환산 수익률

※ 데이터 중 주식, 장단기 채권, 금의 수익률 및 물가상승률은 제레미 시겔의 『Stocks for the Long Run』을 참조했으며 조사 기간은 1802~1997년이다.
※ 토지 가격은 1925년 12포인트~1975년 220포인트로 연평균 상승률은 3.3%이며(켄 피셔의 『The Wall Street Waltz』를 참조했다) 물가상승률을 감안하지 않은 명목수익률이며 재산세 또한 감안하지 않았다. 이것을 다시 1802~1997년의 데이터로 시뮬레이션해서 얻은 수치다.
※ 주택 가격은 1982년 미국 상무부 자료를 바탕으로 더글라스 케이시가 《Strategic Investment》에 발표한 데이터다. 이 자료는 1885년 60포인트~1980년 1000포인트의 95년간 움직임을 나타내며 연평균 수익률은 3.0%다. 위는 1802~1997년의 데이터로 재가공한 수치로 318,610이 된다. 다만, 1935년 역시 60포인트였는데(50년 동안 등락을 거듭하다가 제자리) 1980년까지의 복리수익률을 계산하여 연평균 6.5%가 산출되었다. 이를 위의 환산지수로 계산하여 215,364,200이 되었다.

　예컨대 1926년부터 60년 동안 뉴욕증권거래소에서 주식에 1,000원을 투자했다면 배당금을 포함해 1985년에는 21만 1,200원으로 늘어났을 것이다. 매년 평균적으로 9.3%씩 수익이 늘어났기 때문이다. 이것은 동일한 기간의 대략적인 연평균 물가상승률 3%보다 훨씬 높은 수치다. 그런데 만약 주식이라는 투자 대상이 위험해 보여서 재무성 채권이나 장기 채권에 투자했다면 수익률은 겨우 물가상승률을 넘어서는 정도에 지나지 않았을 것이다. 또 하나 특이한 사실은 소형주의 수익은 같은 기간 동안 무려 연평균 12.2%나 되었다는 점이다(여기서 말하는 소형주란 뉴욕증권거래소에 상장되어 있는 종목 중에서 시가총액이 하위 20%에 속하는 종목이다).

9.3%는 우리 시장에서 하루에 상한가를 기록한 종목에도 미치지 못하는 수익률이다. 하지만 이 수익률을 40년 동안 반복한다면 최초 투자금 3,000만 원이 40년 후에는 10억 4,400만 원이 된다. 어떻게 해서든지 종자돈 1억을 모아서 노후 대비용으로 시장에 던져두고 아무 생각 없이 기다리면 35억에 가까운 돈이 마련된다는 얘기다. 현재 30대의 평균 수명이 100세라고 가정한다면 70세 이상의 노후에는 연금에 의존하지 않고도, 물가상승률을 감안하고도 경제적으로 윤택한 생활을 즐길 수 있다는 것을 보여준다.

{ 우리나라 최근 40년간의
  주식시장 평균수익률은 10.82% }

표 3-2 최근 40년 이내 임의의 시점에 투자했을 때 기간별 수익률(S&P500)

23	1991/ 1	343.93	304.53%	4.51%	15.62%	33.79%	62.40%	165.48%	241.00%	258.71%
24	1992/ 1	408.78	380.80%	18.86%	24.22%	37.42%	49.15%	239.52%	300.65%	293.28%
25	1993/ 1	438.78	416.09%	7.34%	27.58%	33.34%	70.69%	201.98%	391.63%	278.16%
26	1994/ 1	481.61	466.47%	9.76%	17.82%	40.03%	61.90%	194.72%	381.95%	398.72%
27	1995/ 1	470.42	453.31%	-2.32%	7.21%	15.08%	42.95%	161.88%	312.07%	511.09%
28	1996/ 1	636.02	648.08%	35.20%	32.06%	44.95%	84.93%	200.32%	390.95%	530.60%
29	1997/ 1	786.16	824.68%	23.61%	67.12%	63.24%	92.32%	186.84%	552.96%	670.52%
30	1998/ 1	980.28	1053.00%	24.69%	54.13%	108.38%	123.41%	281.33%	574.66%	998.35%
31	1999/ 1	1279.64	1405.10%	30.54%	62.77%	101.19%	165.70%	330.17%	683.09%	1180.54%
32	2000/ 1	1394.46	1540.16%	8.97%	42.25%	77.38%	196.43%	323.74%	676.30%	1121.50%
33	2001/ 1	1366.01	1506.69%	-2.04%	6.75%	39.35%	114.77%	297.18%	545.01%	954.43%
34	2002/ 1	1130.2	1229.33%	-17.26%	-18.95%	-11.68%	43.76%	176.48%	312.36%	838.70%
35	2003/ 1	855.7	906.47%	-24.29%	-37.36%	-38.64%	-12.71%	95.02%	232.87%	488.92%
36	2004/ 1	1131.13	1230.43%	32.19%	0.08%	-17.19%	-11.61%	134.86%	280.25%	592.20%
37	2005/ 1	1181.27	1289.40%	4.43%	38.05%	4.52%	-15.29%	151.11%	258.96%	557.61%
38	2006/ 1	1280.08	1405.62%	8.36%	13.17%	49.59%	-6.29%	101.26%	272.19%	504.44%
39	2007/ 1	1438.24	1591.65%	12.36%	21.75%	27.15%	27.26%	82.94%	251.84%	424.75%
40	2008/ 1	1378.55	1521.44%	-4.15%	7.69%	16.70%	61.10%	40.63%	214.18%	436.25%
41	2009/01	825.88	871.39%	-40.09%	-42.58%	-35.48%	-26.99%	-35.46%	71.48%	177.63%
42	2010/01	1073.87	1163.08%	30.03%	-22.10%	-25.33%	-9.09%	-22.99%	128.28%	226.32%
43	평균			7.98%	15.84%	25.79%	50.02%	144.28%	312.52%	558.56%
44	1년평균환산			7.98%	7.63%	7.95%	8.45%	9.34%	9.91%	9.88%

표 3-3 최근 40년 이내 임의의 시점에 투자했을 때 기간별 수익률(코스피)

	A	B	C	D	F	G	H	I	J
1	date	(KOSPI)	기준일대비	1년투자	3년투자	5년투자	10년투자	15년투자	20년투자
2	1978/ 9	151.17	0.00%						
3	1979/ 9	127.29	-15.80%	-15.80%					
4	1980/ 9	110.35	-27.00%	-13.31%					
5	1981/ 9	132.39	-12.42%	19.97%	-12.42%				
6	1982/ 9	119.71	-20.81%	-9.58%	-5.95%				
7	1983/ 9	117.71	-22.13%	-1.67%	6.67%	-22.13%			
8	1984/ 9	134.41	-11.09%	14.19%	1.53%	5.59%			
9	1985/ 9	138.91	-8.11%	3.35%	16.04%	25.88%			
10	1986/ 9	253.45	67.66%	82.46%	115.32%	91.44%			
11	1987/ 9	485.35	221.06%	91.50%	261.10%	305.44%			
12	1988/ 9	677.54	348.20%	39.60%	387.75%	475.60%	348.20%		
13	1989/ 9	942.41	523.41%	39.09%	271.83%	601.15%	640.36%		
14	1990/ 9	602.88	298.81%	-36.03%	24.22%	334.01%	446.33%		
15	1991/ 9	705.07	366.41%	16.95%	4.06%	178.19%	432.57%		
16	1992/ 9	513.82	239.90%	-27.12%	-45.48%	5.87%	329.22%		
17	1993/ 9	718.87	375.54%	39.91%	19.24%	6.10%	510.71%	375.54%	
18	1994/ 9	1050.51	594.92%	46.13%	48.99%	11.47%	681.57%	725.29%	
19	1995/ 9	982.65	550.03%	-6.46%	91.24%	62.99%	607.40%	790.48%	
20	1996/ 9	789.67	422.37%	-19.64%	9.85%	12.00%	211.57%	496.47%	
21	1997/ 9	647.11	328.07%	-18.05%	-38.40%	25.94%	33.33%	440.56%	
22	1998/ 9	310.32	105.28%	-52.05%	-68.42%	-56.83%	-54.20%	163.63%	105.28%
23	1999/ 9	836.18	453.14%	169.46%	5.89%	-20.40%	-11.27%	522.11%	556.91%
24	2000/ 9	613.22	305.65%	-26.66%	-5.24%	-37.60%	1.72%	341.45%	455.70%
25	2001/ 9	479.68	217.31%	-21.78%	54.58%	-39.26%	-31.97%	89.26%	262.32%
26	2002/ 9	646.42	327.61%	34.76%	-22.69%	-0.11%	25.81%	33.19%	439.99%
27	2003/ 9	697.52	361.41%	7.91%	13.75%	124.77%	-2.97%	2.95%	492.57%
28	2004/ 9	835.09	452.42%	19.72%	74.09%	-0.13%	-20.51%	-11.39%	521.30%
29	2005/ 9	1221.01	707.71%	46.21%	88.89%	99.11%	24.26%	102.53%	778.99%
30	2006/ 9	1371.41	807.20%	12.32%	96.61%	185.90%	73.67%	94.51%	441.10%
31	2007/ 9	1946.48	1187.61%	41.93%	133.09%	201.12%	200.80%	278.83%	301.05%
32	2008/09	1448.06	857.90%	-25.61%	18.60%	107.60%	366.63%	101.44%	113.72%
33	2009/09	1673.14	1006.79%	15.54%	22.00%	100.35%	100.09%	59.27%	77.54%
34	2010/01	1602.43	960.02%	-4.23%	-17.68%	31.24%	161.31%	63.07%	165.80%
35	평균			14.47%	51.63%	100.55%	220.64%	259.40%	362.48%
36	1년평균환산			14.47%	14.89%	14.93%	12.36%	8.90%	7.96%

표 3-2와 3-3은 미국과 우리나라 주식시장에서의 과거 데이터를 바탕으로 수익률을 가공해낸 것이다. 각각의 지수는 해당 월의 마지막 날 또는 첫 거래일로 통일했다.

각각의 데이터는 1년, 3년, 5년, 10년, 15년, 20년의 간격으로 투자수익률을 계산한 것이다. 예를 들면 1978년 9월 1일 코스피지수에 투자하여 10년이 경과했다면 1988년 9월 1일 348.20%의 수익률을 올렸다는 뜻이다. 10년 투자를 했으되 1979년 9월 1일에 시작했다면 1989년 9월 1일에 640.36%의 수익률이 된다.

마지막 칸의 1년 평균 환산은 해당 기간의 평균수익률을 1년간의 복리수익률로 환산하여 계산한 것이다. 엑셀로 복리수익률을 계산하는 방법을 뒤에 설명해뒀으니 참고하기 바란다.

우리나라와 미국 주식시장 각 기간의 수익률을 합산한 후 평균을 구한 결과는 다음과 같다.

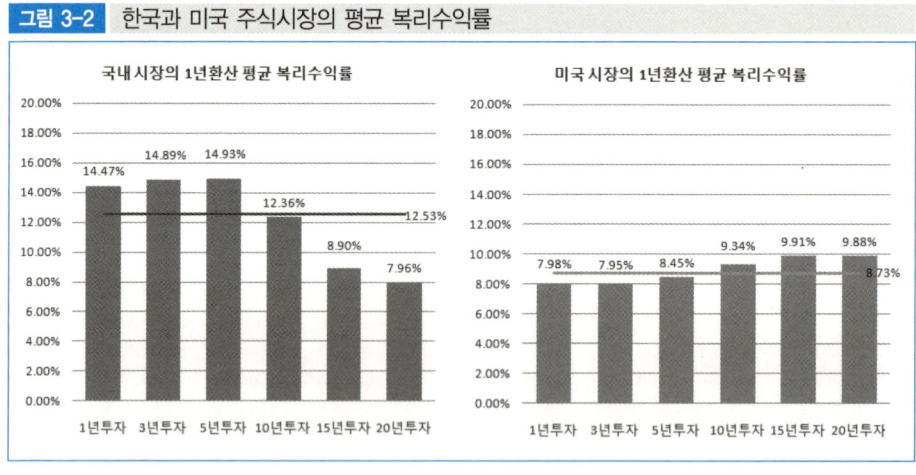

그림 3-2 한국과 미국 주식시장의 평균 복리수익률

그래프에서 중간의 굵은 실선은 동 투자기간의 수익률을 1년 평균의 복리수익으로 환산한 결과의 평균치이다. 코스피는 12.53%, S&P500은 8.73%를 나타낸다. 이 수치는 최근 40년간 임의의 날짜로부터 1년간 투자했을 때 기대할 수 있는 평균수익률을 의미한다. 주사위를 한 번 던져서 3이 나올 가능성은 6분의 1이 되지 않을 수도 있지만 1,000번을 던지면 3이 나올 확률은 6분의 1에 근접하게 된다. 즉 어느 특정한 날짜로부터 시작한 1년간의 수익률이 10.82%가 나오지 않을 수 있으나, 이를 100번 정도 반복하면 10.82%에 근접한다는 의미로 해석하면 무리가 없을 것이다.

S&P의 경우 이러한 수치는 http://finance.yahoo.com/에서 참고한 비교적 최근의 수익률인데도 불구하고 앞서 살펴본 과거 미국 시장의 평균수익률 9.3%에 근접한다는 것을 알 수 있다. 또한 미국의 예에서 보다시피 소형주의 성장이 두드러진 만큼 우리나라의 증시 규모나 상장된 종목들이 상대적으로 소형이기 때문에 우리 시장의 평균수익률이 더 높게 나타난 듯 보인다. 양 시장 모두 배당수익률이 포함되지 않은 수치이므로 실제 투자에서는 이보다 높은 수익률을 기대할 수 있을 것이다. 이후부터 서술되는 부분은 배당수익률을 제외한 단순지수만 모형으로 사용하였다.

복리수익 계산하기

복리수익의 이점에 대해 말은 많이 하지만 이를 실제로 계산하는 것은 일반인들로서는 녹록한 작업이 아니다. 그때문에 금융소비자로서의 독자들은 금융회사들의 술수에 별 의심 없이 넘어가고 만다. 갈수록 증권, 금리, 보험 등 다양한 금융상품들을 접하게 될 터인데 복리의 원리를 충분히 이해한다면 좋은 금융상품과 나쁜 금융상품을 구분하는 안목이 생길 것이다. 예를 들어 매우 장기간 적립을 해야 하는 연금상품이나 두 가지 이상 혼합된 상품, 특히 변액보험 같은 경우 초기의 설계에 따라 30년 후에는 매우 충격적인 결과를 가져옴을 볼 수 있을 것이다.

매년 20%씩의 투자수익률을 올리고 있다고 가정하자.
첫 해가 지나면 투자원금은 다음처럼 될 것이다.

- 투자원금=원금+(원금X20%)

여기서 원금을 a, 수익률을 r이라 하면 이런 식이 된다.

$$a' = a + ar$$
$$= a(1+r)$$

그리고 그다음 해에는 a'가 원금이므로
투자원금은 다음과 같다.

$$a'' = a' + a'r$$
$$= a'(1+r)$$

$a' = a + ar$ 이므로

$$a'' = (a+ar)(1+r)$$
$$= a(1+r)(1+r)$$
$$= a(1+r)^2$$

이런 방식으로 n년 후의 투자원금은 다음처럼 표시할 수 있다.

- n년 후 투자원금= 원금$(1+수익률)^n$

예를 들어 1억으로 매년 20%의 수익을 올린다면 10년 뒤에는 얼마가 될까?

- 10년 후 투자원금= 1억×(1+0.2)×10=620,000,000

1억의 원금을 연 20%의 수익률로 복리로 운용하면 10년 후에는 6억 2,000만 원이 된다.

엑셀로 복리평균 계산하기

일반적으로 산술평균은 다음과 같이 구한다.

$$r_a = \frac{r_1 + r_2 + \cdots + r_n}{n}$$

이에 비해 복리평균은 다음과 같이 구한다.
계산해야 할 복리율이 r, 최종 수익률이 y, 투자기간이 m이라면

$$(1 + r)^m = y$$

와 같이 표현할 수 있다.
예를 들어 10년간의 투자수익률이 229.95%일 때 1년 평균의 복리수익률을 계산하기 위해서는

$$(1 + r)^{10} = 229.95\%$$

가 된다.
하지만 이러한 공식을 엑셀의 셀로 계산하기에는 무리가 따르기 때문에 다음과 같이 공식을 유도하기로 한다.

$$(1+r)^m = y$$
$$\ln((1+r)^m) = \ln(y)$$
$$m\ln(1+r) = \ln(y)$$
$$\ln(1+r) = \frac{\ln(y)}{m}$$

$$\exp(\ln(1+r)) = \exp\left(\frac{\ln(y)}{m}\right)$$

$$1+r = \exp\left(\frac{\ln(y)}{m}\right)$$

$$r = \exp\left(\frac{\ln(y)}{m}\right) - 1$$

와 같이 되고, 따라서 다음과 같은 결론이 나온다.

$$\exp(\ln(1+r)) = \exp\left(\frac{\ln(y)}{m}\right)$$

$$1+r = \exp\left(\frac{\ln(y)}{m}\right)$$

$$r = \exp\left(\frac{\ln(229.95\%)}{10}\right) - 1$$

이를 엑셀의 셀에 다음과 같이 입력하면 된다.

	A	B	C	D	E	F	G	H
1	date	(KOSPI)	1년투자	3년투자	5년투자	10년투자	15년투자	20년투자
29	2005-09-01	1221.01	46.21%	47.06%	99.11%	24.26%	102.53%	778.99%
30	2006-09-01	1371.41	12.32%	49.14%	185.90%	73.67%	94.51%	441.10%
31	2007-09-01	1946.48	41.93%	57.10%	201.12%	200.80%	278.83%	301.05%
32	2008-08-01	1496.91	-23.10%	18.43%	114.60%	382.38%	108.23%	120.93%
33	평균		15.14%	9.95%	103.49%	229.95%	284.60%	406.92%
34	1년평균환산		15.14%	3.21%	15.27%	12.68%	9.40%	8.45%

F34 셀: =EXP(LN(1+F33)/10)-1

그러면 10년간 229.95%의 1년 복리평균 12.68%가 도출된다.

효율적 시장에서 최선의 대안은 펀드투자다

주가는 궁극적으로 우상향한다

자본주의사회에서 주가는 궁극적으로 우상향하게 되어 있다. 주가란 결국 인간의 모든 창조적이며 가장 열정적인 활동의 수치적인 표현이라 볼 수 있기 때문이다. 그래서 주식시장을 '자본주의의 꽃'이라 부르는 것 같다.

주식시장은 미래의 생산활동에 대한 가능성이 거래되는 곳이다. 역사가 발전함에 따라 인류의 모든 잉여생산물이 증가해왔다는 사실을 감안한다면, 앞으로도 그 위치와 중요성이 갈수록 커질 수밖에 없다는 것을 확신할 수 있을 것이다.

한편, 주식은 실질자산의 미래수익에 대한 증서다. 실질자산의 수익의 근원은 기계설비, 노동, 토지를 활용한 어떠한 결과물이나 평가수익, 신기술 또는 어떠한 지적생산물 등이 될 수 있다. 또한 현재의 주가는 미래에 받을 수 있는 배당금을 현재의 가치로 할인한 것이라 표현할 수도 있다. 유보이익을 배제한다면 주가는 미래배당금의 현재가치와 동일하다.

그렇다면 미래의 주가가 상승한다는 의미는 무엇일까? 경제가 발달하고 국내총생산이 증가하는 만큼 자본시장에는 새로운 자산가치가 생겨나고, 그렇게 생겨난 자산가치는 주주들에게 일정 부분 배분된다. 아무런 활동을 하지 않는 것이 순수한 물가상승이라고 한다면 기업활동은 아침 일찍 출근해서 밤늦게 퇴근하는 인간의 가장 핵심적인 경제활동의 산물이다. 이러한 노력이 투여되는데 아무리 해도 물가상승률을 따라잡지 못한다면 과연 누가 기업활동을 할 것인가? 너무나도 당연히 물가상승률보다는 주가상승률이 높아야 한다.

이번에는 물가와 금리를 살펴보자. 돈을 빌려주고 대가로 받는 무위험소득이 물가상승률보다 항상 높다면 어떤 돈이 과연 은행 밖으로 나오려 하겠는가. 이런 상황이 되면 사회구조적인 병폐가 만연하게 된다. 단적으로 사회 계층 간의 이동이 제한된다. 부자는 항상 부자이고 가난한 사람은 항상 가난해진다. 부자는 이자를 받아서 수익으로 챙기고 가난한 이들은 이자를 지불하면서 항상 손실 상태에서 재정을 꾸려간다. 넉넉하고 윤택한 삶이 자손 대대로 보장되는 계층이 있는 반면 교육의 기회도 자아실현의 기회도 가질 수 없는 계층 역시 세습된다.

설사 한시적으로 물가상승률보다 높은 이자수익을 얻는다손 치더라도, 정부는 이를 허락하지 않고 세금이라는 명목으로 그 차액만큼을 가져간다. 정부도 결국 다수의 선택에 의해서 결정되는 합의된 민주주의의 일부이고 약속이기 때문이다. 이러한 측면에서 갈수록 정부가 투명해지고 정보공개의 양이 많아지는 것은 상당히 고무적인 현상이다. 모든 국가가 국제무대에 서기 위해서 황금구속복^{golden} ^{straitjacket}*을 입어야 하는 개방경제 시스템하에서는 그러한 경향이 더

---

*미국의 칼럼니스트 토마스 프리드먼의 주장에서 유래한 말로 '글로벌 시장에 나오려면 국제 표준에 맞추어야 한다'는 의미

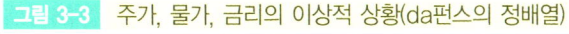
그림 3-3 주가, 물가, 금리의 이상적 상황(da펀스의 정배열)

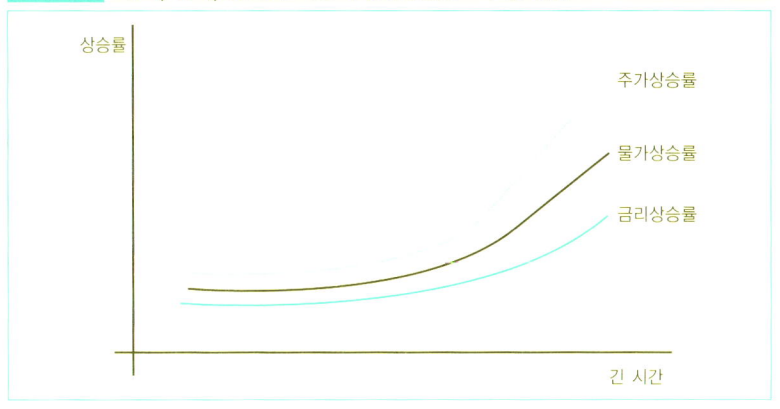

해질 것이다.

앞의 내용을 종합해보면 다음과 같은 식이 성립된다. '주가〉물가〉금리' 즉 주가는 물가보다 높아야 하고, 금리는 물가보다 낮아야 합리적인 경제구조라 할 수 있다. 이러한 구조의 이상적인 상황을 그래프로 그려보면 그림 3-3과 같다.

하지만 현실감이 없다. 좀더 현실감 있게 그려보면 그림 3-4와 같다. 지금까지는 정부정책, 냉전체제 등으로 이러한 차트가 나올 수 없었지만 미래 어느 시점에는 완성될 것이다. 어떤 경제학자가 이러한 배열상태를 미리 모델화했을지도 모르지만 만약 아직 없었다면 희망을 담아 'da펀스의 정배열'이라 부르기로 하자.

이 그림들에서 x축을 막연히 긴 시간이라고 표현했다. 막연히 긴 시간 동안 현실적으로 주가와 물가와 금리는 서로 다른 파동을 그리며 오르내린다. 이것은 무엇을 의미하는가? 총체적인 관점에서 보자면 경제활동에 대한 인간의 심리상태를 담고 있다고 볼 수 있고 창조

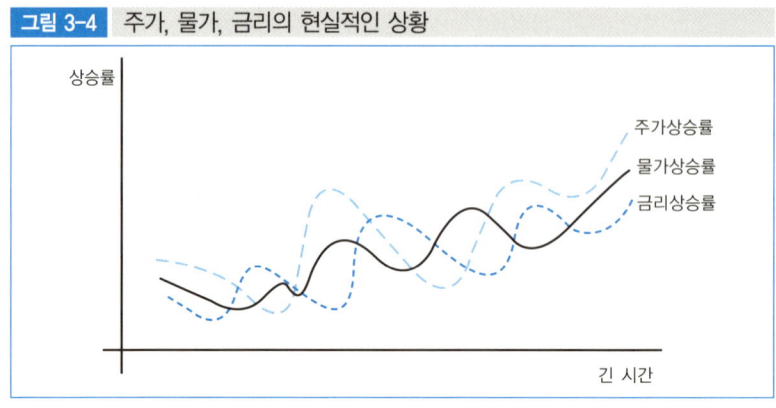

그림 3-4 │ 주가, 물가, 금리의 현실적인 상황

적인 노력의 산물이기도 하다. 또한 국가정책이나 외부적 경제의 환경에 따른 자금의 이동이라고 할 수도 있다. 중요한 것은 이 세 가지 변수가 모두 경제활동의 결과물이라는 사실이다.

이렇듯 경제활동의 결과물들은 파동을 일으키며 서로 엉키기도 하면서 움직이지만 자본주의 체제가 유지되는 한 궁극적으로 우상향한다는 사실은 명확하다. 앞서 살펴본 우리나라와 미국의 역사적 데이터를 참고하더라도 크고 작은 파동에 의해 저점을 만들기는 할지언정 역사를 완전히 되돌릴 만큼 붕괴하지는 않는다.

포춘 500대 기업도 40년 만에 68%가 사라졌다

주식투자란 회사의 일부분을 소유하는 것이나 마찬가지다. 한 연구 결과에 따르면 기업의 평균 수명은 13년이고 30년이 지나면 80%가 소멸한다고 한다. 세계적으로 뛰어난 기업들이라고 평가하는 포춘 500대 기업의 경우 1955년부터 40년간 전체의 68%인 340개가 사라지고 말았다.

《포브스》지가 창간 70주년을 맞아 미국의 주요 기업들이 지난 70년간 어떻게 변화했는지 조사한 결과를 봐도 1917년 당시 100대 기업 중 1987년까지 살아남은 기업은 39개밖에 안 되었다. 그리고 생존한 39개 기업들 중에서도 18개만이 100대 기업의 자리를 지켰다고 한다.*

우리나라의 경우는 미국보다 더 떨어지는 것으로 나타났다. LG경제연구원이 2007년 발표한 '100년 기업의 조건' 보고서에 따르면 1991~2004년 우리나라 매출액 100대 기업 중 10년간 100대 기업으로 살아남은 기업은 66%인 것으로 나타났다. 1965~1994년 미국의 경우에는 그 확률이 69%로 한국보다 약간 높았다. 그러나 40년간 100대 기업으로 존속할 가능성을 분석하면 미국 역시 32%로 뚝 떨어지며 한국은 그보다 더 낮은 12%에 불과했다.

한국과 미국 기업의 소멸 속도를 비교한 결과 한국은 매출액 기준 100대 기업에서 매년 2.81개가 사라지고 미국은 1.56개가 문을 닫는다. 또 한국의 기업은 100대 기업 순위에 평균적으로 43년간 존속하고 미국 기업은 63년 동안 존속하는 것으로 조사됐다.**

주식에 대해서 완전히 문외한인 투자자라 할지라도 위의 사실들만으로 유추해볼 때 주식투자로 수익을 내기가 얼마나 어려운가를 알 수 있을 것이다. 국내 기업의 경우 아무리 훌륭한 회사라 해도 40년

---

*연합뉴스 2007. 08, LG경제연구원 '전 세계 100대 기업 중 18개만이 자리 유지'
**한국일보 2005. 04. 21, '100대 기업으로 40년간 생존할 확률 한국 12%, 미국 32%'

동안 꼬박꼬박 저축하듯이 동일한 종목에 투자했다가는 돈을 모두 날릴 확률이 82%가 된다는 얘기다.

주식시장에서 돈을 버는 것은 어렵다. 하지만 더 어려운 것은 잃지 않는 것이다. 일시적으로 흥분될 만한 수익을 올리는 것은 누구나 할 수 있지만 1년간을 정산했을 때 잃지 않는 것이 얼마나 어려운 일인가를 주식투자 경험이 있는 독자라면 충분히 이해할 것이다. 하물며 10년, 40년간의 투자는 더 말할 나위가 없다.

시장 전체에 투자하는 ETF

그럼 이제 답은 나왔다. 앞에서 우리는 장기 투자상품으로 선택할 수 있는 주식, 채권, 부동산, 실물 등에서 가장 효과적인 투자 대상이 주식이라는 것을 알았고, 주가는 궁극적으로 우상향한다는 사실을 짚었다. 그리고 개인들이 직접투자를 하기에 시장이 얼마나 위험한가를 살펴봤다. 그렇다면 결론은 하나, 주식시장 자체에 투자하는 방법이다. 시장 전체에 투자하는 효과를 내는 것은 시장의 평균에 몸을 맡기라는 말이므로 최적의 수단을 찾으면 바로 ETF$^{\text{Exchange Traded Fund, 상장지수펀드}}$가 된다.

ETF는 주식시장에 상장된 인덱스펀드라고 할 수 있는데 하나의 종목처럼 HTS상에서 쉽게 사고팔 수 있고 여러 가지 추종하는 지수별 상품들이 있기 때문에 유망해 보이는 분야에 투자할 수 있다.

ETF는 소액으로 시장 전체에 투자하는 효과를 발휘한다. 예를 들어 코스피200지수에 따라 펀드가격이 결정되는 'KODEX200'을 한

그림 3-5 주식시장에 상장된 인덱스펀드 거래 상황 예

종목명	종가	대비	대비(%)	거래량	NAV	추적오…	괴리율	추적지수명	추적지수
KODEX 200	21,845 ▲	310	+1.44	1,562,894	21,861.85		2.13	KOSPI200	214.05
KOSEF 200	21,675 ▲	205	+0.95	1,355,563	21,695.16	0.02	1.36	KOSPI200	214.05
KODEX 반도체	14,445 ▲	150	+1.05	7,598	14,511.11	0.01	-0.94	KRX반도체	1,464.83
KODEX 은행	8,460 ▲	20	+0.24	3,485	8,514.74	0.01	-1.74	KRX은행	866.58
KODEX 자동차	10,600 ▲	115	+1.10	5,449	10,636.36	0.04	-0.15	KRX자동차	1,065.26
KOSEF Banks	8,705 ▲	25	+0.29	10	8,684.07		0.21	KRX은행	866.58
KOSEF IT	11,300 ▲	75	+0.67	401	11,337.60	0.01	0.57	KRX정보통신	1,122.39
TIGER KRX100	34,970 ▲	350	+1.01	53	34,990.08	0.01	1.37	KRX100	3,451.81
TIGER 은행	8,620 ▲	30	+0.35	616	8,618.49		-0.55	KRX은행	866.58
TIGER 반도체	14,635 ▲	65	+0.45	313	14,671.19	-0.03	0.16	KRX반도체	1,464.83
TIGER 순수가치	12,980 ▲	90	+0.70	0	13,066.39			MF순수가치	
TIGER 중형가치	6,670 ▼	25	-0.37	50	6,755.87			MF중형가치	
KOSEF 중형순수	12,600 ▲	60	+0.48	37	12,697.66			MF중형순수	
TREX 중소형가치	5,275 ▲	35	+0.67	30	5,276.88			MF중소형가	
TIGER 미디어통	8,870 ▲	15	+0.17	54	8,836.46		4.11	KRX미디어통	848.78
KODEX China H	17,845 ▼	70	-0.39	37,362	17,453.80			HSCEI	
KOSEF KRX100	3,500 ▲	25	+0.72	2,271	3,495.67	0.02	1.27	KRX100	3,451.81
KODEX Japan	8,405 ▼	55	-0.65	263	0			일본TOPIX10	
TIGER200	21,655 ▲	275	+1.29	703,252	21,673.28	0.01	1.25	KOSPI200	214.05
KODEX 삼성그룹	4,950 ▲	40	+0.81	245,646	4,964.40			MF삼성그룹	
KODEX 조선	15,220 ▲	230	+1.53	1,082	15,272.02	0.05	1.58	KRX조선	1,503.47
KODEX 증권	8,515 ▲	20	+0.24	3,412	8,575.86	0.01	0.08	KRX증권	856.93

자료: 키움증권

좌(주) 사면 코스피200지수를 구성하는 모든 종목에 투자하는 셈이 된다. 주식처럼 사고팔면서도 종목을 잘못 선택했을 때 따르는 투자 위험이 적다.

비용도 적게 든다. 일반 주식형펀드의 총보수가 2% 안팎인데 반해 ETF는 거의 무료라고 볼 수 있다. 태생이 펀드라서 그런지 정부에서는 주식을 팔 때 내는 증권거래세(0.3%)도 면제시켜준다. 'KODEX 200'의 경우 저가수수료 증권사의 HTS를 이용해서 사고팔 경우 0.015%의 수수료만 지불하면 된다. 'KODEX ChinaH', 'TIGER브릭스' 등 국내에 상장된 해외지수형 ETF에 투자하면 2009년 이후에도 주식 양도차익에 대해 세금을 낼 필요가 없다. 다른 해외 펀드는 2009년 말까지만 비과세 혜택을 받았다.

하지만 ETF의 유일한 단점은 HTS를 봐야 한다는 것이다. ETF가 일반적인 펀드와 다른 점은 실제 주식처럼 실시간으로 시장에서 매매가 이루어진다는 데 있다. 보는 이에 따라서 쉽게 사고팔 수 있다는 것이 장점이 될 수도 있겠지만, 생업이 있는 펀드 투자자라면 장중에 HTS로 손쉽게 거래할 수 있다는 것은 단점이 된다. 인간인 이상 실시간으로 움직이는 차트를 들여다보고 있으면 감정에 휩쓸릴 수밖에 없다. ETF 역시 변동성이 적다는 점 외에는 주식과 같이 거래되는 데다가 세금도 싸고 KODEX200 같은 경우 거래량도 뒷받침되기 때문에 단기 매매로 이어질 공산이 크다. 2009년 10월처럼 변동성이 큰 장세가 연출되었을 때를 예로 들 수 있다. 본서의 후반부에 펀드 투자자 입장에서 ETF투자가 유리한 경우를 서술하고자 한다.

> **버핏의 조언:**
> **인덱스펀드에 꾸준히 투자하라**

시장에서 수익을 내는 것이 어렵기는 기관투자가들도 마찬가지다. 한국펀드평가에서는 2003년부터 2008년까지 6년 동안 주식형펀드를 운용하는 기관들의 실력을 조사해봤다. 그 결과 2003년 이후 한 번이라도 전체 평균을 넘어선 곳은 38개였으며, 그중 세 번 이상 평균을 상회한 곳은 12개로 발표되었다.

투자금의 크기에 제한이 없을 경우 제아무리 날고뛰는 고수라고 해도 평생 동안 시장을 이길 수는 없다고 생각한다. 물론 그렇지 않은 사람이 한둘은 있을지 모른다. 그런 사람은 대부분 전 세계 인명록에 수록될 정도로 부자일 것이다. 시장에서의 최고수는 시장 그 자체다.

투자 대가인 워렌 버핏 버크셔 해서웨이 회장도 최근 CNN과 인터뷰하면서 "여유자금이 생길 때마다 광범위한 분산 투자와 비용 절감을 추구하는 인덱스펀드에 꾸준하게 투자하는 것이 바람직하다"고 말했다.

인덱스펀드는 뱅가드그룹의 대표인 존 보글John C. Bogle에 의해 1976년부터 미국에서 대중화가 이루어지면서부터 현재에 이르렀다. 초창기에는 미국에서도 인덱스펀드에 대한 비판의 목소리가 많았지만 그간의 수익률에 의해 최상의 투자상품임이 입증되었다.

역사적인 데이터를 통해서 살펴볼 때 미스터마켓(시장)의 성적은 상위 20%다. 즉 세상의 모든 투자기법 중에서 시장 평균에 투자하면 상위 20%에 든다는 이야기이며, 세상의 모든 펀드 중에서 시장지수를 따라가는 인덱스펀드는 상위 20%에 랭크된다는 이야기다. 이러한 데이터는 일반적인 투자자들이 얼마나 엉뚱한 투자를 하고 있는가를 단적으로 보여준다.

행복은 성적순이 아니듯이 펀드에서 주는 수익도 성적순이 아니다. 상위 20%라는 말은 10명 중 2등이고, 50명 중 10등 안에 드는 등수다. 반드시 1등 펀드를 찾아야만 한다는 명확한 이유가 있지 않는 한 인덱스펀드를 선택하는 것이 맞다. 그리고 작년에 1등 한 펀드가 올해도 1등을 한다는 보장은 어디에도 없다.

사람들은 시장 평균을 확보하는 것이 얼마나 중요한 일인지 잘 모른다. 또한 논리적으로 살펴보면 ETF에만 투자를 해도 우리는 매우 쉽게 시장 평균수익률을 확보할 수 있다. 하지만 왜 이러한 일이 힘이 드는 것일까?

이제부터 우리는 목표를 세우고 이를 실현할 수 있는 구체적인 방안에 대해 살펴볼 것이다. 여기까지가 터잡기였다면 지금부터는 본 작업에 들어가는 셈이다. 가장 먼저 설계도부터 장만해보자.

버핏 수익률,
우리에게도 가능하다

독자들은 펀드투자를 통하여 얼마나 벌기를 희망하는가? 1년에 20%? 30%? 우리 카페에서도 목표수익률이 1년에 100%라고 말한 회원이 꽤 있었고 오프라인에서 만난 몇몇 초보 친구들 역시 1년에 몇백%의 수익을 원한다고 얘기했었다.

펀드투자로 1년에 100%의 수익을 얻거나 아니면 그보다 더한 초대박을 얻는다는 것이 사실 불가능한 일은 아니다. 하지만 수익을 낸다는 것과 자산이 불어난다는 것은 다른 의미임을 시장에 참여한 경험이 어느 정도 되는 독자들은 충분히 이해할 것이다.

일회성 수익은 순간의 희열을 선물할 뿐 결코 자산을 늘리는 데는 도움이 되지 못한다. 자산이 증가한다는 것은 많이 버는 것보다 잃지 않는 습관이 되어 있어야 한다. 즉 꾸준한 수익이 창출되어야 하는데 이보다 더 우선되는 원칙은 잃지 않는 것이어야 한다. 일회성 수익이 아니라 자산이 증가하길 희망하는 투자자라면 주식투자로 직접 시장에 참여하기보다 간접투자인 펀드로 참여하는 게 훨씬 유리하다.

하지만 대부분의 투자자들은 펀드라는 입구로 들어와서 직투라는 출구로 나가버린다. 주식투자보다 펀드투자는 다이내믹하지도 않고 대박을 먹을 확률도 적기 때문이다. 대세 상승기에 수십 배의 수익을 낸 투자자들과 비교하면 상대적인 박탈감에 시달리기도 한다. 그 외의 이유가 있다면 앞서 매슬로의 욕구단계론을 살펴봤듯이 실제 수익보다는 자신의 존재감을 포장하는 데 더 심혈을 기울이기 때문이다.

어쨌거나 주식시장은 충분히 매력적인 곳이다. 세상에서 최고 부자가 바로 주식시장에서 탄생했다는 한 가지 사실만으로도 설명이 된다. 우리는 그 주식부자의 수익률을 검토하면서 우리들의 목표수익률을 잡을 것이다.

세계 최고 주식부자 버핏의 수익률은 연평균 환산 21%

세계 최고 부자를 통해서 우리의 목표수익률을 산정하기로 하자. 세계 최고 부자의 수익과 그의 실력을 안다면 자신의 능력에 맞는 현실적인 목표 값이 어림수로나마 나올 수 있기 때문이다. 어서 주식부자 워렌 버핏의 수익을 살펴보자.

버크셔 해서웨이, 즉 워렌 버핏의 수익률은 40만%를 넘어서고 있다. 2001년 한 번의 마이너스 수익률을 기록했지만 43년 동안 계속

표 3-4 버크셔 해서웨이의 수익률 vs S&P500 상승률

연도	(1) 버크셔 해서웨이	(2) S&P500	(1)-(2)
1965	23.8	10.0	13.8
1966	20.3	(11.7)	32.0
1967	11.0	30.9	(19.9)
1968	19.0	11.0	8.0
1969	16.2	(8.4)	24.6
1970	12.0	3.9	8.1
1971	16.4	14.6	1.8
1972	21.7	18.9	2.8
1973	4.7	(14.8)	19.5
1974	5.5	(26.4)	31.9
1975	21.9	37.2	(15.3)
1976	59.3	23.6	35.7
1977	31.9	(7.4)	39.3
1978	24.0	6.4	17.6
1979	35.7	18.2	17.5
1980	19.3	32.3	(13.0)
1981	31.4	(5.0)	36.4
1982	40.0	21.4	18.6
1983	32.3	22.4	9.9
1984	13.6	6.1	7.5
1985	48.2	31.6	16.6
1986	26.1	18.6	7.5
1987	19.5	5.1	14.4
1988	20.1	16.6	3.5
1989	44.4	31.7	12.7
1990	7.4	(3.1)	10.5
1991	39.6	30.5	9.1
1992	20.3	7.6	12.7
1993	14.3	10.1	4.2
1994	13.9	1.3	12.6
1995	43.1	37.6	5.5
1996	31.8	23.0	8.8
1997	34.1	33.4	.7
1998	48.3	28.6	19.7
1999	.5	21.0	(20.5)
2000	6.5	(9.1)	15.6
2001	(6.2)	(11.9)	5.7
2002	10.0	(22.1)	32.1
2003	21.0	28.7	(7.7)
2004	10.5	10.9	(.4)
2005	6.4	4.9	1.5
2006	18.4	15.8	2.6
2007	11.0	5.5	5.5
Compounded Annual Gain – 1965-2007	21.1%	10.3%	10.8
Overall Gain – 1964-2007	400,863%	6,840%	

해서 플러스를 기록하여 연평균 환산 21.1%라는 복리수익률의 마법을 보여주었다.

복리수익률과 산술적인 수익률 사이에는 어느 정도의 오차가 있을 수 있지만 버핏의 수익률을 한 달로 환산하면 1.75%가 되고 이를 다시 한 달 거래일인 20일로 나누면 매일 0.08% 정도라는 계산이 나온다. 매일 0.08%의 수익을 올릴 경우 43년 후에는 세계 최고의 부자가 된다는 결론이다. 이것이 바로 세계 최고의 부자가 되는 방법이다.

함께 제시된 S&P의 수익률을 보자. 이것은 그냥 아무 생각 없이 시장의 평균에 돈을 던져뒀을 때의 수익이다. 여기서는 배당수익을 재투자했다는 것을 전제로 한다. 시장에 맡겨두었을 경우에도 43년 후에는 6,840%라는 수익률을 보여주고 있다.

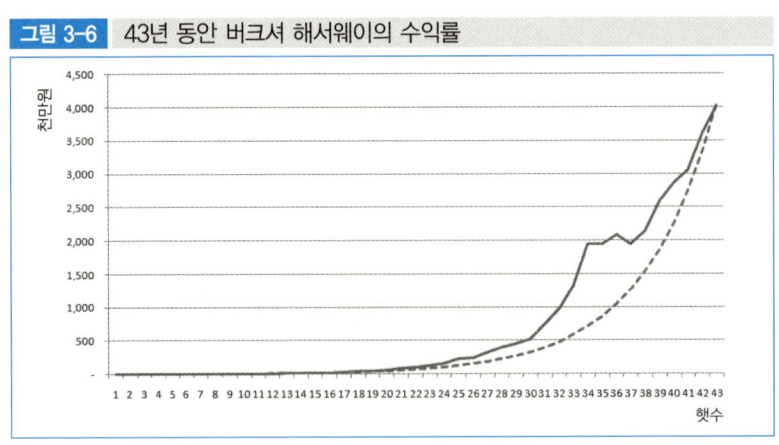

그림 3-6　43년 동안 버크셔 해서웨이의 수익률

그림 3-6은 버핏의 43년간 투자수익률을 차트로 그린 것이다. 실선은 버핏의 실제 투자수익이고 점선은 연평균 21%로 가정한 투자수익이다. 만약 1964년에 버핏에게 1,000만 원을 투자했다면 당신은

2007년 현재 40,110,464,719원으로 400억 원이 넘는 수익을 얻게 된다. 물론 인플레이션에 따른 구매력의 하락을 계산하더라도 400억 원이라면 큰돈임에 틀림이 없다.

주의해서 볼 부분은 30년까지의 수익이다. 최초 투자 시점부터 30년까지의 투자수익은 5억에 미치지 못한다. 그런데 이후 13년간의 투자수익이 395억에 달한다.

이것이 진정한 복리의 마법이다. 눈 덮인 산등성이에서 한 움큼의 눈덩이를 굴렸을 때 43미터 아래의 기슭에 도달한 눈덩이 크기다. 30미터 지점까지는 50배 크기지만 이후 13미터에서 무려 395배로 불어났다. 놀랍지 않은가. 보이지 않는 것을 믿을 수 있는 자만이 복리의 마법을 자신의 것으로 만들 수 있다.

우리들의 목표수익률, "시장 평균+5%!"

여기서 한번쯤 생각해보자. 버핏의 1년 수익률은 21%다. 1년에 21%를 43년간 반복하면 세계 최고의 부자가 될 수 있다. 꼭 그렇다고 볼 수는 없어도 전 세계 10위의 갑부 안에는 들 수 있지 않을까?

로또 1등에 당첨될 확률은 8,145,060분의 1이다. 2002년 11월 영국의 과학저널 《네이처》에 실린 논문에 따르면 런던과 같은 대도시를 휩쓸 만한 소행성은 1,000년에 한 번 지구와 충돌한다고 한다. 그렇다면 매주 동일한 금액으로 로또를 구입하는 사람과 그의 후손들은 지구와 소행성이 충돌하는 일을 세 번이나 겪고 나서야 비로소 1등에 당첨될 수 있다는 이야기가 된다. 매주 10만 원씩 로또를 구입한다면 앞으로도 3,130년 후의 자손들은 1등에 당첨될 가능성이 있다. 또한 사람이 벼락에 맞을 확률은 600만 분의 1이라고 한다. 따라서 로또에 당첨되려면 일단 두 번은 벼락을 맞아야 한다는 이야기인데, 벼락을 두 번 맞으려면 우선은 첫 번째 벼락에서 살아남아야 한다.

2006년 2월 25일을 기준으로 세계 인구는 65억을 돌파했다. 이 중 주식투자가 가능한 인구를 대략 15억만 잡아도 우리가 버핏처럼 될 확률, 즉 최고 주식 부자가 될 확률은 소행성이 45번 충돌하고, 벼락을 최소한 20번 이상은 맞아야 하고, 대략 3만 년 이상 지나야 자손 중 한 명에게 그 가능성이 주어진다고나 할까. 투자금의 크기에 제한이 없을 경우 매년 21%의 평균수익률을 40년 넘게 반복한다는 것이 이런 일이다.

물론 투자금이 비교도 안 되게 작은 일반 투자자들이지만, 사람들에게 목표수익률을 물어보면 대부분 '가능하면 많이'로 답하곤 한다. 하지만 이런 식의 뜬구름 잡는 목표는 허망한 결과로 이어지기가 십상이다. 왜냐하면 시작부터 별생각 없이 투자를 하겠다는 마음가짐을 드러내는 것이기 때문이다.

결과를 만들어내려고 하는 어떤 일이든 반드시 목표가 분명해야 한다. 펀드투자를 통해서 자신이 얻으려 하는 목표가 분명해야지만 뇌동매매를 방지할 수 있다. 목표수익률이란 추상적이며 지극히 개인적인 부분이다. 또한 목표수익률이란 투자기간에 따라 결정되기 때문에 다소 황당할 수도 있다. 예를 들어 한 달 동안 10%라는 목표는 황당하다. 내일의 지수는 귀신도 모르는데 어떻게 목표를 설정할 수 있단 말인가. 하지만 40년간 투자 시의 월 평균 목표를 잡는 것은 가능하다. 그 이유는 평균회귀라는 용어로 설명되는데, 지수는 등락을 거듭하지만 결국은 역사적인 데이터의 움직임 안에 놓여 있다는 의미다.

앞서 세계 최고의 부자가 되는 방법을 살펴보았다. 우리는 연평균 어느 정도의 투자수익률을 목표로 하는 것이 합리적일까? 필자의 개인적인 견해로는 1년에 15% 정도의 수익률이 합리적인 목표라 생각한다. 필자를 비롯한 모든 개인투자자들에게 실현 가능한 목표수익률이다.

뒤에 살펴보겠지만 현재 우리가 시장에서 얻을 수 있는 수익률은 연평균 10% 내외다. 이 정도 수익률은 가만히 있어도 얻을 수 있다는 전제하에 자신의 노력으로 5%의 추가적인 수익을 얻을 수 있는 방법을 살펴보고자 한다.

5%의 추가적인 수익을 얻기 위해서는 약간의 추가적인 공부가 필요하며 무엇보다도 인내심이 필요하다. 먼저 15%의 수익률을 발생시켰을 때의 엄청난 결과를 살펴보기로 하자.

그림 3-7은 맨 아랫부분의 실선은 1,000만 원을 연 수익률 10%로 40년간 투자했을 때를 나타내는데 1,000만 원이 대략 4억 5,000만

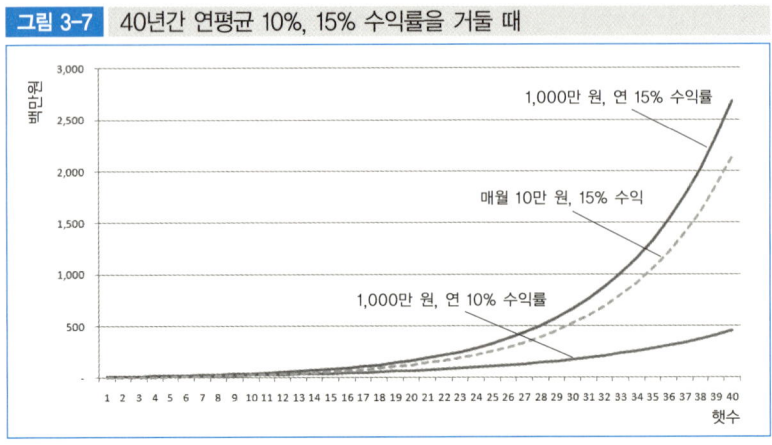

그림 3-7 40년간 연평균 10%, 15% 수익률을 거둘 때

원이 된다. 가장 위의 실선은 15%의 경우로 40년 후에는 26억 7,000만 원 정도의 수익이 된다. 그리고 점선은 현재 1,000만 원을 보유하고 있지 못한 사람들을 위한 그래프다. 즉 현재 투자할 금액 1,000만 원이 없으며 매월 10만 원씩을 투자한다고 가정했을 때, 매년 15%의 수익을 주는 시장에 40년 동안 꾸준히 투자를 한다면 그 결과는 21억 3,400만 원이 된다.

현재 30세인 투자자가 70세 이후의 편안한 노후 생활을 즐기기에 필요한 돈은 연평균 물가상승률 3%를 감안한다 하더라도 20억이면 충분할 것이다. 너무나 쉽다. 그렇다. 원래 이렇게 쉬운 일이다. 하지만 왜 다들 어렵게 생각할까? 그 가장 큰 이유가 탐욕과 무지 때문이라는 것을 우리는 1부에서 살펴보았다.

이렇게 시뮬레이션을 하고 보니 이제는 우리의 목표수익률이 너무나 높다고 고민하는 독자가 있을지 모르겠다. 그렇다면 이를 버핏의 수익률과 비교해보자.

그림 3-8 버핏의 수익률과 우리들의 목표수익률

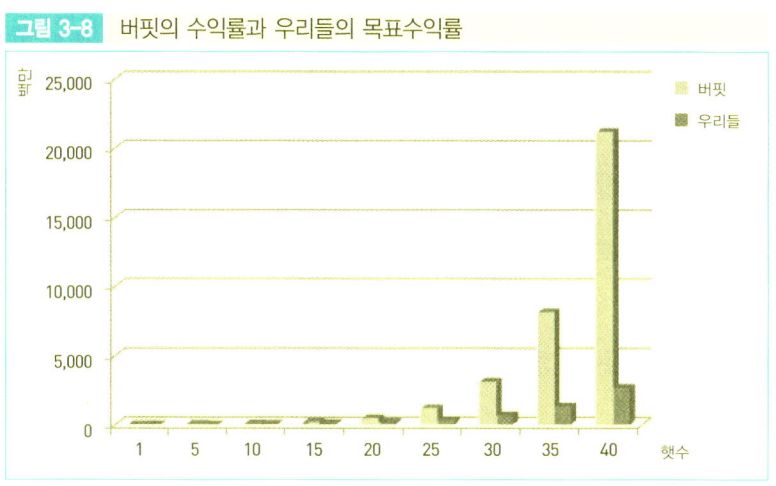

그림 3-8은 버핏의 수익률과 우리가 목표로 하는 수익률을 비교하기 위하여 작성한 그래프다. 20억 원대라는 돈이 커 보였지만, 실제 구현된 버핏의 수익률과 비교해보면 불가능하다고 말할 수 없을 것이다.

일반적으로 투자자들이 간과하기 쉬운 부분 중의 하나가 시간의 힘이다. 믿고 기다릴 수 있는 능력만 있으면 이러한 복리의 마법이 자신의 몫이 될 수 있다. 필자의 경험으로는 주위에 이러한 사람이 흔치는 않음을 알고 있다. 기다릴 수 있는 능력이 있는 사람은 꽤 있다. 보이지 않는 것을 믿을 수 있는 사람도 더러 있다. 하지만 보이지 않는 것을 40년간 믿고 기다릴 수 있는 사람은 많지 않다.

이 책의 나머지 부분은 모두가 그림 3-7의 두 실선 사이의 값 때문에 필요하다. 즉 시장 평균수익률보다 5%의 추가적인 수익을 얻기 위함이다.

Part 4

펀드투자로 시장 평균보다 5% 더 벌자!

인류의 역사는 경험보다는 믿음이 더 많은 것을 가능하게 했다.
칼릴 지브란

많이 벌기보다는
잃지 않는 법부터 배우라

당신은 펀드를 선택할 때 가장 먼저 무엇을 고려하는가? 최근 몇 년간의 운용성과를 중시하는가? 아니면 어떤 펀드매니저가 운용하는 펀드인지를 따져보는가?

1990년 노벨경제학상을 수상한 스탠퍼드대학교의 교수 윌리엄 샤프william sharp는 펀드투자 시 가장 먼저 고려해야 할 사항이 '투자자에게 청구하는 비용이 얼마인가'라고 말했다. 정확한 지적이다. 펀드투자에서 가장 신경을 써야 하는 것이 바로 수수료다. 수수료가 중요한 이유는 펀드의 투자성과는 '수익'이지만 수수료는 내 주머니에서 나가는 진짜 '돈'이기 때문이다.

시장 평균수익률 지키기: 먼저 수수료를 관리하라

일반적으로 대부분의 상품들은 생산원가와 유통마진 등으로 가격이 구성된다. 펀드도 하나의 상품이므로 생산원가와 유통마진이 필요하다. 펀드를 생산하는 곳은 운용사이고 유통시키는 곳은 은행, 증권사, 보험사 같은 금융사(판매사)들이다.

일반적인 펀드의 수수료 체계는 다음과 같이 구분한다. 투자금을 굴려서 수익을 내주는 데 대한 운용수수료, 고객들의 돈을 안전하게 보관해주는 것에 대해 지불하는 수탁수수료, 펀드의 판매나 가격결정 등 사무비용에 대해서 지불하는 사무관리수수료, 펀드를 판매해서 받는 판매수수료, 숨겨둔 또 다른 수수료인 매매중계수수료 등이 있다. 그리고 환매수수료라는 것이 있는데 이것은 일종의 벌칙성 부과금이라고 보면 된다. 환매수수료는 해당 펀드의 포트폴리오에 돈을 수시로 넣었다 뺐다 하면 귀찮기도 하고, 한꺼번에 인출할 사태도 방지하는 등 포트폴리오를 안정적으로 유지하기 위해 일종의 패널티를 적용해놓은 것이다. 90일 이내 환매하면 대략 수익금의 70%를 토해내야 한다.

펀드에서 수수료란 한 번만 내면 되는 비용이고 보수는 매년 때는 비용을 일컫는다. 통상 펀드는 수수료와 보수를 떼는 방식에 따라 클래스가 나뉜다. A클래스는 선취(판매)수수료를 떼는 대신 매년 내야 하는 판매보수가 낮다. B클래스는 A클래스와 동일하지만 수수료를 환매할 때 낸다(후취수수료). C클래스는 (판매)수수료는 없지만 매년 떼는 판매보수가 A, B클래스에 비해 일반적으로 높다.

그런데 실제 우리나라에서는 보수와 수수료가 혼동되어 쓰이고 있어서 가입자가 각별히 신경을 쓰지 않으면 구분하기 힘들게 되어 있다. 예를 들어 판매보수를 판매수수료로 말하는 경우가 있어서 매년 떼이지만 한 번만 내는 비용으로 여길 수 있다. 운용수수료나 매매중개수수료도 마찬가지다. 실상이 그렇기 때문에 어쩌면 각각을 구분하는 것보다 해마다 어느 정도를 떼이는지를 보는 것이 더 중요하다.

주식형펀드의 경우 일반적인 수수료는 투자금 1,000만 원에 대해서 25만 원 정도가 된다. 구체적인 수수료 구성체계를 표로 나타내면 대략 다음과 같다.

표 4-1 주식형펀드의 수수료체계

주식형펀드에 1,000만 원을 투자했을 때 매년 내는 수수료	
판매수수료	17만 원(1.70%)
운용수수료	7만 3,000원(0.73%)
수탁수수료	4,000원(0.04%)
사무관리수수료	3,000원(0.03%)
총액	25만 원(2.5%)

자료: 자산운용협회

은행들 떼돈 벌게 해주는 펀드 판매수수료

표 4-1을 보고 적잖이 놀랐으리라 생각한다. 전체 수수료 중에서 펀드를 판매한 대가로 가져가는 비중이 70%에 가깝다. 판매수수료는 펀드의 품질을 결정하는 것도 아니고 투자자가 펀드를 싸게 사거

나 편리하게 살 수 있도록 하는 서비스 때문에 발생하는 것도 아니다. 더욱이 좋은 펀드만 선택해서 추천해주기 때문에 발생하는 것은 더더욱 아니다. 그런데 가장 비싼 수수료가 판매수수료다. 판매사에서는 펀드를 잘 설명해야 하기 때문에 인건비가 많이 든다고 항변할 수 있을지는 모르지만 잠깐만 생각해봐도 이 역시 말이 안 된다는 것을 알 수 있다.

좋은 펀드와 나쁜 펀드의 기준은 무엇일까? 장황하게 설명할 필요 없이 투자자에게 돈을 많이 벌게 해주면 좋은 펀드, 돈을 잃게 하면 나쁜 펀드다. 그렇다면 판매사들은 자신의 창구진열대에 투자자들에게 돈을 많이 벌어다주는 펀드만 진열해두면 된다. 소비자들이 쇼핑하듯이 선택하면 되니까. 하지만 이것이 현실적으로 불가능한 이유는 각종 이해관계가 얽혀 있기 때문이다.

당신이 두 개의 물건을 판다고 가정해보자. 물건 1은 하나를 팔면 1,000원이 남고 물건 2는 하나를 팔면 100원이 남는다고 할 때 당신은 두 개의 물건 중 어떤 것을 팔기 위해 더 노력하겠는가? 당연히 자신에게 더 많은 이익이 남는 쪽이다. 책의 앞머리에서 이야기한 바 있지만 자신이 찾으면 정보고 자신은 가만히 있는데도 정보가 다가온다면 대체로 광고라는 사실을 기억하자. 은행 창구 앞에서 광고를 듣는 데 귀중한 시간을 소비하는 것보다는 투자자의 학습이 선행되어야 그나마 금융사들의 판매수법(또는 기법)으로 인한 피해를 줄일 수 있다(펀드스쿨은 카페 개설 초기부터 수수료 인하운동을 꾸준히 진행해왔지만 철옹성 금융사들은 요지부동이다. 2008년 말이 되어서야 약간의 반응이 나왔는데 이 역시 눈 가리고 아웅 하는 식이었다).

기절초풍할 만큼 떼어가는 매매중개수수료

매매중개수수료란 펀드매니저들이 펀드의 기초자산이 되는 종목이나 채권, 선물 등을 매매할 때 드는 비용을 말한다. 펀드를 운용하면서 포트폴리오상의 종목 교체가 잦을수록 이런 매매중개수수료는 더 늘어난다.

2009년 6월에 발표된 자료에 따르면 국내에서 판매 중인 펀드의 매매중개수수료율은 0.39%라고 한다. 전체 운용보수 평균(0.748%)의 절반 수준이니 기절초풍하지 않을 수 없다. 매년 떼어가는 이런 보수는 그동안 투자자들에게 고지하지 않는 것이 일반적이었다. 관행적으로 이러한 사실을 소비자들에게 알리지 않는다는 것은 우리나라 금융상품의 유통시스템에 문제가 있다는 것을 시사한다.

다음 표 4-2는 금융투자협회가 밝힌 매매중개수수료 상위 10개 펀드다.

이쯤에서 터무니없는 매매중개수수료의 문제가 왜 발생했는가를 살펴보면 전반적인 우리나라 펀드시장의 실체를 알 수 있다. 매매중개수수료가 높다는 얘기는 그만큼 펀드매니저들이 운용하는 포트폴리오에서 종목의 교체가 잦다는 것이다. 종목의 교체가 왜 잦을까? 당연히 운용하는 사람들이 데이나 스윙 트레이딩 등 단기 매매를 많이 하기 때문이다. 그건 또 왜 그럴까? 펀드매니저들의 이직이 잦다는 것도 중요한 이유 중 하나다. 자산운용협회 자료에 따르면 2007

표 4-2 매매중개수수료가 높은 펀드

운용사	펀드명	설정원본 (억 원)	매매중개수 수료율(bp)	1년 수익률 (%)
한국투신운용	한국투자골드플랜연금증권전환형투자신탁 1(주식)	1,734	246.65	51.88
동양투신운용	동양모아드림증권투자신탁 1(주식)A	1,226	161.93	39.72
우리자산운용	우리코리아블루오션증권투자신탁 1(주식)A	1,743	129.27	44.28
하이자산운용	하이실적포커스증권투자신탁 1(주식)c 1	1,168	122.94	46.53
한국투신운용	한국투자거꾸로증권투자신탁 2(주식)	1,024	118.21	50.98
하이자산운용	하이행복만들기증권투자신탁K-1(주식)	1,367	106.98	49.37
하이자산운용	하이행복만들기증권투자신탁 1(주식)	2,556	106.27	48.97
프랭클린템플턴투신	프랭클린템플턴그로스증권투자신탁 2(주식)	1,550	103.88	52.51
프랭클린템플턴투신	프랭클린템플턴그로스증권투자신탁 5(주식)	1,057	103.36	54.22
동양투신운용	동양밸류스타증권투자신탁 1(주식)A	2,660	100.11	36.57

※ 자료: 금융투자협회, 2009년 10월 말 기준 1년간

년 한 해 동안 국내 펀드 가운데 67%의 상품에서 중간에 펀드매니저가 바뀌었다고 한다.

이유야 어떻든 펀드투자도 사람이 하는 일이다. 사람이 바뀌면 당연히 실적도 달라질 수밖에 없다. 짧은 펀드매니저의 수명은 운용성과의 내실을 저해하고 빈껍데기 펀드의 양산을 부추긴다.

껍데기뿐인 펀드의 숫자는 결국 조용하게 안락사될 펀드의 숫자를 의미한다. 투자자들은 자신의 의지와는 무관하게 제3의 펀드와 통폐합되는 안락사 과정을 지켜보고 있어야만 한다.

펀드가 사라지면 혹시 이득을 보는 사람이 있을까? 당연히 있다. 펀드가 사라진다는 얘기는 또 다른 펀드의 탄생을 의미한다. 그리고 이것은 결국 금융사들의 수수료 소득으로 이어진다. 이런 재미있는 게임의 법칙에 의거해서 은행원들은 틈만 나면 '좀더 비전 있는 펀드로 갈아타세요'라고 조언하는 것이다. 사실 조언이라고 하는 것은

완곡한 표현이다. 정확하게는 협박이 맞다. 현행법상 100억 미만의 규모가 작은 펀드(자투리펀드)는 자산운용사가 투자자 의사와 관계없이 마음대로 해지해도 무방하다고 되어 있다.

자투리펀드가 비전이 없다는 표현은 어느 정도는 맞는 이야기다. 운용사 입장에서는 투자자가 적으니 포트폴리오 운용에 대해 신경도 덜 쓰게 되고, 관리비용 측면에서도 효율이 낮기 때문에 당연히 성적이 좋을 리가 없다. 2008년 초를 기준으로 볼 때 자투리펀드의 84%가 주식형펀드의 평균에도 미치지 못했다.*

현재 국내 펀드 10개 중 6개가 100억 미만이라고 한다. 펀드에 가입할 때 이것저것 귀찮으니 대충 찍으면 자투리펀드에 당첨될 확률이 조금 더 높다. 수수료로 장사하는 은행이나 증권사 입장에서는 사실 이러한 자투리펀드가 많으면 많을수록 좋다. 소비자들은 하나의 상품만 있는 가게보다는 팔리지 않더라도 종류가 많은 가게에 발걸음을 하기 마련이다. 그리고 쇼핑하는 측에서는 상점에서 파는 물건이 많을수록 더 헷갈린다. 그래서 더 많은 시간을 고심해야 하고 결국은 참다못해 창구직원이 좋은 정보라며 추천하는 상품에 관심을 갖는다. 반품할 일도, 재고상품을 보관할 창고도 필요 없는 펀드판매사 입장에서는 어쨌거나 물건이 많을수록 유리하다.

유통업체가 다양한 상품을 공장에 주문하듯이 판매사들도 다양한 종류의 펀드를 운용사에 생산 요청할 수 있다. 과거 산업사회에서는

*중앙일보 2008.03.26

제조업체가 유통을 장악했지만 고도로 산업화된 요즘 같은 정보화사회에서는 유통업체가 주도권을 쥐고 있다. 이런 현상은 펀드의 유통에서도 마찬가지다. 상품을 생산한다는 측면에서 보면 운용사도 하나의 제조업체라 할 수 있다. 보이고, 만질 수 있는 제품을 생산해야 하는 공장에서는 다양한 제품을 생산하려면 생산라인도 신설해야 하고 인원도 더 투입해야 한다. 하지만 보이지도 만져지지도 않는 펀드를 만들어내는 회사에서는 포장지만 살짝 바꿔 새로운 상품으로 탄생시킬 수 있으니 얼마나 간편한 일인가.

최대한 표시나지 않게 살금살금 받아가는 수고비, 판매보수

앞에서 잠깐 수수료와 보수의 차이에 대해 언급했다. 수수료는 한 번 가져가고 보수는 정기적으로 떼어간다고 설명했다. 이제는 펀드에서 보수를 정기적으로 떼어가는 방법을 살펴보자.

그림 4-1 주식형펀드 판매·운용비용의 항목별 비중(2009년 5월 기준)

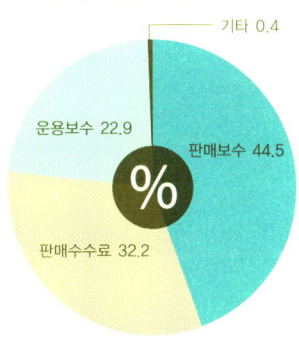

2009년 8월 11일 한겨레신문에 놀라운 기사 하나가 실렸다. 민주

당 국회의원을 통해 금감원으로부터 입수한 데이터에 따르면 그림에서 보는 바와 같이 펀드의 총 비용 중에서 판매보수에 해당하는 부분이 44.5%에 해당한다. 거의 절반에 육박한다. 앞서 살펴본 바로는 우리나라 펀드 판매사들이 밝힌 주식형펀드의 공식적인 보수는 2.5%다(2007년 말 기준). 하지만 이것은 어디까지나 공식적인 데이터이고 매매중개수수료와 판매보수를 더 가져간다. 더욱 놀라운 것은 판매보수를 떼어가는 방식이다.

판매보수의 정체부터 살펴보자. 표 4-1에서 큰 비중을 차지하는 판매수수료는 펀드를 설명해주고 판매한 대가다. 운용보수는 말 그대로 내 돈을 운용해주는 대가로 운용사에 주는 것이다. 하지만 판매보수의 정체는 도대체가 뭘까? 보수는 보상과 비슷한 말로 일종의 수고비다. 판매수고비라면 지점 방문 시 펀드를 선택할 때 잘 몰라서 창구직원이 설명해준 데 대한 것인가? 아리송하지만 그렇게 이해했다고 치자. 그런데 한 번 팔고서 정기적으로 돈을 받아가는 근거는 어디에 있는 것일까? 같은 기사에 금융투자협회 관계자의 인터뷰가 실렸다. "기존 고객에게 판매사가 제공하는 서비스는 없다고 봐도 과언이 아니다"*라는 내용이다.

기가 찰 노릇이다. 한 달에 한두 번 이메일로 보내주는 시장동향은 우표 값도 들지 않는데 해도 해도 너무한 상술이라고밖에는 볼 수 없다. 2006년부터 2008년까지 금융사들이 이러한 고효율적인 판매기

---

*한겨레신문 2009. 8. 11 '은행, 증권사 펀드 판매보수 가만히 앉아서 4조 원 떼갔다'

법을 통해 '땅 짚고 헤엄치기 식으로' 챙겨간 돈이 무려 4조 5,000억 원에 육박한다.*

이 같은 황금알을 낳는 거위 덕분에 금융사들은 당연히 떼돈을 벌었을 것이다. 잠시 과거 성적표를 보자. 2008년 기준 국내 60개 증권사의 순이익(2조 379억 원)에서 판매보수 수입(5,692억 원)이 차지하는 비중은 27.9%나 됐다. 국내 18개 은행의 순이익(7조 9,000억 원)에서 판매보수 수입이 차지하는 비중도 14%(1조 1,023억 원)에 이르렀다.**

소비자들이 체감할 수 없는 이와 같은 숨겨진 비용들은 그간 금융사들에게 안정적이면서 지속적인 수입원이 되어왔다. 그러다가 수수료가 너무 비싸다는 펀드 소비자들의 원성에 2009년 6월 말 정부가 드디어 펀드수수료 선진화방안을 내놓긴 했지만 정작 중요한 '판매보수' 부분이 쏙 빠짐으로써 속 빈 강정이 되고 말았다.

혼합해서 포장하면 새로운 상품

펀드 소비자는 다양한 금융상품을 선택할 수 있다. 2009년 08월 세계투자회사협회가 발표한 우리나라 펀드 수는 9,512개였다(표 4-3). 2009년 1분기 기준으로 전 세계 44개국 중 가장 많은 수치다. 1만여 개에 가까운 펀드 중에서 좋은 성적을 줄 것 같은 펀드를 선택하는 일은 사실상 불가능에 가깝다. 숫자도 숫자거니와 금융사들의

---

*한겨레신문 2009. 8. 11 '은행, 증권사 펀드 판매보수 가만히 앉아서 4조 원 떼갔다'
**한겨레신문 2009. 8. 11 '판매보수 제도개선 번번이 가로막혀'

연막전술 덕분에 소비자는 더더욱 판단을 제대로 할 수가 없다.

표 4-3 국가별 펀드 수 및 순자산 순위

순위	펀드 수 순위(단위: 개)		펀드 순자산 순위(단위: 백만 달러)	
1	한국	9,512	미국	9,243,558
2	룩셈부르크	9,196	룩셈부르크	1,742,219
3	프랑스	8,240	프랑스	1,538,409
4	미국	8,051	호주	808,175
5	브라질	4,302	아일랜드	679,750
6	일본	3,376	일본	520,196
7	아일랜드	3,054	브라질	498,259
8	스페인	2,854	영국	469,192
9	영국	2,244	캐나다	394,710
10	캐나다	2,064	중국	286,139
14			한국	229,283

※ 자료: 세계투자회사협회

손잡이를 잡고 앞으로 당겨도 안 열리고 뒤로 밀어도 안 열리는 문이 있을 때 옆으로 살짝 밀어보면 열리는 수가 있다. 이름마저도 헷갈리는 수많은 펀드 중에서 적절한 펀드를 선택하는 방법은 소비자의 입장이 아니라 생산자의 입장에서 보면 의외로 쉽게 해결될 수도 있다.

펀드가 생산되려면 재료가 필요한데 사실 재료라고 해도 몇 가지가 안 된다. 크게 보면 주식, 채권, 파생 그리고 실물자산 등이 있다. 그리고 국내에 투자하면 국내 펀드, 해외에 투자하면 해외 펀드, 국산품이면 역내 펀드, 외제면 역외 펀드다. 국가가 아니라 특정 지역을 묶으면 지역 펀드, 특정 재료들만 묶어서 만들면 섹터 펀드가 된다.

농수산물이 아닌 공산품이라면 대부분은 단일 재료를 가공해서 새로운 상품을 만든다. 펀드도 마찬가지다. 주식, 채권, 파생, 예금, 실물이라는 천연재료를 섞으면 새로운 가공품이 탄생한다. 원재료인 농수산물보다 가공식품의 가격이 비싸듯이 합성된 펀드와 대부분의 금융상품도 그러한 경향이 있다. 두 상품을 섞으면 아무래도 인건비와 생산설비에 따른 비용(?)이 추가되기 때문인 것으로 보인다.

표 4-4 국내 펀드 유형별 평균 보수 현황 (단위: %)

구분	운용	판매	기타	총보수
주식형	0.77	1.28	0.07	2.07
주식혼합형	1.02	1.14	0.07	2.19
채권혼합형	0.36	0.95	0.06	1.35
채권형	0.19	0.32	0.04	0.48

※ 2008년 5월말 기준
※ 펀드 보수는 전체 자산에 대한 비율
※ 자료: 자산운용협회

가장 비근한 예로 주식과 채권이라는 원재료를 섞어서 만든 혼합형펀드가 있다. 2009년 8월 기준 주식형펀드의 평균 보수는 2.07%, 채권형은 0.48%다. 하지만 혼합형펀드의 평균은 1.27%(주식형과 채권형의 평균)가 아니라 1.77%로 0.5% 더 비싸다.

여기서 발생된 0.5%의 차이를 미미하다고 생각할 수 있으나 이후에 서술되는 복리효과를 보면 느낌이 달라질 것이다. 이처럼 상이한 두 개 이상의 재료로 일단 혼합했다 하면 새로운 상품이 탄생한다. 너무 심하게 섞으면 부동산담보부채권MBS, Mortgage Backed Securities이나 채권담보부증권CBO, Collateralized Bond Obligation, 그리고 이를 또 한 번 묶은 CBO펀드와 같이 정말 복잡해서 판 사람조차 누구에게 팔았는지 모르는 경우도 생긴다.

비엔나커피는 크림과 키피를 혼합해서 만든다. 이 커피는 일반 원

두커피보다 부드럽고 달콤하며 커피 위의 하얀 크림은 새로운 커피 맛을 선사한다. 투자자들은 비엔나커피의 전혀 새로운 느낌(이익)을 기대하면서 혼합된 금융상품을 선택하곤 한다. 하지만 식품을 혼합하는 것과 금융상품을 혼합하는 것은 개념이 다르다. 금융상품에서 말하는 비엔나커피란 새로운 맛이라기보다는 각각 다른 용기에 담긴 커피와 크림을 먹는 것이라고 말하는 게 더 정확하겠다.

독자들이 시중에서 흔히 접할 수 있는 혼합물(금융상품)과 원료(기초자산)의 대략적인 정리는 다음과 같다.

표 4-5 혼합형 펀드와 기초자산 (단위: %)

	한국식 이름	상품구조	대표적 성격	판매회사
ELS	주가연계증권	채권+옵션	유가증권	증권사
ELD	개별주가연동예금	예금+워런트	예금	은행
ELF	주가지수연계펀드	채권+주식워런트	채권형펀드	투신사
변액		펀드+보험	보험	보험사

대부분의 경우 이러한 상품은 순수원료 자체만으로 투자할 때가 훨씬 더 효과적이다. 예를 들어 변액상품의 경우 보험 따로 펀드 따로 가입하는 것이 훨씬 유리하다. 적어도 혼합한 기술적 비용과 광고비, 판매사원들의 수수료를 내지 않아도 되기 때문이다.

이름만 얼핏 들어서는 개념이 이해되지 않는 금융상품들은 대부분 전문가들의 설명이 필요하므로 섣불리 가입하지 않는 것이 좋다. 금융상품 소개 팸플릿에 다음과 같은 문구가 포함된 경우는 각별한 주의가 요구된다. '신개념 금융상품', '최첨단 금융상품', '원금보장 상품' 등.

한번 생각해보자. 당신이 만약 주식, 부동산, 채권 등 모든 투자에서 초절정 고수이고 누군가에게 투자를 유치해야 하는 상황이라고 가정하자. 당신은 어떤 조건을 내걸겠는가?

"투자해서 수익 나면 50:50으로 가집니다. 그리고 투자기한은 2년으로 합니다"와 같이 짤막한 몇 줄의 조건이면 충분히 계약이 이루어질 수 있다. 하지만 "원금보장은 됩니다. 다만, 코스피지수가 상하 15% 이상 변동한 날은 원금보장이 안 됩니다. 또한 선물지수가 갑자기 급등해버리면 손실이 나므로 당신이 모두 책임져야 합니다"와 같이 복잡하거나 쉽게 이해하기 힘든 조건이라면 무엇을 의미할까?

누구든 '계약서를 마련한 사람'은 이미 자신은 손해를 덜 볼 수 있는 사항을 계약서에 기재해놓는다. 계약조건이 길면 길수록, 이해하기 어려우면 어려울수록 계약서를 마련한 사람에게 유리한 건 당연지사 아니겠는가?

모든 투자의 기본 중 하나는 모르면 투자하지 않는 것이다! 이해하지 못하면 소유할 수 없다는 말이 있듯이 이해하기 힘들면 그냥 소유하지 않으면 된다. 당신의 자녀가 초등학생이라면 자녀에게 새로운 금융상품을 설명해보고 자녀가 어려워하는 조건이 있을 경우 그 투자상품은 아예 관심권에서 멀리하는 것이 한정된 투자자금의 기회비용 측면에서도 훨씬 유리할 것이다.

수수료 때문에 공중분해되는 투자수익

지금까지의 서술에 적잖이 놀랐으리라 생각한다. 하지만 진짜 놀랄 일은 지금부터다.

먼저 금융사들이 펀드판매로 올린 수입의 규모부터 체크해보자.

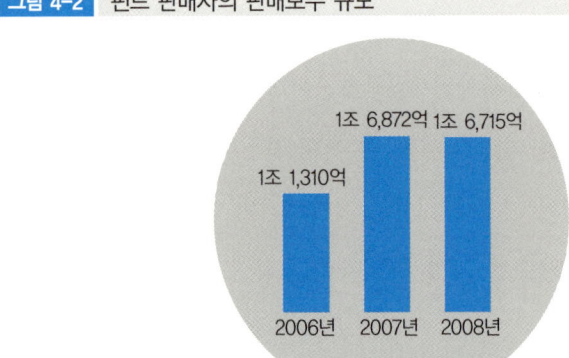

그림 4-2 펀드 판매사의 판매보수 규모

합계 4조 4,897억 원

※ 자료: 금융감독원

국내에서 펀드를 판매하고 하고 있는 17개 은행과 41개 증권사가 지난 2006년부터 2008년까지 3년간(회계연도 기준) 펀드 판매보수 명목으로 벌어들인 돈은 모두 4조 4,897억 원으로 나타났다(그림 4-2 참조).

금융거래는 제로섬게임이라고 했는데 절대 제로섬게임이 될 수 없는 이유가 바로 이러한 수수료들이 있기 때문이다. 이 같은 돈이 얼마나 큰돈인지 실감이 나지 않는 독자들을 위해서 이제 슬슬 정리를 해보자.

먼저 판매보수가 전체 보수에서 44.5%를 차지한다고 했다. 그리고 매매중개수수료가 전체 자산에서 6.77%를 차지한다고 했다. 물론 최악의 경우에 그렇다는 이야기다. 투자자가 사전에 펀드 보수체계를 잘 모르고 운이 없어 최악의 펀드에 가입했다고 가정해서 수수료를 다시 계산해보자.

표 4-6 상당히 운이 나쁜 경우에 지불해야 할 펀드보수

	항목	전체 자산 대비	전체 자산=투자금+수익
공식보수	운용수수료	1.7%	
	판매수수료	0.73%	
	수탁수수료	0.04%	
	사무관리수수료	0.03%	
	소계	2.5%	
비공식보수	매매중개수수료	2%	최악의 경우는 투자금의 6.77%
	판매보수	1%	최악의 경우는 전체 보수의 44.5%
	소계	3%	
	합계	5.5%	

※ 환매패널티(수익의 70%)는 없는 것으로 가정
※ 기타 더 이상의 수수료는 없는 것으로 가정

위와 같이 대충 어림잡아도 5%가 넘는 보수가 나온다. 물론 이것은 운이 나쁠 경우다. 하지만 신문기사나 각종 발표 자료들을 종합해서 추정해보면 일반적인 펀드들도 공식적인 수수료의 1.5~2배 정도에 실질적인 총보수가 형성되는 것으로 추정할 수 있다.

만약 1억 원을 펀드에 투자한다면 매년 500만 원이 넘는 '진짜 돈'이 은행과 증권사의 배를 불려주는 데 들어간다. 만약 생계가 금융사의 존폐에 달려 있거나 은행이나 증권사의 주식을 대규모로 보

유하고 있지 않다면 굳이 비싼 수수료를 지불하면서 펀드를 유지할 필요는 없을 것이다.

지금부터 수수료가 투자수익에 미치는 영향을 살펴보고자 한다. 결과를 보면 윌리엄 샤프의 말을 충분히 이해할 것이다.

수수료 1%의 차이는 장기 투자 시 수익률에서 천지 차이

수수료를 매년 떼어간다는 것은 결국 투자원금이 불어나면 지급해야 할 수수료 역시 불어난다는 것을 의미한다. 앞서 논의된 내용을 실제 계산기를 두드려가면서 살펴보도록 하자. 다음 표는 1,000만 원을 투자하여 시장수익률 10%를 거둔다고 가정했을 때 수익률을 나타낸 것이다.

표 4-7 50년간 평균 상승률 10% 가정 시 수수료에 따른 투자자의 수익 비교

	A	B	G	H	I	J	O	P	Q	R
1		10%	10%		1% 수수료적용		10%		3% 수수료적용	
2		투자원금	투자원금	수수료	투자수익	비율	투자원금	수수료	투자수익	비율
3	첫해	10,000,000	10,000,000				10,000,000			
4	1년	11,000,000	10,900,000	100,000	900,000	11.1%	10,700,000	300,000	700,000	42.9%
8	5년	16,105,100	15,386,240	141,158	1,270,423	11.1%	14,025,517	393,239	917,557	42.9%
13	10년	25,937,425	23,673,637	217,189	1,954,704	11.1%	19,671,514	551,538	1,286,921	42.9%
23	20년	67,274,999	56,044,108	514,166	4,627,495	11.1%	38,696,845	1,084,958	2,531,569	42.9%
33	30년	174,494,023	132,676,785	1,217,218	10,954,964	11.1%	76,122,550	2,134,277	4,979,980	42.9%
43	40년	452,592,556	314,094,201	2,881,598	25,934,384	11.1%	149,744,578	4,198,446	9,796,374	42.9%
53	50년	1,173,908,529	743,575,201	6,821,791	61,396,117	11.1%	294,570,251	8,258,979	19,270,951	42.9%

먼저 매년 평균수익률 10%를 가정할 때 1,000만 원을 투자했다면 50년 후에 투자자의 자금은 11억 7,000만 원 이상으로 불어나게 된다. 물론 수수료와 세금 등을 감안하지 않은 수치다.

두 번째는 같은 조건에서 1%의 수수료를 적용했을 경우다. 자금이

7억 4,000만 원으로 수수료가 없는 경우에 비해 4억 3,000만 원이나 줄어든다. 다소 억울하다는 생각이 들긴 하지만 7억도 큰돈이므로 참기로 한다.

그런데 같은 조건에서 3%의 수수료를 적용했을 경우의 결과를 살펴보자. 똑같이 최초 1,000만 원으로 출발했지만 2억 9,000만이라는 엄청나게 억울(?)한 결과를 얻게 됐다.

당신이 1,000만 원을 3% 수수료가 적용되는 펀드에 투자했는데 50년 후에 2억 9,000만 원을 받을 수 있다는 연락이 왔다면 분명히 기쁜 소식이 될 것이다. 하지만 슬픈 소식도 있다. 옆집 아주머니는 수수료 1%짜리 저렴한 펀드에 투자해서 당신보다 두 배가 넘는 7억 4,000만 원을 받게 됐다는 사실이다. 발생된 이익금도 크고 하니 뭐 그럴 수도 있다고 스스로 위안을 삼을 수 있을 것이다.

하지만 수수료 2%의 차이 때문에 실질적인 투자수입 2억 9,000만 원의 두 배에 가까운 4억 5,000만 원이 사라졌다는 사실을 알게 되면 아마 그날 밤은 편히 잘 수 없을 것이다.

2%라는 미미한 각도의 차이가 50년 후에는 엄청난 결과로 나타날 수 있다는 사실을 꼭 기억하기 바란다. 하지만 오해는 하지 말라. 사라진 금액을 모두 금융사에서 가져간 것은 아니다. 그냥 공중분해되었다고 생각하자.

그럼 과연 증권사는 얼마의 수익을 가져가는 것일까? 표 4-8을 참고하자.

표 4-8 투자자의 실제 수익 대비 금융사의 수입 비율 (단위: %)

수익률	0.5% 수수료	1% 수수료	2% 수수료	3% 수수료	5% 수수료
10%	5.3	11.1	25	42.9	66.7
8%	6.7	14.3	33.3	60	100
5%	11.1	25	66.71	50	400

시장 상승률에 따른 납부해야 할 수수료와 투자수익과의 상관관계다. 투자자산에서 수수료를 부과하기 때문에 만약 자산이 줄어든다면 금융사들의 수수료 역시 미미하게나마 줄어들 수는 있다. 하지만 그것을 손실이라고 보기는 어렵다. 이 정도 조금 덜 버는 것은 조금 후에 보게 될 거의 못 버는 것에 비하면 아무것도 아니다.

만약 시장의 상승률이 10%일 경우 수수료가 없다면 당신은 1,000만 원 투자로 100만 원의 수익을 올릴 수 있다. 이때 만약 수수료가 2%라면 투자원금 대비 2%인 20만 원을 수수료로 지급한다. 이 말을 약간만 바꾸어보면 느낌이 달라진다. 원래 수익 100만 원에서 금융사 수익 20만 원을 공제하면, 실제 수익은 80만 원이 된다. 그러므로 '원래 수익 100만 원'이라는 말은 정확한 표현이 아니다. 그중 일부가 수익이라고 해야 한다. 금융사 역시 그중 20%를 수수료를 받아가기 때문이다. 투자자의 수익 80만 원과 비교할 때 수수료 20만 원은 25%에 달한다. 위의 표는 이런 기준으로 작성된 것이다.

이번에는 수수료 4%의 경우다. 만약 10%의 시장 상승률하에서 수수료 4%짜리 펀드에 가입했다면 투자수익 대비 66.7%의 비용을 부담해야 한다. 생각보다는 충격이 큰가? 4% 수수료 조건에서 국내 주식형펀드에 1,000만 원을 투자했고 코스피지수가 5% 상승한다면 금융사가 가져가는 수익은 당신 수익의 400%, 즉 세 배에 해당한다. 5% 상승 시 총 투자수익 50만 원을 4등분해서 주머니에 담는다면 금융사는 세 개의 주머니를 가져가고 당신은 주머니 한 개를 가져가면 된다는 이야기다. 일반적인 펀드가 4%의 수수료를 공제한다고 가정하다니 너무 심하다고 생각되는 독자는 앞의 글을 다시 한번 읽어보라.

따라서 금융사에서 발행하는 팸플릿은 항상 주의 깊게 살펴봐야 한다.

"이 펀드에 투자하면 2%의 수수료를 지불해야 합니다."

이 말을 좀더 정밀하게 해석해보면 이런 내용이 될 수도 있다.

"이 펀드에 투자하면 공식적인 2%의 수수료와 함께 관행적인 2%의 수수료를 더 납부해야 할 경우도 있습니다. 관행적인 2%는 통상 투자자에게 충격이 될 수 있으니 매일 소리 없이, 표시 나지 않게 살금살금 인출하도록 하겠습니다. 주식시장이 10% 상승해서 우리가 투자수익 절반 이상을 가져가더라도 당신은 눈치채지 못하므로 건강상의 큰 스트레스는 유발하지 않을 것입니다. 그리고 혹시 시장이 1년간 5% 정도로 미미하게 상승하더라도 우리는 투자를 통해서 당신이 얻는 수익의 세 배 이상을 수수료로 가져갈 것입니다. 또한 만약 투자가 잘못된 해에는 당신은 투자원금이 줄어 손해를 보게 되겠지만 당신의 손실과는 전혀 상관없이 우리는 항상 수익 중일 것입니다."

정당한 이윤과 폭리는 개념이 다르다. 정당한 이윤은 합리적인 소비자의 합리적인 기대치이지만 폭리는 합리적인 소비자를 기만하는 행위에 가깝다. 따라서 비합리적인 수수료체계는 결과적으로 오래 지속될 수도 없을 것이다. 소비자들의 외면은 결국 판매자의 손실을 의미한다. 판매사가 똑똑해지는 속도만큼 소비자들도 빠르게 똑똑해지고 있기 때문이다.

누구의 몫도 되지 못하고 공중으로 사라져버리는 돈

시장이 상승한 데 비하여 수수료가 높아서 수익이 형편없다고 하더라도 사라진 수익을 금융사가 갖는 것은 아니다. 그냥 공중으로 날아가 버린다고 생각하면 된다.

다음은 수수료 차이에 의해서 수익이 공중분해되는 과정을 시뮬레이션해본 것이다.

표 4-9 수수료 차이에 따라 사라지는 수익금 비율

	A	B	I	L	M	AA	AD	AE
1		연평균10%상승		1%수수료적용			4%수수료적용	
3			투자원금	투자원금	사라진비율	시장대비	투자원금	사라진수익	비중
5	1년	11,000,000	10,900,000	100,000	0.9%	10,600,000	400,000	3.6%
9	5년	16,105,100	15,386,240	718,860	4.5%	13,382,256	2,722,844	16.9%
14	10년	25,937,425	23,673,637	2,263,788	8.7%	17,908,477	8,028,948	31.0%
24	20년	67,274,999	56,044,108	11,230,892	16.7%	32,071,355	35,203,645	52.3%
34	30년	174,494,023	132,676,785	41,817,238	24.0%	57,434,912	117,059,111	67.1%
44	40년	452,592,556	314,094,201	138,498,355	30.6%	102,857,179	349,735,376	77.3%
54	50년	1,173,908,529	743,575,201	430,333,328	36.7%	184,201,543	989,706,986	84.3%

동일한 펀드라도 거치식으로 1,000만 원을 투자했다고 가정하여 수수료 변화에 따른 장기 수익률의 변화를 나타낸 것이다.

만약 1%짜리 수수료의 펀드를 선택한다면 처음 5년간은 4.5%에 해당하는 72만 원 정도의 비교적 합리적인 수준의 수익만이 사라질 뿐이다. 하지만 50년 후를 보면 조금 생각이 달라질 것이다. 총 투자

금의 36.7%가 사라진다. 투자금은 1,000만 원에서 7억 5,000만 원으로 불어났지만 사라진 수익 역시 만만치가 않다. 수익의 반이 넘는 4억 3,000만 원이 사라진 것이다.

이보다 더한 경우는 4%짜리 수수료일 때다. 처음 5년은 16.9%의 수익이 사라진다. 좋은 펀드를 선택해서 최상의 성적을 내는 펀드라면 그리 아깝지 않은 금액이다. 하지만 50년 후를 보자. 무려 84.3%의 수익이 사라진다. 투자금은 1,000만 원이 1억 8,000만 원으로 불어났지만 공중분해된 금액은 무려 10억에 육박한다. 50년 전에 해본 제비뽑기의 결과 치고는 너무나 큰 대가다. 공중분해된 수익을 막대 그래프로 그려보면 훨씬 이해하기 쉽다. 그림 4-3에서 시장수익과 각 비율별 수수료 막대와의 차액만큼이 공중으로 사라져버리는 돈이다.

그림 4-3 지수 상승 10% 가정 시 수수료별 수익들

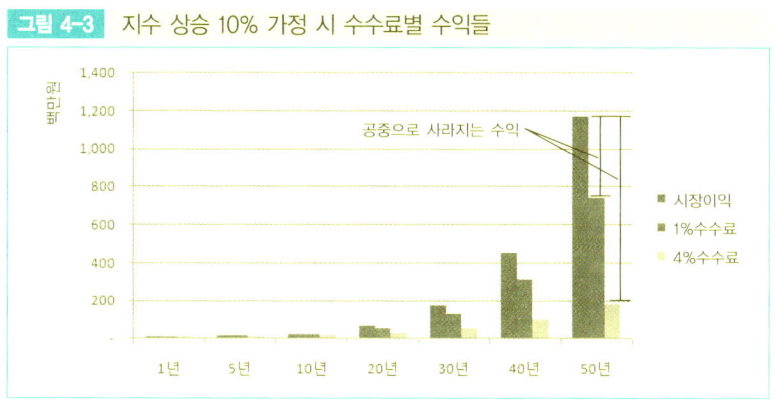

만약 수수료를 전혀 떼지 않고 코스피지수를 그대로 추종하는 투자방법이 있다면 1,000만 원을 투자한 투자자는 현재의 20대가 은퇴하는 50년 후에는 11억 7,000만 원을 쥐게 된다. 하지만 1%의 수수

료라면 36.7%가 사라지고, 4%라면 84.3%가 공중분해된다.

따라서 은퇴수단이나 노후대비를 위해 투자금이 복리로 늘어나길 바란다면 어떤 금융상품을 선택해야 하는지 철저하게 공부해야 한다. 비단 펀드뿐만 아니라 시중에서 광고되고 판매되는 대부분의 금융상품들에는 이러한 공중분해의 진실이 숨어 있다. 공중분해는 결국 기회비용의 상실을 의미한다. 또한 시간의 힘은 복리라는 수익의 지렛대로 작용하는 만큼 제대로 선택하고 장기적인 목표를 가져야 한다.

시간과 복리의 힘이 합해지면 마법의 힘이 생긴다. 인생의 후반부 당신의 자산을 표시하는 막대 그래프를 두 배로 늘려주기도 하고 반의 반 토막으로 줄여버리기도 한다. 따라서 당신이 펀드라는 세계에서 복리라는 마법을 사용하고자 한다면 외워야 할 주문은 '아브라카타브라'가 아니라 '수수료싼펀드'가 되어야 한다.

이런 펀드에 이렇게 투자하라: 주식형펀드, 적립식, 15년 이상

앞서 살펴본 내용들을 잠깐 정리해보자. 먼저 기관과 개인들은 누가 더 좋은 성적을 냈는가? 기관이다. 따라서 주식시장에서 우리는 기관에 대항하여 그들이 가져갈 몫을 빼앗아오려고 하기보다는 펀드를 통해 기관의 등에 올라타는 것이 유리하다는 사실을 알았다. 그리고 또 한 가지, 기관들이 운영하는 여러 개의 펀드들 중에서 시장 평균을 상회하는 펀드를 선택할 확률이 지극히 낮다는 것도 확인했다. 그럼 이제 남은 것은 확실해진다. 바로 시간이다. 펀드투자에서 시간과 관련된 가장 중요한 변수 두 가지는 바로 투자기간과 타이밍이다.

펀드 선택: 당신의 실력을 테스트해봅시다

세상의 어떠한 일이든 산출이 얻어지기 위해서는 투입되는 것이 있어야 한다. 대규모 사업체를 운영하든 전문직이든 아니면 평범한 샐러리맨으로 살아가든 세상에 존재하는 모든 경제행위가 마찬가지다. 노력 없이 얻어지는 것은 없다.

하지만 주식시장은 조금 다르다. 초보 투자자들에게는 약간의 패러다임의 전환이 필요하다. 세상 대부분의 일들은 보통 열심히 한 만큼 결과가 얻어지지만 주식시장에서도 노력과 결과 값이 비례할 것이라고 생각한다면 큰 착각이다. 물론 노력하지 않는다면 얻어지는 것은 없을 것이다. 요행이나 운으로 수익을 얻으려 한다면 더욱 큰 오산이다. 주식시장에서는 단 1%의 행운도 허락되지 않는다.

주식시장에서 수익을 내는 것은 너무나 재미있고 짜릿하고 흥분되는 일이어서 중추신경계에서 넘쳐나는 아드레날린에 의해 중독이라는 늪에 빠지기 십상이다. 따라서 우연히 수익을 발생시켰더라도 평생 동안 주식시장을 떠나지 않는 한 투자자는 결국 실력의 지배를 받을 수밖에 없다.

이제부터 필자는 독자들의 투자실력을 테스트해보려고 한다. 앞으로의 문제 중에서 모든 문제를 맞춘다면 당신은 최소한 잃지 않는 투자법을 알고 있는 것이다.

복리의 비밀 첫 번째 문제는 다음과 같다.

다음과 같이 수익률이 예상되는 네 가지 펀드가 있다.

표 4-10 수익률이 다른 네 가지 펀드

	A펀드	B펀드	C펀드	D펀드
1년	5%	-9%	12%	-1%
2년	9%	12%	11%	-7%
3년	5%	-1%	18%	-1%
4년	7%	11%	11%	-9%
5년	1%	11%	21%	-5%
6년	3%	-7%	-1%	12%
7년	4%	-1%	-7%	11%
8년	8%	18%	-1%	18%
9년	2%	-5%	-9%	11%
10년	6%	21%	-5%	21%
합계	50.0%	50.0%	50.0%	50.0%
평균	5.0%	5.0%	5.0%	5.0%

A펀드의 매년 수익률은 단 한 번도 10%에 미치지 못한 반면 B펀드는 마이너스 수익이 있기도 하지만 대체로 10~20%에 가까운 수익을 내고 있다. 그리고 C펀드는 초반 5년은 연이은 수익이고 후반은 연이은 손실이다. D펀드는 C펀드와 반대의 경우다. 네 개의 펀드는 모두 산술적인 수익률의 합이 동일하고 연평균 5%의 수익률을 보이고 있다. 이 중 당신은 어떤 펀드를 선택하겠는가?

결과는 다음과 같다.

표 4-11 수익률별 결과

A펀드	B펀드	C펀드	D펀드
16,244,659	15,525,646	15,525,646	15,525,646

A펀드가 수익금이 가장 많다. 그리고 B, C, D는 모두 동일하다. 동일한 상승률을 보이더라도 잃지 않는 것이 얼마나 중요한가를 보

여주고 있다. 그리고 주식시장에서 수익을 내기가 얼마나 어려운가를 말하고 있다.

쉽게 생각할 때 100에서 반을 잃으면 -50%라는 손실이 된다. 50%를 잃었으므로 50%를 다시 벌면 원금이 될 것이라고 생각하는 사람들이 많다. 하지만 그렇지 않다. 시장이 속이는 것이 아니라 당신이 착각하고 있는 것이다. 또한 그 반대의 경우도 마찬가지다. 동일한 비율만큼 얻고 잃고를 반복하면 두 경우 모두 잃고 마는 결과가 나온다.

믿지 못하겠다면 표 4-12를 참고하라. A는 원금 1,000만 원을 투자해서 1년 동안 50%의 수익을 낸 후 2년째에 50% 손실을 봄으로써 750만 원이 되었다. B는 처음에 손실을 입은 후 2년째에 수익을 얻었지만 초기의 원금을 회복하지 못했다.

표 4-12 선수익 후손실 vs 선손실 후수익

	50% 수익 후 50% 손실의 경우(A)			50% 손실 후 50% 수익의 경우(B)		
	투자원금	수익률	원금+수익	투자원금	수익률	원금+수익
1년	1,000	50%	1,500	1,000	-50%	500
2년	1,500	-50%	750	500	50%	750

시장에 참여한 투자자는 단순히 심리적인 이유만으로 상당히 많은 결정을 내린다. 현실적으로 A와 같은 투자자는 최초 1년 또는 한 달간은 승리의 기분에 도취되어 씀씀이를 키운다. 이렇게 되면 2개월 후에 남은 자산은 더욱 줄어들 수밖에 없다.

최초의 기간 동안 50%의 손실을 본 B의 경우도 나을 것은 없다. 운 나쁘게 투자한 첫 달 원금이 반 토막이 났다고 가정해보라. 일상생활이 손에 잡히겠는가? 모든 관심이 주식시장에 쏠리고 미국 시장의 움직임을 관찰하느라 밤잠을 설치기도 일쑤일 것이다. 이 역시 장기적으로 보면 투자자의 잔고 하강 속도를 부추기는 요인이 된다.

자, 이젠 복리의 비밀 두 번째 문을 열어볼 시간이다. 그림 4-4와 같이 주가가 움직인다고 가정할 때 다음 세 투자자들의 최종 잔고는 어떻게 될 것인지 예상해보라.

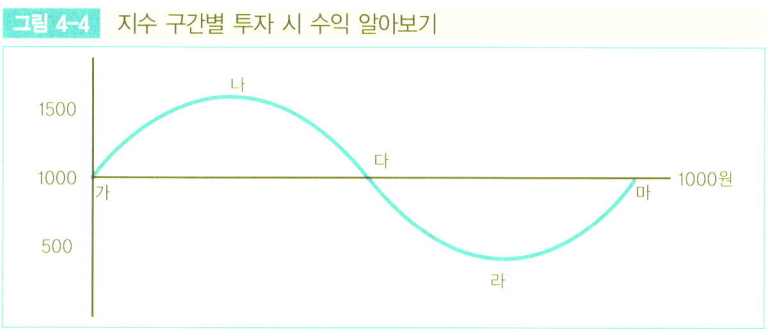

그림 4-4 지수 구간별 투자 시 수익 알아보기

총 4개월간 투자를 한다고 가정한다. 현재의 주가지수 1000에서 최초 1개월은 1500까지 상승하였다. 이후 다시 원점인 1000포인트까지 내려왔다가 3개월째는 500까지 하락했다. 그리고 마지막 달에는 다시 1000포인트를 회복했다고 가정한다. 세 명의 투자자가 모두 동일한 종목에 투자하였다.

① 1번 투자자는 40만 원을 가 지점에서 투자해서 마 지점에서 모두 팔았다.

② 2번 투자자는 40만 원을 4등분해서 가~라 지점에서 각각 균등

하게 10만 원씩을 투자했다가 마 지점에서 전량 매도했다.

③ 3번 투자자는 40만 원 중 절반인 20만 원만을 가 지점에서 투자하여 마 지점에서 모두 매도했다.

이 경우 가장 큰 수익을 낸 투자자는 누가 될까?

표 4-13 1번 투자자의 수익률

	주가	상승률	매수금액(원)	매수량	수익률
가	1,000	0%	400,000	400	
나	1,500	50%		0	
다	1,000	0%		0	
라	500	-50%		0	
마	1,000	0%	매도		
계			400,000	40	0.00%

1번 투자자부터 살펴보자. 주가가 1000포인트에서 1000포인트로 되돌아왔으니 투자수익률은 '0'이라고 생각할 것이다. 맞다. 1000포인트에서 400주를 가 지점에서 매수(400×1000=400,000원)했다가 마 지점에서 모두 매도했다면 수익률은 0%가 된다. 따라서 수수료 손실만 공제하면 된다.

매월 일정한 금액, 정액적립식으로 투자한 2번의 결과는 표 4-14와 같다.

각각의 시점에 따라 매입 주식수가 달라져서 비쌀 때 적은 주식을 사고 쌀 때 많은 주식을 사서 총 467주를 매수할 수 있었다. 마 지점에서 매도(467×1000=467,000원)했을 때 수익률은 16.75% {(467,000-400,000)/400,000}가 된다.

분할매수의 위력을 실감했는가? 믿기지 않는 독자들은 다시 한번

표 4-14 2번 투자자의 수익률

	주가	상승률	매수금액(원)	매수량	수익률
가	1,000	0%	100,000	100	
나	1,500	50%	100,500	67	
다	1,000	0%	100,000	100	
라	500	-50%	100,000	200	
마	1,000	0%	매도		
계			400,500	467	16.75%

찬찬히 살펴보라.

3번 투자자는 1번 투자자에 비해 투자금액이 절반이므로 당연히 수수료 손실도 절반이다. 따라서 수익률은 2번〉3번〉1번순이다.

주식형펀드에 15년 이상 투자하라

시세의 기복에 따라 많은 개인투자자들이 우왕좌왕한다. 단기적인 시세의 변동 때문에 밤잠 못 이루며 시장을 지켜보고 스트레스를 받는 것은 투자의 성패를 떠나 돈보다 더 중요한 건강을 잃기 십상이다. 이러한 문제를 극복하기 위해서는 의연한 자세와 마인드가 필요하다. 하지만 그것은 말처럼 쉽지 않다. 이럴 때 역사적인 시장 승률을 따져본다면 한결 편하게 투자에 임할 수 있다. 다음 그림은 앞서 본 표 3-2와 3-3의 데이터를 기초로 투자기간별 승률을 나타낸 것이다.

그림에서 1년간의 투자승률은 한국 56.3%, 미국은 72.5%다. 그리

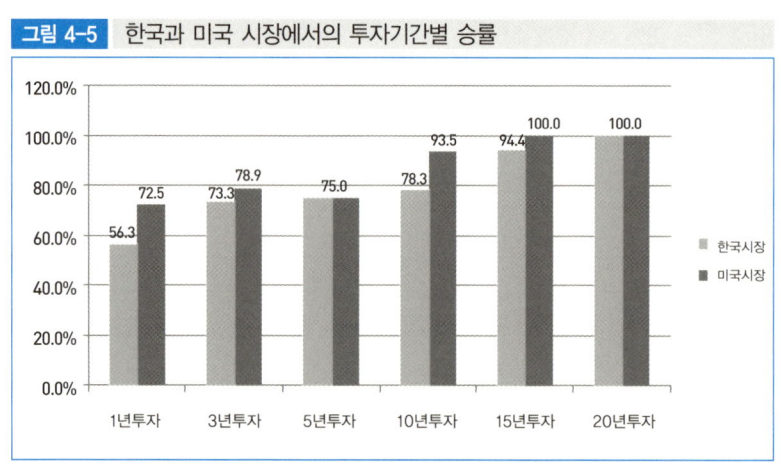

그림 4-5 한국과 미국 시장에서의 투자기간별 승률

고 원금을 잃을 확률이 제로가 되는 시점은 미국 시장의 경우 15년 이상, 한국 시장의 경우 20년 이상이 된다는 결과를 보여준다(이 비율은 주가상승률이 아니라 승률이라는 점에 주의하자).

이와 함께 또 하나의 데이터를 참고하기 바란다.

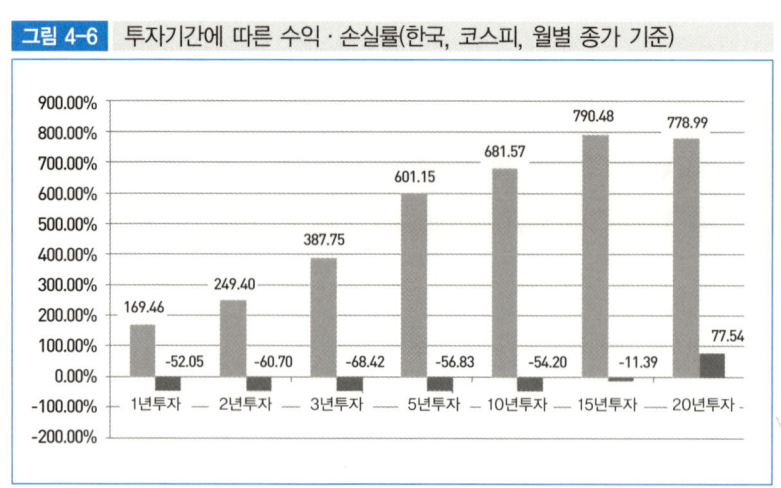

그림 4-6 투자기간에 따른 수익·손실률(한국, 코스피, 월별 종가 기준)

그림에서 보면 우리나라의 경우 1년간 투자할 때 거둘 수 있는 최대 수익률은 169.46%이고 최대 손실률은 −52.05%다. 좀더 알기 쉽게 해석을 해보면 '1년 동안 거둘 수 있는 최대 수익은 원금의 두 배 미만이고, 잃을 경우에는 원금이 반 토막 난다'고 표현할 수 있다. 20년간 투자를 한다고 가정했을 때 가장 운이 좋을 경우 778.99%의 수익률을 얻을 수 있으며 가장 운이 나쁠 경우에는 77.54%의 수익률을 얻을 수 있다는 것을 나타낸다.

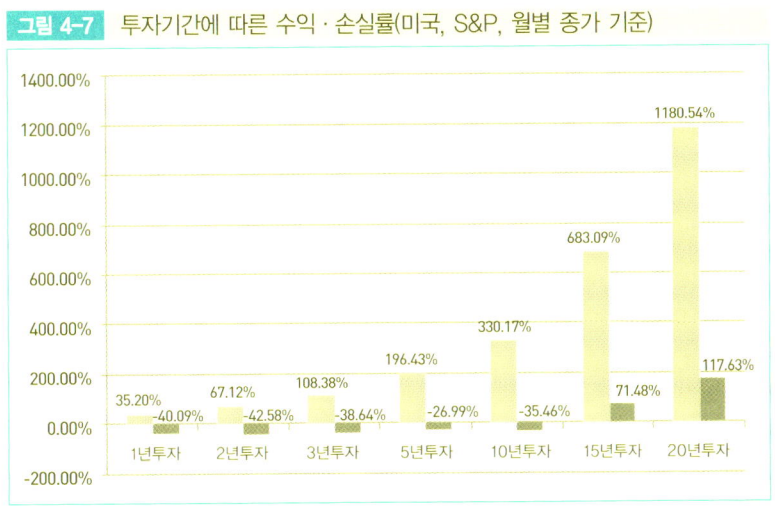

그림 4-7 투자기간에 따른 수익·손실률(미국, S&P, 월별 종가 기준)

우리 시장보다는 다소 크고 안정적인 미국 시장의 경우를 보면(그림 4-7) 1년간 투자했을 때 최선과 최악의 수익률은 35.20%와 −40.09%다. 또한 20년 동안 투자를 했다면 아무리 운이 나쁘더라도 177.63%의 수익을 얻을 수 있다는 것을 보여준다.

이로써 우리는 어떤 펀드에 투자할 것인가에 대해 한 걸음 더 다가

왔다. 수많은 투자 대상 중에서 역사적으로 가장 높은 수익률을 기록한 주식에 투자하되 직접투자보다 안정적인 펀드, 주식 편입 비중이 높은 주식형펀드에 투자한다는 것이다. 그리고 투자 기간이 적어도 15년을 경과하면 원금 손실의 염려 없이 복리의 마법을 누릴 수 있다는 결론까지 이르렀다. 다음에는 어떻게 투자할 것인가 하는 방법론을 다뤄보고자 한다.

시장에서 생존하는 법, 적립식 투자

그림 4-8에 표시된 가에서 마에 이르기까지의 구간 중 '가~라'의 지점에서 동일한 금액을 적립식으로 투자했다면 마 지점에 이르렀을 때 결과는 어떻게 될까? 그림에서 보는 바와 같이 지금 주가가 가 지점의 1400포인트에서 시작하여 다 지점 600포인트까지 하락한 후 다시 마 지점에서 1400포인트로 회복했다고 가정한다. 이 기간 동안의 수익률은 표 4-15에서와 같이 나타난다.

다 지점에서 수익률은 한때 -32.38%까지 하락하기도 하였으나 마 지점에 이르렀을 때는 총 투자수익률이 무려 53.33%가 된다. 대박의 꿈을 안고 거치식으로 가 지점 1400에서 올인했다면 다시 원점으로 돌아온 마 지점에서는 그야말로 그냥 원점이 된다. 하지만 적립식이라면 엄청나게 차이가 나는 결과를 얻는다.

그림 4-8 지수의 등락(선하락 후상승) 구간에서 정액적립식 투자

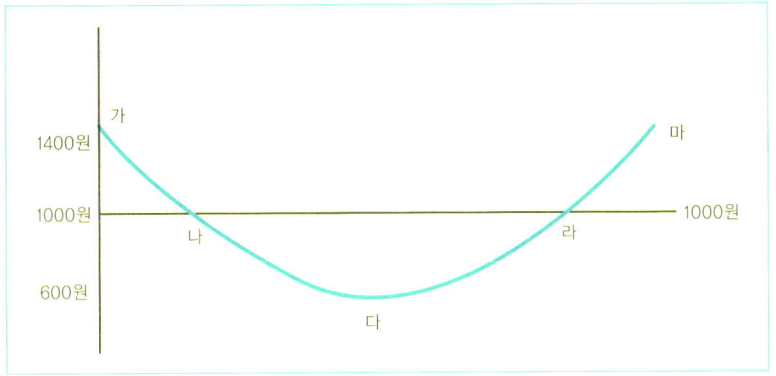

표 4-15 지수 등락 구간별 수익률(평균매수단가)

추불시점	주가(원)	변동률(%)	투자금(원)	매수량(주)	누적수량(주)	누적금액(원)	평균매수단가(원)	투자수익률(%)
1개월(가)	1,400	0	100,000	71	71	100,000	1,400	0.00
2개월(나)	1,000	-29	100,000	100	171	200,000	1,167	-14.29
3개월(다)	600	-40	100,000	167	338	300,000	887	-32.38
4개월(라)	1,000	67	100,000	100	438	400,000	913	9.52
5개월(마)	1,400	40			438		913	53.33
합계			400,000	438				613.333

앞서 언급한 15년간의 투자승률을 상기해보자. 아무리 고점에 진입해서 물린다고 해도 대략 15년 후에는 손실이 없다는 것을 우리는 역사적인 데이터를 통해서 확인했다. 물론 이 경우는 종합주가지수에 해당되는 이야기다. 이를 잘못 이해한 나머지 개별 종목에서 이러한 결과를 바라는 것은 매우 엉뚱한 결과를 초래하기도 한다. 왜냐하면 도중에 몇몇 종목은 상장폐지가 되어버릴 수도 있고 기업 자체가 파산할 수도 있다는 것은 포춘 500대 기업의 사례에서도 확인한 바 있다.

이번에는 다른 경우를 생각해보자. 지수 흐름이 위와 반대로 움직이는 경우, 즉 먼저 상승하고 나중에 하락하는 경우를 보자.

그림 4-9와 같이 가 지점의 600에서 시작한 지수가 다 지점 1400을 고점으로 점차 하락하여 마 지점에서 다시 600포인트의 원점으로 회귀하였다. 이 기간의 투자 결과는 표 4-16과 같다.

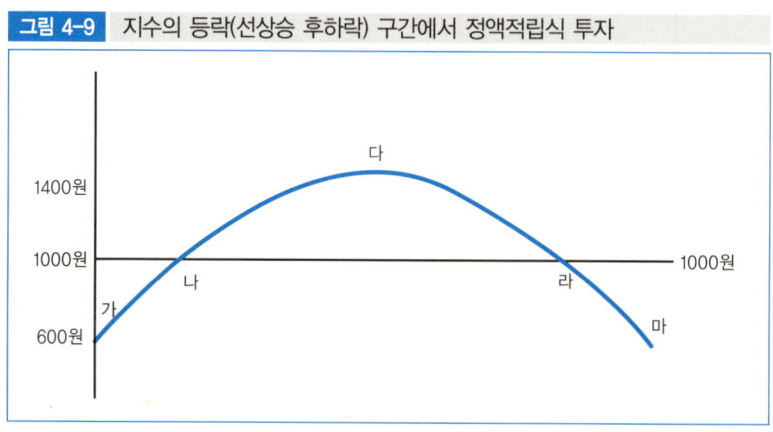

그림 4-9 지수의 등락(선상승 후하락) 구간에서 정액적립식 투자

표 4-16 지수 등락 구간별 수익률(평균매수단가)

추불시점	주가(원)	변동률(%)	투자금(원)	매수량(주)	누적수량(주)	누적금액(원)	평균매수단가(원)	투자수익률(%)
1개월(가)	600	0	100,000	167	167	100,000	600	0.00
2개월(나)	1,000	67	100,000	100	267	200,000	750	33.33
3개월(다)	1,400	40	100,000	71	338	300,000	887	57.78
4개월(라)	1,000	-29	100,000	100	438	400,000	913	9.52
5개월(마)	600	-40			438		913	-34.29
합계			400,000	438				262.857

다 지점에서 한때 수익률이 57.57%에 달한 후 다시 하락하여 계획된 투자기간이 끝날 때인 마 지점에서는 최종 수익률이 -34.29%를 기록한다. 매수량과 평균 매수단가는 앞의 예와 같지만 최종 위치에서 비교할 때 결과적으로 마이너스라는 결과를 얻었다. 상승 후 하락

하는 패턴에서는 수익률이 좋을 수 없다.

　이를 통해 우리는 지수의 흐름에 따라서 어떻게 자금운용을 하는 것이 현명한가를 알 수 있다. 즉 매수 후 지수가 상승하면 적절하게 수익을 낸 후 더 이상 추가 적립을 하지 않는 것이 현명하고, 매수 후 하락한다면 공포에 떨지 말고 그냥 아무 생각 없이 시장이 흐르는 대로 매수에 임하면 된다. 최악의 경우 15년을 기다리면 투자원금은 회복된다는 것을 알고 있지 않은가.

파도가 심할수록 수익은 커진다

　일반적으로 주가가 크게 요동칠 때마다 개인투자자들의 수익은 감소한다. 실전 투자에서 개인의 투자 성패를 결정짓는 가장 중요한 요소가 바로 심리이기 때문이다. 이론과 실제가 다를 수밖에 없는 이유도 바로 이러한 심리 때문이다. 늘상 HTS의 차트를 펼쳐두고 있는 단기 투자자들의 승률이 낮은 이유도 여기에 있다.

　하지만 적립식 투자자라면 시세의 기복을 오히려 반겨야 한다. 프로 서퍼들의 영화 〈폭풍 속으로〉의 주인공 패트릭 스웨이지처럼 잔잔한 바다보다는 오히려 몇 년 만에 한 번씩 오는 큰 파도를 즐길 줄 알아야 한다. 아래에 적립식 투자자들이 큰 변동성을 좋아해야 하는 이유가 있다.

그림 4-10은 주가가 각각 ±10%에서 ±50%까지 변동한다고 가정한 경우다.

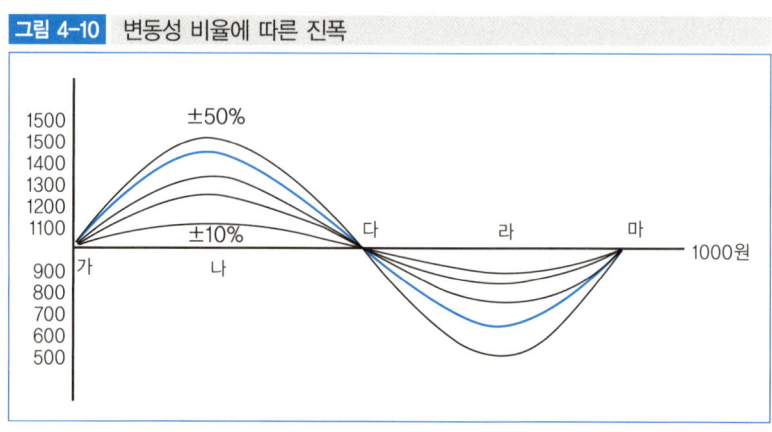

그림 4-10 변동성 비율에 따른 진폭

±10%의 변동성이 있을 때는 900~1,100까지의 움직임을 보이고 ±50%의 변동성에서는 500~1,500 사이의 움직임을 보인다는 것을 나타낸 것이다. 이해를 돕기 위해 ±40% 변동성은 색깔 있는 실선으로 나타내보았다.

각각의 변동성에 따른 적립식 투자 결과를 살펴보면 표 4-17과 같다.

표 4-17 변동성 비율별 적립식 투자 결과

구분	±10%		±20%		±30%		±40%		±50%	
	주가(원)	매수량(주)	주가(원)	매수량(주)	주가(원)	매수량(주)	주가(원)	매수량(주)	주가(원)	매수량(주)
가	1,000	100	1,000	100	1,000	100	1,000	100	1,000	100
나	1,100	91	1,200	83	1,300	77	1,400	71	1,500	67
다	1,000	100	1,000	100	1,000	100	1,000	100	1,000	100
라	900	111	800	125	700	143	600	167	500	200
마	1,000		1,000		1,000		1000		1000	
계	402		408		420		438		467	
수익률	0.51%		2.08%		4.95%		9.52%		16.68%	

동일한 기간 동안 각각의 변동성에 따른 최종적인 투자수익률은 각각 0.51%, 2.08%, 4.95%, 9.52%, 16.68%로 변동성이 커질수록 투자수익이 증가함을 알 수 있다.

바닷가에 사는 친구들은 파도가 심한 날을 반긴다. 태풍이라도 와서 큰 파도가 지나고 나면 미역, 개불, 해삼, 멍게 등 각종 해산물들이 백사장으로 밀려오기 때문이다. 아침 일찍 파도가 지나간 바닷가에 나가 큰 바구니 하나 가득 주워 담기만 하면 된다.

시장 참여자들도 이러한 시세의 기복을 즐길 줄 알아야 한다. 폭등이 있으면 반드시 폭락이 온다. 또한 폭락이 있으면 반드시 폭등이 온다. 부화뇌동하지 말고, 시장을 한 발짝 떨어져서 본다면 싱싱한 수익들을 바구니 속에 가득 담을 수 있는 기회가 보일 것이다.

다음 그림은 적립식 투자의 개념을 나타낸 것이다. 점선은 실제 주가의 변동을 나타낸 것이고 실선은 정액적립식으로 투자했을 경우의 평균 매수단가다.

그림 4-11 주가의 움직임과 적립식 투자 시의 평균 매수단가

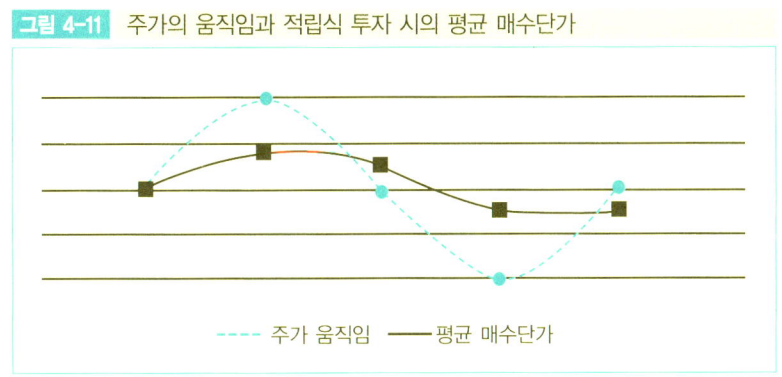

그림에서처럼 실제 주가의 움직임에 비해 적립식 투자는 훨씬 안

정적인 모습을 보인다. 즉 단기적으로 적립식 투자는 시장의 진폭을 흡수하는 데 그 목적이 있다. 손실을 감수하고서라도 큰 수익을 희망하는 것은 바람직한 투자자의 자세가 아니다. 대박은 없지만 쪽박도 없다는 소심한 생각으로 시장에 임하는 것이 바로 적립식 투자자의 바른 자세다.

과욕을 당해낼 장사는 없다. 제아무리 초절정 고수라도 결국에는 시장을 떠나야 하는 경우를 가끔씩 본다. 그때마다 시장에서는 능력보다 자세가 우선이라는 기본적인 사실을 절감하곤 한다. 노련한 투자자라면 대박보다는 시장에서 살아남는 것이 우선이라는 점을 충분히 이해할 것이다.

앞서 랜덤워크 이론을 이야기할 때 살펴본 바처럼 바슐리에의 통찰력에서 가장 빛나는 부분은 바로 '주가는 시간이 흐를수록 변동폭이 커진다'고 선언한 사실이었다. 1분보다는 하루가, 하루보다는 한 달 그리고 1년의 변동폭이 더 크다. 바슐리에는 또한 이러한 변동폭이 일정한 범주 내에 있다는 것도 발견했다. '변동폭의 확장 속도는 시간의 제곱근에 비례한다'는 것이다.

이후에 실제적으로 이 가설에 대한 연구가 이루어졌다. 미국에서 최근 60년간의 데이터 중 40년 동안의 월간 주가 변동폭은 평균치를 기준으로 ±5.9%의 수준이었다. 그런데 연간 변동폭은 ±72% 수준이나 월간 변동폭의 12배 수준이 아니었다. ±20% 정도에 지나지 않았다. 달리 말하면 연간 변동폭은 월간 변동폭의 3.5배 수준이었다.

바로 12의 제곱근이 3.46정도라는 사실에 비춰볼 때 이는 놀라운 일 치라고 할 수 있다.

성공확률 높이는 4개의 매수 타이밍

우리는 앞서 적립식펀드의 가장 효과적인 투자법을 살펴봤다. 적립식투자는 주가가 상승을 하든지 하락을 하든지 수익이 발생할 확률이 월등하게 높다는 것이었다. 그리고 U자 모양의 지수 움직임이 가장 효과적으로 수익을 발생시켰으며, 뒤집어진 U자 모양의 추세에서는 손실을 기록하는 경우를 확인했다. 따라서 적립식투자의 핵심은 추격매수만 하지 않으면 머지않아 계좌가 플러스로 반전한다는 것이다. 즉 하락장에서 자금투입이 시작되어야 한다는 얘기다. 그림 좀더 구체적으로 살펴보도록 하자.

그림 4-12는 실제 주가와 가상의 투자심리선 그리고 투자자가 조금만 신경 써서 살펴보면 쉽게 알 수 있는 특정 기간의 역사적인 데

이터를 기록한 실제 추세선, 그리고 투자자 본인이 현재의 주가가 높다, 낮다를 판단하는 임의의 기준선을 나타낸 것이다.

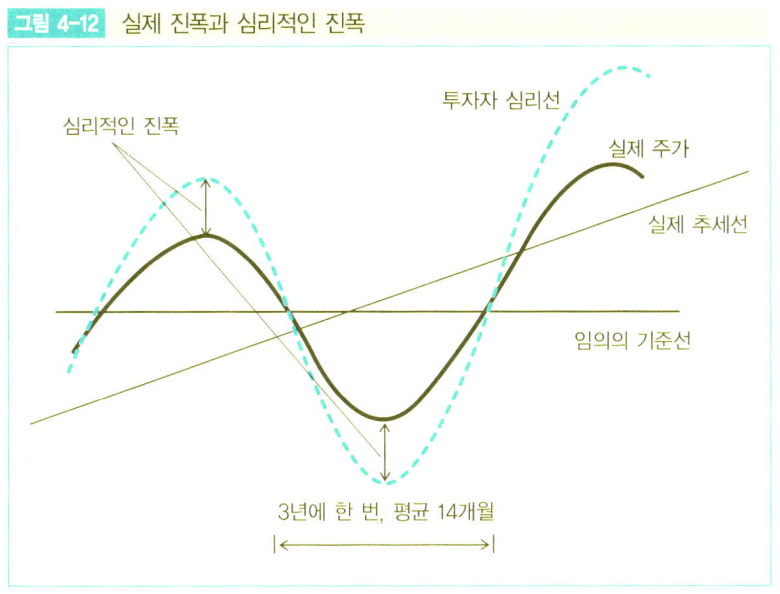

그림 4-12 실제 진폭과 심리적인 진폭

그림에는 네 가지 선이 있다. 여기서 임의의 기준선을 설정하는 것이 가장 중요하다. 임의의 기준선은 비교적 단기간에 지수가 하락할 것이라고 판단될 때, 3년 이내에 회복될 수 있다고 믿는 가상의 선을 말한다. 그리고 이 시점부터 적립을 시작하면 되는 것이다.

그리고 주가가 상하로 교차하며 상승하는 가운데 뚜렷해지는 추세선을 볼 수 있고, 투자자들이 느끼는 심리적인 진폭을 나타내는 선이 있다. 시장에 참여했거나 참여하려 하는 잠재적인 투자자들의 심리는 실제 주가보다 더욱 큰 진폭으로 출렁이고 있다는 것을 표현했다(이 진폭은 필자의 경험을 바탕으로 작성된 것이다). 주가가 상승하면 투자심리는 극도로 흥분하고 하락하면 너무나 위축된 나머지 공포에 따른 투매 양상을 나타낸다.

그림에서처럼만 주가가 움직여준다면야 주식시장에서 실패하는 투자자가 어디 있겠는가? 하지만 미래를 알 수 없다는 데 문제가 있다. 따라서 우리가 기댈 수 있는 것은 과거로부터의 진실, 즉 데이터뿐이다. 앞서 주식시장의 역사를 살펴봤듯이 실제 추세선이 우상향한다는 사실에 이의를 제기하는 사람은 없을 것이다. 또한 자본주의가 붕괴되지 않는 한 주식시장은 우상향할 수밖에 없다는 사실도 살펴본 바 있다. 이러한 논제들을 통해 하락 후에는 반드시 상승한다는 믿음에 공감함을 전제로 필자의 네 가지 매수 타이밍을 설명하고자 한다.

매수 타이밍 1:
배당률 하락기를 주목하라

그림 4-13은 1993년 1월부터 2009년 2월까지 국내 시장의 배당수익률을 나타낸 것이다. 그림에서 배당률은 0.5~2.8 사이에서 움직이고 있다. 중앙에 있는 수평선은 평균 배당률로서 1.7을 나타낸다.

그림 4-14는 4-13의 그림에서 실선으로 표시했던 월별 배당수익률을 나타낸 것이며, 중간의 실선은 같은 기간 코스피지수의 움직임을 나타낸다. 코스피지수는 1993년 1월 670.6을 시작으로 2009년 2

그림 4-13 1993~2009 국내 배당수익률

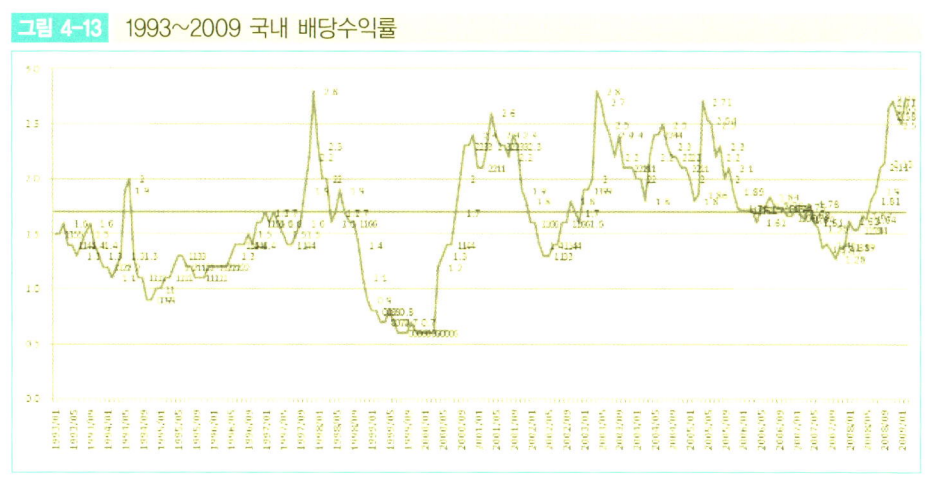

그림 4-14 1993~2009 국내 배당수익률과 코스피지수

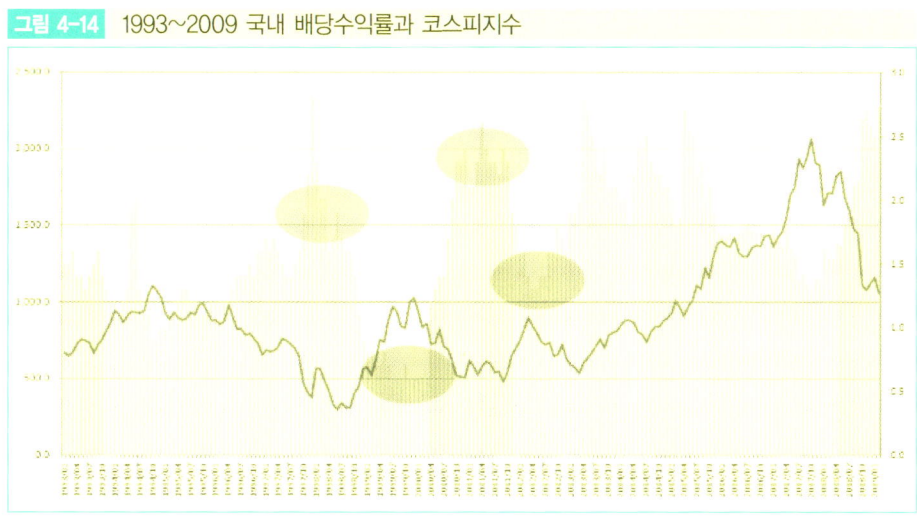

월 1063.03을 나타내고 있다.

그림에서 위쪽의 동그라미 두 개는 배당수익률이 급격히 상승하는 시점을 나타내고 아래의 동그라미 두 개는 배당수익률이 급격히 하락한 시점을 나타낸다. 주의 깊은 독자라면 배당수익률과 주가지수

의 움직임이 무관하지 않다는 것을 금세 알아차릴 것이다. 즉 현재의 배당수익률이 2.0을 초과한다면 조만간 지수의 반등이 기대되는 시점이다. 또한 배당수익률이 급격히 하락한다면 지수가 조만간 하락하는 신호로 해석할 수 있다. 배당률지수는 시장에서 찾을 수 있는 몇 안 되는 신뢰도 높은 지표라는 점을 꼭 기억하고 활용하기 바란다.

매수 타이밍 2:
어닝일드가 채권금리보다 높으면 진입 신호다

국내 증시에 상장된 종목 수는 1,800개가 넘는데 저마다 주가도 다르고 이익도 다르다. 이러한 주식들의 가치를 비교할 때 주가수익비율^{PER}은 좋은 척도가 될 수 있다. 매수 타이밍을 잡는 데 유용한 어닝일드를 이해하기 위해 먼저 주가수익비율^{PER}을 살펴보자.

주가수익비율과 국고채금리

PER(주가수익비율)는 주가를 주당순이익으로 나눈 값이다. 어떤 기업의 시가총액을 당기순이익으로 나누어도 같은 말이 된다. 따라서 PER가 높다는 말은 기업의 외형에 비해 창출이익이 적다는 말이 되므로, 보통 PER가 낮은 기업을 저평가되었다고 한다.

하지만 당기순익이란 것은 어디까지나 회계상의 숫자이기 때문에 왜곡의 소지가 있다. 그리고 국가나 기업에 따라 회계방식이 다를 수도 있다는 단점이 있다. 따라서 얼마의 주가수익비율로 거래되는 것이 합리적인지에 대해서는 절대적 기준이 있을 수 없기 때문에 상대적 평가에 더 많이 사용된다. 가령 5년 전에 비해, 또는 지난 회계연도의 PER가 얼마이기 때문에 현재의 주가가 싸다, 비싸다를 가늠해 볼 수 있는 척도가 된다.

또한 이렇게 이해할 수도 있다. 예를 들어 누가 "이 주식을 얼마에 팝니까?"라고 물었을 때 "이익의 10배만 내시오"라고 대답한다면, 여기서 10라는 숫자가 PER를 나타내는 배수다. 기업의 올해 주당순이익이 1,000원이고 주가가 1만 원이면 이 기업의 PER는 10배라고 표현할 수 있다. 앞으로도 이 기업의 이익창출 능력이 변하지 않는다고 가정할 때 향후 10년간 벌어들일 이익을 모두 합친 금액을 발행된 주식수로 나눈 값이 된다. 그리고 PER가 10배라는 의미는 그 역수인 10%가 이 회사에 투자했을 때의 기대수익률을 나타낸다.

만약 현재 3년 만기 국고채 수익률이 연 5%라면 이 채권에 투자했을 때보다 PER가 10배인 기업에 투자하는 것이 더 낫다고 하는 사람이 있을 것이다. 상대적으로 안정적인 채권에 비해 주식이 조금 불안하긴 하지만, 5%의 수익을 더 얻을 수 있기 때문이다. 이때 채권수익률 5%는 '시간에 대한 보상'이며 주식의 추가적인 수익 5%가 바로 앞서 언급한바 '위험을 감수한 데 따른 보상'이다. 국고채는 만기까지 매년 꼬박꼬박 5%의 수익률이 확정적으로 발생하는 데 비해 주식은 그런 보장이 없기 때문이다.

해당 기업이 지금은 1주당 1,000원의 수익을 내지만 이후에도 그럴 것이라고는 누구도 장담할 수 없다. 기업의 수익창출 능력이 동일하다 해도 증자를 해서 주식 수가 늘어나거나 전환사채가 주식으로 전환되면 주당순이익은 추가된 물량으로 인해 희석되고 말 것이다.

실물경기를 늘 앞서 반영하는 주가의 특성상 특정 기간의 회계상 이익을 기준으로 한 PER는 당연히 그 의미가 떨어질 수밖에 없다. 미래수익의 전망과 그에 따른 (현재 주가와 미래의 수익을 기준으로 한) 주가 프리미엄이 중요하다.

어닝일드와 편수

어닝일드라고 하면 다소 어렵게 느끼는 독자도 있을 것이다. 어닝일드는 앞에서 말한 PER의 역수를 말한다. 이렇게 하면 주가를 금리처럼 표현할 수 있다. 앞서 말했듯이 PER는 그 자체로써의 의미보다는 상대적인 평가 도구로서의 실용성을 가진다. 경우에 따라서 이러한 비교는 상당히 유용하게 사용된다.

매우 상식적인 수준에서 생각을 해보자. 만약 당신이 여유자금 1,000만 원을 가지고 투자를 준비하고 있다고 가정할 때 A라는 투자 대상은 향후 2%의 이자수익이 기대되고, 또 다른 투자 대상 B는 10%의 이자수익이 기대된다면 어느 것을 선택하겠는가? 분명 B를 선택할 것이다. 아마도 모든 투자자들이 그러한 선택을 할 것이다.

이 같은 맥락에서 시장을 바라본다면 앞으로 시장 참여자들의 행보를 미리 예측할 수도 있을 것이다. 예컨대 현재의 은행금리에 비해 주식시장이 월등히 매력적이라면 조만간 많은 자금들이 은행에서 주식시장으로 옮아올 것임을 쉽게 예측할 수 있다.

아주 쉽게 설명하자면 어닝일드는 현재의 주가상태를 금리처럼 향후 받을 수 있는 이자수익률의 형태로 나타낸 것이다. 국고채금리에서 어닝일드를 빼면 현재의 시장이 얼마나 매력적인가를 느낄 수 있는 지표가 된다. 그러므로 이 지표를 활용해 조만간 투자자들이 주식시장으로 몰려들지 어떨지를 판단할 수 있다. 즉, 투자금을 들고서 느긋하게 시장을 바라봤을 때 충분히 매력적이라면 바로 그때야말로 더 떨어지기 어려운 시점, 즉 주식을 가장 싸게 살 수 있는 시점이라 할 것이다. 이 시점이 펀드투자의 적기라는 의미와 특히 거치식 펀드의 가입 전 반드시 체크해야 한다는 의미에서 이 숫자를 편의상 '펀드투자지수' 또는 간단하게 '펀수'라고 불러보자.

여기서 말하는 펀수는 필자가 임의로 만들어낸 지수는 아니고 이미 시장에서 통용되고 있는 지표다. 기본 개념은 '채권금리에서 PER의 역수를 빼서 100을 곱한 숫자'이다. 이를 공식으로 표현하면 다음과 같다.

$$\text{펀수} = 3년\ 만기\ 국고채\ 금리 - \frac{1}{PER} \times 100$$

유사한 형태로 '연준모형' 또는 'FED모델'이라는 것이 있고 '어닝일드갭' 또는 줄여서 '일드갭'으로 부르는 것도 있다. 어느 쪽이든 초보자가 대하기에는 부담감이 먼저 생길 것 같다. 연준모형은 미국의 10년 만기 재무성증권을 기준으로 한 것이고 일드갭은 3년 만기 국고채금리를 기준으로 했다는 차이만 있을 뿐이다. 여기에 필자는 부르기 쉽고 알기 쉽게 펀드투자지수, 줄여서 펀수라고 부르고 있다. 가장 중요한 것은 기본적인 개념이자 위와 같은 그래프에서 느껴지는 분위기라고 본다. 시장의 중심이라는 교통순경이 양손에 깃발을 들고 막 출발하려는 대기자금을 금리 쪽으로 보낼 것인가, 주식시장 쪽으로 보낼 것인가를 판단하는 형국으로 비유할 수 있다.

이때 유의해야 할 점이 있는데 바로 신뢰성과 적용할 타이밍이다. 무턱대고 이러한 신호를 따랐다가는 교통사고를 당할 수도 있기 때문이다. 앞서 언급했듯이 이 숫자들을 되짚어보면 그 출발선은 상장된 기업들의 당기순이익이다. 이는 회계상 왜곡의 소지가 있다는 것도 얘기했다. 이처럼 불완전한 출신성분으로 인해, 1990년대 말 이 개념을 처음으로 대중화시킨 장본인인 에드워드 야데니$^{Ed\ Yardeni}$조차 이를 "형편없는 지표"라고 폄하하기도 했다. 그리고 덧붙여서 그는 이 지표가 "지난 10년 동안 내내 작동하지 않았다"고 말한 바 있다. 독자들의 각별한 주의가 요구된다.

어쨌거나 필자는 이 숫자를 펀드투자의 중요한 척도 중의 하나로 선택했다. 마지막 남은 하나는 바로 타이밍인데 적용해야 될 때와 무시해도 될 때를 구분하는 능력이 필요하다.

우리나라 주가지수와 어닝일드의 상관관계를 나타내는 차트로 확인해보자. 그림 4-15는 1995년부터 2009년까지 코스피지수의 움직임(실선)과 펀수와의 상관관계를 나타낸 것이다. 이 기간 동안 주가지수는 최소 297.9포인트에서 최대 2064.9포인트까지 움직였다. 그리고 펀수는 -8.7에서 15.1 사이를 오갔다.

그림 4-15 주가지수와 편수와의 관계

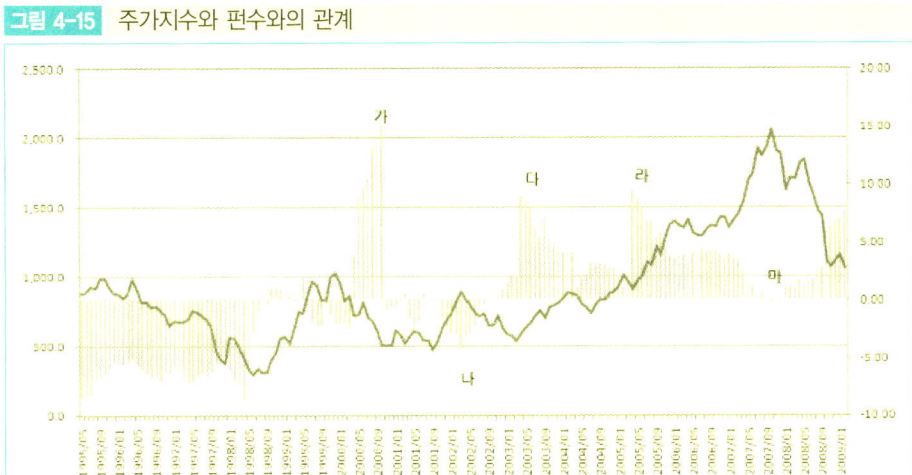

※ 자료: 한국은행 통계시스템

    참고로 이 차트의 수치 데이터는 한국은행 통계시스템에서 취했고 가공하여 차트화하는 작업은 필자가 직접 했다. 차트의 도식적인 모양새를 좀더 강조하기 위해서 위의 식으로 구한 편수에서 0.3을 일괄적으로 빼줬다는 점을 양해 바란다. 마 지점에서 마이너스 값을 가지는 모양을 표현하고 싶었다. 행여 차트에서 앞의 숫자와 뒤의 숫자를 빼서 딱! 떨어지는 어떤 수를 원했던 독자가 있다면 접근방식을 바꾸라고 말하고 싶다. 그러한 식의 1차원적인 해답이 주식시장에는 존재하지 않는다는 것을 깨닫기까지 그리 오랜 시간이 걸리지 않을 것이다. 필자가 작성한 본 차트에서 주의 깊게 볼 부분은 상대적인 변동성임을 독자들은 다시 한번 상기하기 바란다.

    이제 차트를 본격적으로 살펴보자. 차트에서 보는 바와 같이 편수와 주가지수 사이에는 어느 정도의 함수관계가 존재한다.

① 가 지점에서는 점차로 증가하는 편수가 바닥이 머지않았음을 암시하고 있다.

② 나 지점은 전고점 부근이다. 편수가 점진적으로 하락하고 있으므로 주의가 요구되는 시점이다.

③ 다 지점(전고점 지점)에 이르자 편수가 점차적으로 상승하고 있다. 이맘 때쯤이면 경험 있는 투자자들은 더 이상 떨어지기 힘들다는 것을 직감적으로 알아챈다. 후에 서술하겠지만 시장을 좌우하는 개미투자자들의 심리상태까지 파악할 수 있다면 여기가 최적의 매수 시점임을 보다 잘 알 수 있을 것이다.

④ 라 지점 역시 전고점 부근이다. 편수가 점진적으로 증가하는 모양새가 과거의 전고점 부근과는 사뭇 다르다. 좀더 노련한 투자자들은 금세 눈치 채고 드디어 전고점을 돌파하리라는 것을 알 수 있을 것이다.

⑤ 마 지점은 리먼 브라더스 사태 이후로 글로벌 증시가 초토화된 시점이다. 이때도 이미 우리의 편수는 매도 신호를 보내고 있다. 매도를 하지 않을 거라면 포트폴리오 비중이라도 조절해야 한다고 알리고 있지 않은가? 편수는 상대적으로 하락하는데 당시 시장에서는 3000포인트니 5000포인트니 낙관적인 전망 일색이었고 펀드스쿨 내에서도 비관론자들은 매국노 취급을 당했던 기억이 난다.

경험이 있는 투자자일수록 상황에 따라 지표를 해석할 수 있는 감각을 키우는 것이 중요하다는 데 대해 공감할 것이다. 그리고 이 차트와 같이 지표의 움직임이 현저하게 두드러질 때는 설사 경험이 부족하더라도 일단은 보수적으로 접근하는 것이 필요할 것이다. 설명이 다소 길었지만 다음과 같이 요약해서 정리해두면 크게 도움이 될 것이다. "공포의 안개 속이나 광기의 도가니 속에서는 반드시 편수를 확인하고 마우스를 클릭하라!" 그리고 이러한 분위기에서는 대부분 시장지표가 투자자들이 두들겨보고, 확인하고, 뒤집어볼 때까지 기다려주는 경우가 생각보다 많다는 사실도 기억하기 바란다.

매수 타이밍 3:
환율이 올라가면 외국인 매수세에 올라타라

앞서 살펴본 바와 같이 경우에 따라서 환율은 그 나라의 대외적인 주가라고 볼 수 있다. 즉 우리나라의 대외적인 경제여건이 좋아 보이면 주가가 상승하듯이 원화가 평가절상(환율 하락)된다는 의미다. 미래의 기대심리를 선반영하는 주가의 속성처럼 환율 역시 그러한 속성을 지니고 있다. 역으로 그 나라의 경제여건이 나빠질 것으로 예상되면 자국화폐는 평가절하(환율 상승)된다. 평가절상과 절하라는 말은 초보자들이 많이 헷갈려하는 부분이다.

평가절하된다는 의미는 외국에 나가서 자국의 화폐가 상대적으로 인정받지 못한다는, 즉 돈값이 떨어진다는 의미가 된다. 결국 평가절하된다는 의미는 환율이 상승하는 것을 의미한다.

국내 최적의 환율에 대해 1,010원이라고 하는 학자도 있는 반면 어떤 학자들은 900원대라고 주장하기도 한다. 급등한 환율은 언젠가는 떨어질 것이고 어떠한 기준을 따라서 환율은 등락을 반복한다.

필자가 정작 관심이 있는 것은 환율의 등락 그 자체다. 급등한 환율이 언젠가는 제자리로 돌아올 것이라는 확신만 있다면 쉽게 매수 타이밍을 포착할 수 있다. 왜 그럴까? 환율 역시 애덤 스미스의 '보이지 않는 손'이 조정하기 때문이다. 금융거래는 그 자체로 제로섬 게임이라고 앞서 언급한 바 있다. 환율 자체가 어떠한 부가가치를 창출하지 못하는 이상 비교적 단기간에 올라간 환율은 반드시 회귀하리라는 것이 필자의 견해다.

다음 차트에서는 환율과 주가와의 상관관계를 발견할 수 있다.

그림 4-17은 1993년부터 2009년 현재 시점까지 주가와 환율의 상

그림 4-16   환율과 주가의 상관관계

※ 자료: 한국은행 통계시스템

관관계를 보여준다. 환율은 757원에서 1,640원 사이에서 자유로이 변동하고 있다. 중간에 있는 점선은 같은 기간 환율 변동의 평균치인 1,049원을 나타낸다.

가 지점은 IMF 직전 시점으로 환율이 1,640원까지 급등했다(월말 자료를 기준으로 했으니 같은 기간 최고점의 환율은 아님을 밝혀둔다). 이후 환율은 연속적으로 하락한 반면 주가지수는 400포인트 이하에서 1000포인트 가까이 상승했다.

주가가 왜 올랐을까? '경제 여건이 개선되었기 때문'이라고 답할 수 있을지 모른다. 하지만 차트로 주가를 해석하는 가장 근본적인 이유는 매수·매도 주체를 파악해보는 것이다. 그렇다. 외국인들이 꿩 먹고 알 먹기 작전으로 들어온 것이다.

IMF가 터진 뒤 우리 주가는 대바겐세일에 들어갔고 환율 역시 급등했다. 만약 700원대의 환율일 때 1만 달러로 1,000만 원어치를 살 수 있었던 주식이라면 환율 1,400원대에서는 과거 2,000만 원어치를 살 수 있는 것이다. 여기에 환차익이라는 엄청난 보너스까지 있다. 이들이 쾌재를 부르며 몰려들어오면 그 여세로 주식시장의 상승이 견인된다. 단기간에 수익을 내긴 어려울지 몰라도 적어도 손실을 보기 어려운 매수 타이밍이 다가오고 있는 것이다. 나 지점과 다 지점 역시 이러한 논리로 설명될 수 있다.

환율과 주가와의 관계는 전문가의 영역이니 고수의 영역이니 하며 치부해버리지 말라. 투자의 성패는 머리가 좌우할 때보다 엉덩이가 좌우할 때가 더 많고 대부분의 경우 투자의 최종적인 판단은 당신의 좌뇌보다는 마우스를 누르는 오른손 검지손가락이 내리는 경우가 더 많다는 것을 느낄 것이다. 뭘 몰라서 투자에 대해서 실패하는 경우보다 기다리지 못해서 실패하는 경우가 훨씬 많다.

환율 동향에 대해 특별한 해석능력이 없다면 펀드스쿨 해외 펀드 게시판을 활용하기 바란다. 시장이 매우 크게 움직일 때는 뜻 있는 회원들의 분석들을 읽어보면, 전반적인 분위기를 알 수 있으리라 본다. 또한 환헤징을 하지 않은 해외 펀드의 환매 시점에서는 반드시 게시판을 두드려보는 게 현명하다 할 수 있다.

매수 타이밍 4: 개미들이 손절할 때 매수하라

시장에서 수익을 내기에 가장 확실한 타이밍이 두 가지가 있다. 기관이 매수하기 전에 매수하거나 아니면 개인들이 손절할 때 매수하는 것이다.

애석한 이야기이지만 필자는 개인투자자들이 주식시장에서 수익을 창출할 수 있는 거의 유일한 방법 중 하나가 다른 개미들의 손절 물량을 받는 것이라 믿고 있다. 크게 보면 시장의 수급을 결정하는 주체를 3파전으로 나눌 수 있다. 개인, 기관, 외국인이 그것이다. 여기서 기관과 외국인(외국기관)은 모두 이미 철저한 학습이 되어 있는 주체들이다. '공포의 외국인구단'이 아닌 이상 기관과 외국인을 개인투자자가 이기려 한다는 자체가 어불성설이다. 잘 정비된 정규군과 시골에서 농사나 장사를 하던 오합지졸과의 전투에서는 숫자가 문제가 아니다. 병법과 무기에서 이미 상대가 안 된다.

따라서 개인투자자들은 항상 지게 되어 있다. 물론 펀드투자의 정의가 나보다 주식투자를 더 잘하는 기관투자자들에게 내 돈을 맡기는 것이긴 하지만 결국 그들에게 돈을 맡기고 맡기지 않고는 개인들 자신이 결정하는 문제다.

이쯤에서 당신에게 다시 한번 퀴즈를 내려 한다. 다음 차트에서의 실선은 2005년부터 2009년 초까지 코스피지수의 움직임이다. 그렇다면 아래에 있는 막대 그래프는 무엇을 의미할까?

얼핏 거래량 그래프라고 보는 독자들도 있으리라 본다. 정답은 '펀드스쿨의 활동지수'다. 기가 막히게 고점에서 최고의 활동성을 나타내고 있음을 알 수 있다. 이쯤에서 혹시 오해를 하는 독자가 있을지도 모르지만, 펀드스쿨이 국내 주식시장을 좌지우지할 만한 역량은 되지 못한다. 실제 라 지점 부근에서 카페에서 그러한 말을 우

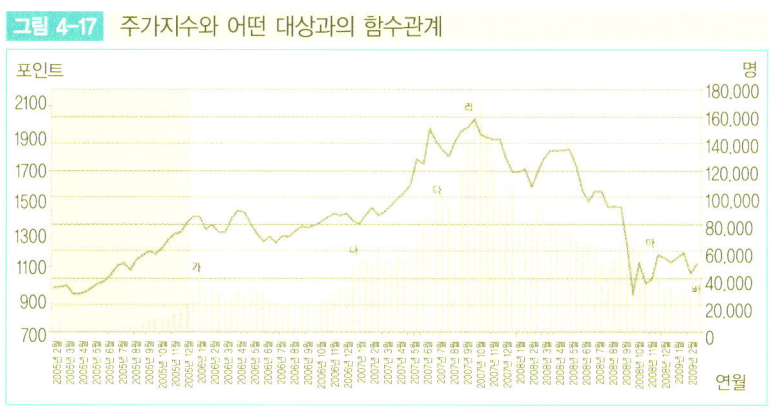

그림 4-17 주가지수와 어떤 대상과의 함수관계

스갯소리로 하는 회원들도 많았다. 물론 카페지기인 필자로서는 그다지 기분 나쁠 이야기는 아니었다고 솔직히 고백한다.

하지만 그렇게 활동성 넘치던 수많은 회원들이 마 지점까지 오면서는 대부분 사라지고 바 지점에서는 애초의 가 지점에서만큼의 활동성밖에 보이지 않는다. 이 움직임은 개인투자자들의 시장에 대한 대응방식을 가장 극명하게 보여주고 있다.

참고로 이 데이터는 Daum카페에서 제공해주는 카페활동지수를 바탕으로 (2주마다 제공) 필자가 해당 기간에 주가지수를 대입해서 작성한 것이다. 시계열분석 등 다소 오차가 있을 수도 있음을 미리 밝혀둔다. 가령 2월 12일의 데이터에 2월 13일의 데이터를 대입하는 등이다. 다만, 최대 기간 차이는 5일 이내이므로 전반적인 추세를 설명하는 데는 부족함이 없을 것이다. 정확한 날짜가 중요한 게 아니라 전반적인 추세가 중요하다는 것을 얘기하고 싶다. 또한 가 지점 이전의 음영부분은 카페를 처음 개설하고 1년 이내이므로 데이터로서는 의미가 없어 고려 대상에서 제외하기로 한다.

자금운용의 기술

　직접투자가 아닌 간접투자라는 펀드의 본질적인 측면에서 볼 때 펀드투자에는 장황한 논리나 현란한 기법이 존재하지 않는다. 또한 펀드투자로서 얻을 수 있는 수익에는 한계가 있다. 이 말은 감내할 수 있는 손실의 폭 역시 작다는 말도 된다. 변동성이 작기 때문에 개별 종목에 투자하는 것보다 기대수익도 손실우려도 상대적으로 작다. 따라서 높은 수익률을 올린다는 것은 어쩌면 펀드투자에서는 어불성설인 셈이다. 펀드투자는 그저 시장 평균수익률을 얻는 가장 합리적인 수단 정도로 생각해야 한다고 결론지을 수 있다(다만 시장 평균수익률이 몇십 년 반복되며 복리의 마법을 부릴 때 얼마나 큰 눈덩이가 되는지를 우리는 앞서 살펴본 바 있다).

우리가 기대할 수 있는 수익률은 과거 평균 변동성에서 상하 몇 %에 해당하며, 기간을 무한대로 확장한다면 베르누이가 100년 전에 말했던 대수의 법칙에 따라 시장 평균에 점진적으로 회귀한다. 그러므로 특히 펀드로 수익을 낸다는 것은 자금의 성격과 그 여유기간에 지배를 받는다. 가령 노후자금을 위해서 40년간을 투자할 계획이라면, 시세의 기복에 신경 쓸 필요도 신경 쓸 수도 없다. 현실적으로 40년간 시세의 기복에 초점을 맞춘다는 것은 불가능하기 때문이다.

기대할 수 있는 수익률이 작은 펀드이지만 구간별 자금운용, 베팅의 기술에 따라 성과는 확연히 달라지기 마련이다. 이 장에서는 그 기술들을 알아보도록 하자.

40년 이상 투자하려면 최소 2개의 계좌를 준비하라

투자에 있어서도 공격이 최선의 방어가 될 수 있을까? 옛말에 축성보다 수성이 힘들다고 했다. 목표를 가지고 부단히 노력할 때보다는 이젠 어느 정도 됐다 싶을 때, 슬그머니 자만심이 고개를 들 때가 더 위험하다. 초보 운전자자들은 심각한 교통사고를 내지 않는다. 사고라야 가벼운 접촉사고를 내는 것이 대부분이다. 대부분의 교통사고는 운전자의 운전실력 때문에 발생하는 것이 아니라 부주의나 방심 등 심리적인 면에 기인한다. 시장에서도 가장 경계해야 할 것이 바로 이러한 심리적 요인이다. 시장에서의 초절정 고수란 누구를 말하는가? 물론 많이 버는 사람이다. 하지만 많이 버는 사람은 많다. 여기에 가장 중요한 기본전제를 깔면 그 대상은 대폭 축소되어 버린다. 그렇다. 잃지 않아야 한다는 것이다. 투자자가 아무리 정보의 독점이라는 유리한 위치에 있는 기업의 오너라고 해도, 시장에 대해서 제 아무리 해박한 지식을 소유하고 있는 학자라고 해도, 자신의 감정을 다스리지 못한다면 주식시장에서는 그 모든 유리한 부분들이 무용지물이 되고 초라해진다. 우리는 1부에서 이러한 경우를 충분히 살펴봤다.

주식시장에 참여한 이상 잃지 않는 법만 연마한다면 언젠가는 반드시 목표에 도달하게 되어있다. 그리스의 수학자 아르키메데스가 지구가 아무리 무겁다 하더라도 받침대와 지렛대만 있다면 들어올릴 수 있다고 했듯이, 주식시장에서는 복리라는 받침대와 충분히 긴 시간이라는 지렛대만 있다면 아무리 큰 목표라도 실현할 수 있다.

독자들은 앞서 확인한 역사적이고 객관적인 사실을 통해 다른 어떠한 투자행위보다 평생동안 주식시장에 참여하는 편이 훨씬 더 큰 수익을 창출한다는 점을 충분히 느꼈을 것이다. 따라서 모든 조건이 동일하다면 많이 벌 수 있는 조건보다는 심리적으로 안정적인 투자를 추구할 수 있는 조건을 만들어야 한다.

하지만 평생이라는 추상적인 기간보다는 고작(?) 40년 동안만이라도 당신은 매월 일정한 금액을 주식시장에 적립 투자할 수 있을까? 누군가 필자에게 묻는다면, 본인 역시 그것은 미지수라고 답할 수밖에 없다. 40년간 일정한 금액을 주식시장에 추가적으로 투입하기란 상상 이상으로 힘든 일이다. 그 이유를 설명하려 든다면 지면만 낭비하는 꼴이 될 것이다.

따라서 좀더 합리적으로 생각을 해보자. 즉 계획을 마련해보자. 최소한 2개 이상의 계좌를 준비하자. 많으면 많을수록 좋다는 말이 아니라 반드시 2개 이상이어야 한다는 뜻이다. 그리고 편의상 먼저 마련한 계좌를 1번 계좌, 다음 계좌를 2번 계좌라고 하자.

① 1번 계좌는 자신이 평생 동안 같은 금액이나 그 이상을 투자할 수 있도록 원칙을 세운 계좌다. 1번 계좌는 목표로 한 40년간 쳐다보지도 말고, 관심도 가지지 말아야 마지막까지 유지할 수 있을 것이다.

② 2번(또는 하나 이상의 추가 계좌)은 보조계좌다. 가진 돈을 모두 투자하려니 불안하고 반면 너무 적은 돈을 투자하면 주가가 상승했을 때 손해 보는 기분이 될 수 있으므로 이때 가동시키는 계좌로 보면 된다.

이제 1번 계좌는 이제 잊어버리자. 지금부터는 본격적으로 2번 계좌를 운영하는 방법을 찾아 여행을 떠날 것이다. 단, 지금부터 서술하는 것은 매우 중요한 내용들이다. 언젠가는 학문으로 다뤄질 수도 있겠지만 현재는 주로 강원랜드나 라스베이거스 같은 도박장에서 '꾼'들에게 활용되는 이론이다. 도박장에서 쓰이는 이론을 주식시장으로 끌고 왔기 때문에 그 가치가 덜하다고 봐야 할 이유는 없다는 것이 필자의 생각이다.

켈리의 공식과 위대한 베팅기술

너무나 중요한데(어쩌면 가장 중요한데) 많은 투자자들이 가장 쉽게 생각하는 부분이 바로, 투자금액의 비중과 승률과의 상관관계다. 즉 아무런 확률적 계산 없이 무턱대고 투자한다는 것이다. 앞서 확인한 바와 같이 가용할 수 있는 모든 투자금을 일시에 투자한다면 좀 속된 표현으로 먹을 때 크게 먹겠지만 잃을 때는 한방에 갈 수가 있다.

그럼 도대체 자신이 투자할 수 있는 금액의 몇 %를 베팅하라는 것인가? 이 질문에 대해 지구상에서 가장 확실한 답변이 바로 켈리의 방정식을 활용하라는 것이다.

원금 전체에서 투자하는 금액의 비중은 승률과 손익비율에 달려 있다. 즉 투자 비중은 승률과 손익비율의 함수다. 이에 따른 투자 비중을 결정하는 방법을 켈리의 공식이라고 한다.

켈리의 공식은 1956년 미국 벨연구소의 천재적인 수학자 켈리$^{J. L.}$ $^{Kelly\ Jr.}$에 의해서 발표되었으며, 그의 논문이 여러 도박 전문가들의 입소문을 타면서 다음과 같은 형태로 적용되었다.

$$K = W - \frac{(1-W)}{R}$$

여기서 W는 승률, R은 수익을 손실로 나눈 손익비다.

---
*이 책에 언급된 켈리의 공식은 http://en.wikipedia.org/wiki/Kelly_criterion에서 참고했다.

이길 확률이 100%라면 가지고 있는 돈을 몽땅 걸어야 하지만, 이길 확률이 50%보다 낮으면 돈을 걸어서는 안 된다고 공식은 말하고 있다. 예를 들어 동전던지기의 경우 승률은 50%다. 앞면이 나오면 1만 원을 얻고 뒷면이 나오면 1만 원을 잃는다면, W=50%, R=1이므로 K=0이 된다.

$$K = 0.5 - \frac{(1-0.5)}{1} = 0$$

즉, 돈을 걸지 말아야 한다는 결론이 나온다.

미래는 알 수 없다는 불확실성을 다룬다는 측면에서 주식투자와 도박은 많은 유사점을 가진다는 것을 앞서 살펴봤다. 그리고 이러한 공통점으로 인해 이 공식은 주식시장에도 적용이 가능하다. 다만, 동전던지기나 룰렛게임, 경마 등의 도박은 승패에 대한 손익금액이 명확하다. 즉 원금의 몇 배로 얻거나 아니면 다 잃거나 둘 중의 하나다. 이에 비해 주식시장에서 이 공식을 적용하기에는 승률과 손익비율을 명확히 규정할 수 없다는 문제를 지닌다.

효율적시장 가설에 의거한 주식시장에서의 대수의 법칙은 과거로부터 현재 그리고 미래에까지 동일한 패턴이 적용된다는 것을 의미한다. 상승장 뒤에는 반드시 하락장이 있고, 하락장 뒤에는 반드시 상승장이 오기 마련이다

이러한 가정이 앞으로도 성립된다면, 적절하게 데이터를 추려낼 경우 켈리의 공식을 주식시장에 적용할 수 있는 길이 열린다. 우위를 찾

아내고, 찾아낸 우위에서 승률과 손익비율을 계산해내면 가능하다.

먼저 우위가 있는지 승률이 어느 정도인지를 확인해야 한다. 여기서 잠깐 앞으로 돌아가서 그림 4-6과 4-7의 한국 시장과 미국 시장의 기간에 따른 승률을 참고하자. 우리 시장의 승률을 예로 들면 1년과 3년 투자 시 각각 56.3%, 73.3%이고 투자기간이 늘어날수록 손해볼 확률은 줄어든다는 것을 확인했다. 그렇다면 우위와 승률은 이미 확인된 셈이다. 이 말은 즉 켈리베팅공식이 적용될 수 있음을 의미한다.

하지만 아직 무리가 있다. 켈리의 베팅공식이 완성되기 위해서는 승패가 확실히 정해져야 한다. 승률과 함께 손실폭과 수익폭을 정확히 알아야 한다. 경마의 경우처럼 '내가 베팅한 말이 1등을 했을 때는 1만 원을 베팅해서 100만 원을 벌고, 등수에 들지 못했다면 1만 원 전체를 잃는다'와 같은, 임의의 게임당 이겼을 때는 얼마를 벌고 졌을 때는 얼마를 잃는가에 대해 결론이 명확해야 공식에 적용할 수가 있다.

'da펀스의 주식도박판 게임'

주식은 도박이 아니라고 흔히 말한다. 켈리의 공식은 도박에 적용되는 공식이다. 그렇다면 주식판을 도박판으로 만들어버리면, 켈리의 공식이 적용되지 않겠는가? 지금부터 필자가 가상의 도박판을 만들어보려 한다. 이 도박판의 이름은 'da펀스의 주식도박판'이다.

게임의 규칙은 아래와 같다.

① 이 도박판의 참가비는 무료입니다. 즉 수수료는 없습니다.

② 도박에서 1회 베팅할 수 있는 금액은 100만 원으로 제한합니다.

③ 당신이 이길 경우는 앞으로 1년 동안의 기간에서 코스피지수 상승이 10% 이상일 때이고, -10% 이하가 되면 지게 됩니다. 목표가에 도달하면 그날로 게임은 종결됩니다. 당신이 이기면 상금으로 100만 원을 받아 당신의 원금이 2배로 늘어날 것입니다. 만약 당신이 진다면 1회 베팅금액 100만 원을 잃게 됩니다.

④ 만약 게임 기간 동안에 지수 등락률이 ±10% 이내로만 지속되었다면, 이 게임은 무승부로 하고 당신은 베팅금액 100만 원만 돌려받을 수 있습니다.

당신은 위와 같은 'da펀스의 주식도박판 게임'에 참여할 의사가 있는가? 혹시 벌써부터 참여할 의사를 내비치는 독자가 있다면 분명 초보 투자자임에 틀림이 없다. 아직까지는 승률을 알 수 없기 때문에 베팅비율을 결정할 수가 없는 상황이다. 보통의 실패하는 투자자들이 겪는 가장 중요하고도 빈번한 실수가 바로 이것이다. 하수는 사고 나서 고민을 하지만 고수는 사기 전에 고민한다. 즉 전체 자산의 몇 %를 투자해야 하며, 또 계산된 자산 중 한 게임당 몇 %를 베팅해야 하는지를 먼저 결정해야 한다. 돌다리도 두드려보고 건너야 하는 곳이 바로 이곳 주식시장이다.

지금부터는 우위를 확인하고 승률과 손익폭에 맞는 베팅비율을 계산해야 한다.

독자들의 수고를 덜고자 필자가 계산을 했으니 아래를 참고하라.

표 4-18은 1979년 9월부터 2010년 1월까지 코스피지수의 변동을 나타낸 것이다. 시가, 고가, 저가, 종가를 표시하고 있으며, 게임의 규칙에 따른 승패 여부와 게임 후의 손익폭까지 나타냈다.

표 4-18 게임의 규칙에 맞는 승률계산(코스피, 월별 종가 및 일별 고저폭 기준)

	종합주가지수(KOSPI)							
	Time	시가	고가	저가	종가	구간최대	구간최소	승패여부	
1	1979-09	125.18	129.97	121.83	127.29	17.12%	-30.95%	승	10
2	1979-10	128.72	130.54	115.86	115.86	17.64%	-27.94%	승	10
3	1979-11	114.17	129.51	114.17	126.24	17.64%	-27.94%	승	10
4	1979-12	126.68	126.68	118.32	118.97	17.64%	-27.94%	승	10
5	1980-01	100	106.88	100	105.9	17.64%	-21.44%	패	-10
182	1994-10	1,062.58	1,127.09	1,049.58	1,105.62	50.13%	-9.71%	승	10
183	1994-11	1,116.48	1,145.01	1,069.47	1,074.41	41.17%	-9.71%	승	10
184	1994-12	1,079.47	1,080.66	1,017.97	1,027.37	32.19%	-9.71%	승	10
185	1995-01	1,026.17	1,029.83	905.05	925.56	32.03%	-18.14%	패	-10
186	1995-02	934.89	968.27	882.28	885.69	32.03%	-20.20%	패	-10
187	1995-03	891.31	968.8	891.31	931.78	32.03%	-20.20%	패	-10
188	1995-04	936.23	937.21	871.7	897	26.00%	-21.16%	패	-10
362	2009/10	1680.46	1685.01	1564.41	1580.69	62.10%	-17.88%	승	10
363	2009/11	1543.24	1630.41	1519.4	1555.6	62.10%	-14.58%	승	10
364	2009/12	1550.35	1695.33	1541.09	1682.77	62.10%	-14.58%	승	10
365	2010/01	1681.71	1723.22	1595.39	1602.43	62.10%	-14.58%	승	10
					최대/최소	239.37%	-62.79%		
					평균수익률	42.91%	-22.54%		3.04
					전체구간				365
					수익구간				238
					승률				65.21%

먼저 1979년부터 2010년까지 코스피지수의 움직임을 살펴보자. 과거의 특정한 날짜를 기준으로 향후 1년 이내에 10% 이상 상승할 확률을 따져보면 되는 것이다. 어떤 날을 기준으로 10% 이상 상승한 날이 많으면 이길 확률이 높고, -10% 이하로 하락한 날이 더 많다면 돈을 잃을 확률이 크다. 얼핏 보더라도 약 30년의 이 기간 동안 주식시장에 투자자로서 참여를 했다면 손실 날 확률보다는 벌었을 확률

이 높다는 것을 알 수 있다. 즉 우위가 있다는 것이다. 앞에서 서술한 켈리의 공식을 충분히 이해한 독자라면 아마 망설일 필요가 없을 것이다. 그래도 일단은 계산기부터 두드려보도록 하자. 구체적으로 승률과 손익폭을 한번 따져보자. 여기서도 독자들의 수고를 덜고자 필자가 대신 계산기를 두드려보도록 하겠다.

표에는 다 나와 있지 않지만 동 기간 동안 적용 가능한 데이터는 총 365개다. 1년 이내에 ±10% 이상의 변동성을 보이지 않아서 무승부로 결정되는 구간은 없는 것으로 나타났다. 항상 기준 시의 종가 대비 상하 10% 이상씩은 변동했다는 것을 의미한다. 이 중에서 다시 플러스 구간이 238개이므로 승률은 65.21%가 된다. 또한 손익폭은 2배를 벌거나 전부 잃는 것으로 가정한다고 했으므로, 가령 100만 원을 투자했다면 200만 원을 벌거나 아니면 0원이 되거나 둘 중 하나다. 이럴 경우 평균수익률은 3.04%를 예상할 수가 있다. 이제는 켈리의 공식을 만들어 엑셀 워크시트에 입력하면 된다.

먼저 켈리의 공식에 따른 베팅비중을 결정해보자.
승률은 65.21%이고, 손익비율은 1이다(100만 원을 얻거나, 100만 원을 잃거나이므로).
따라서 켈리베팅비율에서 R=1이 된다.
K = 0.6521−(1−0.6521)/1 = 0.3042
베팅비율은 30.42%로 결정된다.
이 말은 당신이 'da펀스의 주식도박판 게임'에 가진 돈의 30.42%

를 베팅한다면 '최적의 수익'을 얻을 수 있다는 말이 된다. 그 말은 이 게임을 당신이 평생 동안 반복한다고 가정했을 경우에 가장 큰 수익을 얻을 수 있는 베팅비율을 의미한다.

정말 30.42%가 최적의 베팅비율일까?

30.42%라고? 그렇다면 내가 가진 여윳돈이 1,000만 원인데, 3분의 1인 330만 원도 되지 않는 304만 원만 투자를 하란 이야기가 아닌가? 다시 말해서 한 게임당 베팅금액이 100만 원으로 제한되어 있으니까, 나는 한 번에 100만 원씩 10게임에 참가할 수 있는데도 3게임만 참어하라는 말이 아닌가? 그럼 700만 원은 그냥 은행에 넣어두고 물가상승률에도 미치지 않는 이자만 받으라는 얘기가 아닌가? 설마 이것이 최적의 베팅비율일 수가 있을까?

이렇게 생각하는 독자라면 다음 페이지에 필자가 정리해둔 누적수익률을 확인해보라.

표 4-19는 'da펀스의 주식도박판 게임'에 30.42%로 베팅할 경우 당신이 받게 되었을 '딱 1게임당' 수익금만을 정리한 것이다. 표의 각 열은 다음과 같은 의미를 지닌다.

- A열: 게임의 횟수
- K열: 매 게임당 승패
- M열: 베팅금액(이전 게임이 종결된 후의 원금×베팅비율)
- N열: 해당 게임에 대한 손익금으로 1회 게임에서 베팅한 금액만

큼의 이익

　　- O열: 베팅 후의 잔액(이전 게임이 종결된 후의 원금 - 베팅금액)

　　- P열: 누적수익

　이제 그 결과를 살펴보자. 먼저 1회 게임에서 당신은 운 좋게 이겼다. 최초 원금 100만 원의 30.42%를 베팅해서 304,200원의 수익을

표 4-19 켈리베팅비율에 따른 투자수익 1

	A	B	F	K	M	N	O	P
1		종합주가지수(KOSPI)						베팅비율 30.42%
2		Time	종가	승패여부	베팅금액	게임당손익금	베팅후대기자금	누적수익
4	1	1979-09	127.29	승	304,200	304,200	695,800	1,304,200
5	2	1979-10	115.86	승	396,738	396,738	907,462	1,700,938
6	3	1979-11	126.24	승	517,425	517,425	1,183,512	2,218,363
7	4	1979-12	118.97	승	674,826	674,826	1,543,537	2,893,189
8	5	1980-01	105.9	패	880,108	-880,108	2,013,081	2,013,081
9	6	1980-02	103.74	패	612,379	-612,379	1,400,702	1,400,702
10	7	1980-03	105.01	패	426,093	-426,093	974,608	974,608
11	8	1980-04	116.1	승	296,476	296,476	678,132	1,271,084
12	9	1980-05	116.44	승	386,664	386,664	884,420	1,657,748
13	10	1980-06	112.62	승	504,287	504,287	1,153,461	2,162,035
50	47	1983-07	125.04	승	17,450,794	17,450,794	39,915,393	74,816,981
51	48	1983-08	118.82	승	22,759,325	22,759,325	52,057,655	97,576,306
52	49	1983-09	117.71	패	29,682,712	-29,682,712	67,893,594	67,893,594
53	50	1983-10	121.42	패	20,653,231	-20,653,231	47,240,363	47,240,363
54	51	1983-11	117.63	패	14,370,518	-14,370,518	32,869,844	32,869,844
55	52	1983-12	121.21	패	9,999,007	-9,999,007	22,870,838	22,870,838
56	53	1984-01	124.08	패	6,957,309	-6,957,309	15,913,529	15,913,529
57	54	1984-02	129.66	승	4,840,895	4,840,895	11,072,633	20,754,424

　얻었다. 계속 이기다가 첫 손실은 제5회에서 발생했다. 8행의 N열을 보자. 1979년 12월 1일에 실시한 'da펀스의 주식도박판 게임' 5회에서 당신은 애석하게 880,108원을 투자했다가 졌기 때문에 베팅금액을 모두 날려서 원금이 2,013,081원으로 줄어들었다. 이후 54회까지 게임을 진행하는 동안 당신의 원금은 늘었다 줄었다를 반복하면서 최초 원금 대비 2,000%를 상회하는 수익을 내고 있다. 이런 마법 같은 일이 어떻게 일어났을까? 그 후 즉, 올해까지의 결과가 궁금하지 않은가? 그 후 26년간의 데이터를 살펴보자.

이 표는 표 4-19의 연장선으로 데이터의 마지막 부분이다. 총 365개의 유효 데이터에 의한 것으로 투자원금이 총 28조 182억 원으로

표 4-20 켈리베팅비율에 따른 투자수익 2

181	178	1994-06	933.36	승	11,876,066,488,694	11,876,066,488,694	27,164,257,274,272	50,916,390,251,661
182	179	1994-07	927.97	승	15,488,765,914,555	15,488,765,914,555	35,427,624,337,106	66,405,156,166,216
183	180	1994-08	944.23	승	20,200,448,505,763	20,200,448,505,763	46,204,707,660,453	86,605,604,671,979
184	181	1994-09	1,050.51	승	26,345,424,941,216	26,345,424,941,216	60,260,179,730,763	112,951,029,613,195
185	182	1994-10	1,105.62	승	34,359,703,208,334	34,359,703,208,334	78,591,326,404,861	147,310,732,821,529
186	183	1994-11	1,074.41	승	44,811,924,924,309	44,811,924,924,309	102,498,807,897,220	192,122,657,745,838
187	184	1994-12	1,027.37	승	58,443,712,486,284	58,443,712,486,284	133,678,945,259,554	250,566,370,232,122
188	185	1995-01	925.56	패	76,222,289,824,611	76,222,289,824,611	174,344,080,407,510	174,344,080,407,510
189	186	1995-02	885.69	패	53,035,469,259,965	53,035,469,259,965	121,308,611,147,546	121,308,611,147,546
190	187	1995-03	931.78	패	36,902,079,511,083	36,902,079,511,083	84,406,531,636,462	84,406,531,636,462
191	188	1995-04	897	패	25,676,466,923,812	25,676,466,923,812	58,730,064,712,650	58,730,064,712,650
366	363	2009/11	1555.6	승	3,842,086,513,415	3,842,086,513,415	8,788,046,666,779	16,472,219,693,610
367	364	2009/12	1682.77	승	5,010,849,230,796	5,010,849,230,796	11,461,370,462,814	21,483,068,924,406
368	365	2010/01	1602.43	승	6,535,149,566,804	6,535,149,566,804	14,947,919,357,601	28,018,218,491,210

불어나 있다. 수익률이 무려 2,801,821,800%에 달한다! 독자들도 적 잖이 놀랐으리라 생각한다. 최초의 투자금액 100만 원이 1,000만 원이나 1억 원도 아닌 28조 원으로 불어난 것이다. 100만 원은 이 책을 읽는 독자 누구나가 어렵지 않게 투자할 수 있는 금액이라고 본다. 그런데 만약 그 100배인 1억을 투자했다고 가정한다면 가히 상상하기 힘든 금액이 보일 것이다.

이 투자 결과를 그래프로 나타내면 가공할 만한 복리수익의 결과를 한눈에 확인할 수 있다.

그림에 표시된 숫자는 각각의 대략적인 시점에서 현재 잔고를 나타내고 있다. 한때 58조 원까지 올라갔던 잔고가 그 10분의 1에도 못미치는 3조 원까지 떨어지는 아픔이 있긴 했지만, 이 역시 최초 투자원금의 3,000,000배에 육박한다는 사실을 기억하자. 그러고는 250조까지 상승했다가, 3,440억 까지 떨어졌다가, 현재 다시 회복해서

28조 원에 이르렀다. 100만 원으로 28조 원을 만든다니 도저히 믿기 힘든 사실이다. 혹시, 계산이 잘못된 건 아닐까? 아니다. 계산은 정확하다. 이 부분에 대한 생략된 시뮬레이션 결과는 펀드스쿨 자료실에 올려놓았으니 관심 있는 독자들은 다운로드해서 확인해보길 바란다.

그래도 뭔가 속고 있는 기분이다. 벌써 눈치를 챈 독자들도 있겠지만 이제 그 비밀을 풀어보자. 사실 이 문제의 함정은 투자기간에 있

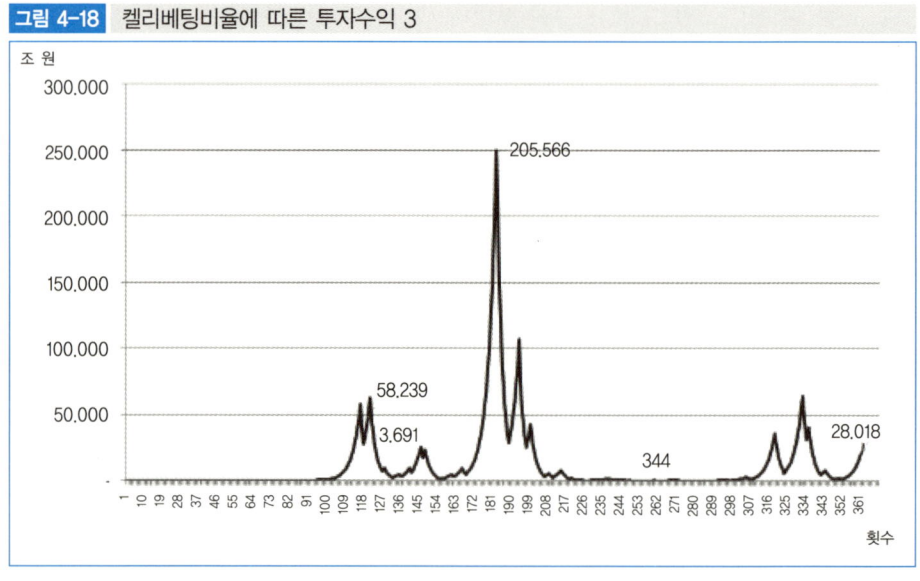

그림 4-18 켈리베팅비율에 따른 투자수익 3

는데 위와 같은 수익을 발생시키기 위해서는 타임머신이 필요하다. 즉, 본 시뮬레이션의 투자기간은 1979년부터 2010년까지로 31년간이 아니다. 사실은 365년간의 투자수익률인 것이다.

구체적으로 설명하자면 다음과 같다. 예를 들어 1996년 10월 1일의 수익률은 1995년 10월 1일에 시작한 투자의 결과이고 1996년 11

월의 수익은 1995년 11월에 시작된 투자 결과다. 따라서 한차례의 투자를 진행하려면 1년이 지나 투자수익을 확인한 후, 원금과 손익금을 모두 들고 타임머신을 타고 1년 전의 과거로 되돌아가서 그다음 달에 다시 2회차의 베팅을 해야 한다. 2회차는 '최초의 투자원금 +1회차 투자금의 손익금을 합산한 금액의 30.42%'를 재베팅해야 하는 것이다.

따라서 위와 동일한 결과를 타임머신 없이 얻으려면 다음과 같은 가정이 필요하다.

① 앞으로 365년 동안 당신은 매년 특정한 날을 기다렸다가 이전 해에 발생된 손익을 합산한 투자원금의 30.42%를 베팅해야 한다. 자손들에게 이러한 유언을 남겨야 하고 자손들은 반드시 이 유언을 실행해야 한다.
② 앞으로 365년 동안 매월의 주가 움직임은 과거 365개월간의 매일 주가 움직임과 동일해야 한다.

아 이런! 역시나 일장춘몽이었구나. 과거 한 달의 움직임이 미래 1년치의 움직임이라고 가정한 것이었구나. 갑자기 꿈이 사라져버리는 독자가 있다면 너무 슬퍼하고 있을 일만은 아니라는 것을 얘기해주고 싶다.

침착하고, 냉정하게 다시 한번 생각을 가다듬어보자.

이 시뮬레이션에서 아무것도 얻지 못하는 것은 아니다. 우리는 여기에서 매우 중요한 사실을 하나 발견할 수 있다. 즉 '수익이 발생한다' 는 사실이다. 또한 앞에서 살펴본 복리수익의 평균을 구해보면 누구라도 입가에 웃음이 번질 것이다.

365년간 2,801,821,800% 라는 투자수익률을 나타낸 365개 구간의 평균, 즉 1년간의 복리수익률은 4.81%다. 이 말은 1년 중 아무 날이나 잡아서 베팅을 하더라도 매년 평균 4.81%의 수익률을 얻음을 의미한다. 불확실성에 대한 확실한 우위가 있다는 것이며, 대수법칙에 의한 평균회귀라 할 수 있다.

한 가지 더 고무적인 일은 ±10%의 이익실현과 손절까지의 기간이 반드시 1년이 걸리지는 않는다는 사실이다. 1년 중에 10% 이상의 상승이 몇 번이라도 가능하고, 10% 하락도 마찬가지다. 일단 하나의 게임이 완료되면 바로 다음날 게임을 새로 시작할 수 있으므로 1년에 몇 번의 게임이라도 가능하다는 뜻이다. 정해진 기간 내에 ±10%의 변동성이 364번만 주어진다면 앞서의 시뮬레이션과 같은 결과 값을 얻을 수 있다. 그 기간이 얼마가 될지는 누구도 장담할 수 없지만 365년보다 훨씬 짧은 시간이 걸릴 것만은 확실하다.

다음의 표 4-21은 손익이 결정되는 평균적인 시간을 나타내고 있다.

표 4-21에서 10% 상승, 즉 수익확정까지 걸리는 기간은 평균 3.67개월이고, 손실확정까지는 4.37개월이 걸렸다. 또한 이기든 지든 승패를 결정짓는 데까지 걸리는 기간은 2.64개월이었다.

여기서 조금만 더 확장을 해본다면 1년 동안 매달 이러한 복리투자의 여행을 시작할 수 있다는 것이다. 즉 올해 2월에 100만 원으로

표 4-21 손익폭에 따른 승패 결정 소요기간

	A	B	C	D	E	F	I	J	K	L
1		종합주가지수(KOSPI)					수익확정소요기간	손실확정소요기간	승패결정소요기간	승패여부
2		Time	시가	고가	저가	종가				
15	1	1979-09	125.18	129.97	121.83	127.29	2	5	2	승
16	2	1979-10	128.72	130.54	115.86	115.86	3	6	3	승
17	3	1979-11	114.17	129.51	114.17	126.24	1	2	1	승
18	4	1979-12	126.68	126.68	118.32	118.97	2	3	2	승
19	5	1980-01	100	106.88	100	105.9	3	1	1	패
199	185	1995-01	1,026.17	1,029.83	905.05	925.56	5	1	1	패
200	186	1995-02	934.89	968.21	882.28	885.69	6	2	2	패
201	187	1995-03	891.31	968.8	891.31	931.78	7	3	3	패
202	188	1995-04	936.23	937.21	871.7	897	8	4	4	패
376	362	2009/10	1680.46	1685.01	1564.41	1580.69	3	9	3	승
377	363	2009/11	1543.24	1630.41	1519.4	1555.6	4	10	4	승
378	364	2009/12	1550.35	1695.33	1541.09	1682.77	5	11	5	승
379	365	2010/01	1681.71	1723.22	1595.39	1602.43	2	12	2	승
386					평균기간		3.67	4.37	2.64	

투자를 시작하는 하나의 계좌와 3월에 100만 원으로 시작하는 또 다른 계좌를 가질 수 있다는 뜻이다. 이로써 무한대의 날짜에 시작하는 무한대의 계좌를 갖게 된다. 매우 쉽게 얘기하면, 매월 정액적립식으로 베팅하는 몇 개의 펀드계좌를 가지고서 투자기간, 손실폭, 승률에 따른 전체 자산의 일정 비율만큼을 투자하면 된다는 의미다. 이 부분은 본서의 5부에서 다시 서술하고자 한다. 아무튼 결론은 승률에 대한 우위가 있다면 이러한 투자기법으로 반드시 상상 이상의 수익률을 얻는 것이 가능하다는 것을 보여준다.

다만 매우 중요하게 짚어야 할 부분이 있다. 1회 투자할 수 있는 베팅금액이 그것이다. 앞에서 본 시뮬레이션의 전제조건 중 하나가 전체 투자금액의 30.42%라는 금액을 투자해서 투자금을 모두 잃거나 투자금만큼 벌거나였다. 하지만 이는 현실적으로 무리가 따른다. 실제로는 주가지수가 10% 상승한다고 해서 수익이 2배로 증가하지는 않는다.

하지만 이 역시 해결방안이 있다. 게임의 규칙을 바꾸면 된다.

게임의 규칙을 바꿔서 다시 해봅시다

앞서 전제한 게임의 규칙 중에서 '100만 원을 투자해서 100만 원 모두 잃거나 아니면 2배로 벌거나'라는 조건 대신, '100만 원을 투자해서 20만 원을 벌거나, 아니면 20만 원을 잃거나'로 일부만을 바꿔서 다시 살펴보자. 그럼 계산 결과는 그림 4-19, 표 4-22와 같다.

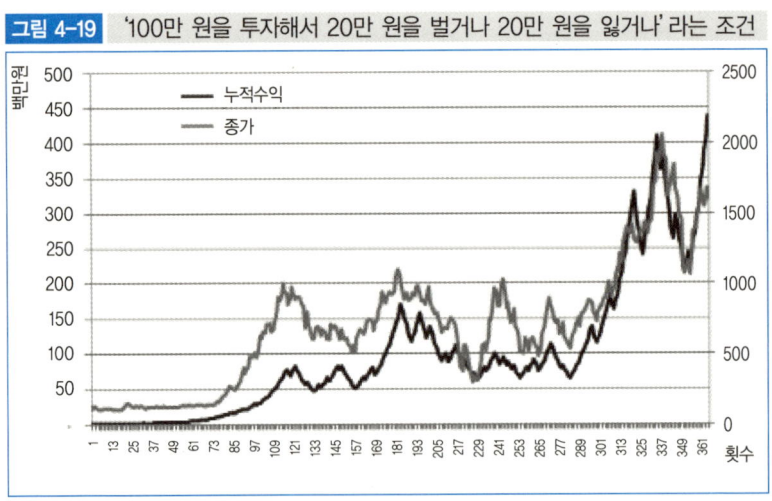

그림 4-19 '100만 원을 투자해서 20만 원을 벌거나 20만 원을 잃거나'라는 조건

표 4-22 켈리베팅비율과 분산금액에 따른 수익률

	A	B	F	K	L	M	N	O	P
1		종합주가지수(KOSPI)					20%		30.42%
2		Time	종가	승패여부	손익률	베팅금액	게임당손익금	베팅후대기자금	누적수익
3									1,000,000
4	1	1979-09	127.29	승	10	304,200	60,840	695,800	1,060,840
5	2	1979-10	115.86	승	10	322,708	64,542	738,132	1,125,382
362	359	2009/07	1557.29	승	10	88,350,832	17,670,166	202,085,828	308,106,826
363	360	2009/08	1591.85	승	10	93,726,097	18,745,219	214,380,730	326,852,046
364	361	2009/09	1673.14	승	10	99,428,392	19,885,678	227,423,653	346,737,724
365	362	2009/10	1580.69	승	10	105,477,616	21,095,523	241,260,108	367,833,247
366	363	2009/11	1555.6	승	10	111,894,874	22,378,975	255,938,373	390,212,222
367	364	2009/12	1682.77	승	10	118,702,558	23,740,512	271,509,664	413,952,734
368	365	2010/01	1602.43	승	10	125,924,422	25,184,884	288,028,312	439,137,618

좀 허탈해진다. 28조 원이던 수익금이 고작 4억 3,000만 원 정도로 줄어들었다. 물론 잃지는 않았지만, 367년간 투자해서 수익률이 500배에도 미치지 못하다니 도저히 베팅할 맛이 나질 않는다. 차라리 그냥 지수가 가는 대로 묻어두었으면 수익률이 더 좋았을 것이다. 뭐가 문제일까?

게임이 좀더 안전해진 것이다. 100만 원 베팅해서 대박 아니면 쪽박, 즉 2배 벌기 아니면 다 잃기에서 20%만 벌기 아니면 20%만 잃기로 바뀌었기 때문이다.

즉, 한꺼번에 10개의 게임 게임을 하던 것을 2개의 게임만 하는 것으로 가정을 해야 한다. 승률과 손익비는 바뀌지 않았으므로 켈리베팅비율 30.42%는 변함이 없다. 10만 원을 베팅해서 10만 원 벌거나 10만 원을 잃거나 하는 2개의 게임을 한꺼번에 진행하고 있는 효과를 나타내고 있는 것이다.

표 4-22에서 셀 P1은 켈리베팅비율로서 당신이 주식시장에서 발견한 승률과 손익비에 대한 고정된 베팅비율이다. 그리고 셀 N1은 당신의 전체 자산 중에서 주식시장에 투자하기로 계획한 투자금 중 주식을 사야 할 금액으로 생각해볼 수 있다.

이 경우 다음과 같은 설명이 가능하다.

당신이 투자할 주식시장이 만약 da펀스의 주식도박판 같은 조건이라면, 즉 향후 1년 동안 아무리 주식시장이 상승하더라도 당신은 10%의 상승분만 취하고, 아무리 주식시장이 폭락하더라도 당신의 손실폭이 -10%로 고정(손절매)된다면 당신이 얻을 수 있는 승률은

65.21%이다. 이 승률과 손익폭에 맞는 가장 적절한 베팅비율은 30.42%다.

만약 당신의 전체 자산이 3,000만 원이며 이 중 일부의 여윳돈 300만 원이 있어 주식형펀드에 모두 투자하기로 결정했다면 실제 당신이 주식형펀드를 사야 할 가장 적절한 금액은 30.42%인 약 100만 원 정도다. 표 4-22는 1년 이내에 10회만 베팅하기로 하고 현재 그에 대한 20%인 20만 원만을 베팅한 채 365년이 지났을 때의 결과를 보여주고 있다.

이상과 같은 da펀스의 주식도박판이라는 시뮬레이션을 통해 독자들은 다음과 같은 힌트를 얻을 수 있을 것이다.

"주식시장이 아무리 요동친다고 해봐야 앞으로도 과거 31년간의 변동폭 내에서 움직일 것이다. 따라서 아무 날이나 잡아서 생각 없이 던져뒀다가 10%쯤 상승하면 이익을 실현하고, 10% 손해 볼 때 팔고 하는 일만 반복해도 수익이 나겠구나. 그리고 그 승률은 65% 정도이고, 평균수익률은 대략 4.81%선일 것이고, 이런 조건일 때 켈리의 최적 베팅비율이 30.42%이므로 대략 30%를 베팅하는 것이 현명하겠구나. 만약 시장이 하락으로 돌아선다면 충분히 하락할 때까지 기다렸다가 또 다른 베팅을 하면 승률과 수익률은 더 높아지겠군. 거치식이든 적립식이든 결과 값은 같을 것이고."

세 선수의 동전던지기 게임

시장 참여자로서의 인간은 생각보다 간사하다. 보장된 수익창출 시스템이 있음에도 시간이 흐르면 좀더 수익을 많이 주는 방법을 찾게 되어 있다. 대부분의 투자자들이 펀드라는 문으로 들어왔다가 직접투자라든가 파생시장, 외환시장으로 건너가는 것도 대부분이 이러한 이유 때문이다.

만약 당신이 평생 동안 펀드투자를 한다고 했을 경우에도 수없이 많은 방법으로 시장의 수익을 노릴 것이다. 하지만 그때마다 만족보다는 자괴감에 빠져들 경우가 더 많을 것이다. 대부분의 노련한 투자자들은 가던 길만 간다. 시장에서 모험을 한다는 것은 쪽박으로의 지름길일 수도 있기 때문이다.

이번 페이지에서는 원칙 없는 물타기가 어떠한 결과를 보여주는지를 살펴보기로 하자. 실제 주식시장보다 훨씬 단순화된 동전던지기 모형을 가정한다.

지금 세 명의 도박꾼들이 총 100원이라는 자금을 들고 동전던지기 게임을 하고 있다. 하지만 일반적인 게임과는 약간의 차이가 있다. 필자가 제시하는 이 게임용 동전은 뒷면이 약간 불룩하다. 그래서 동전을 던지면 뒷면보다는 앞면이 나올 확률이 좀더 높다. 정확하게는 7번을 던지면 4번이 앞면이 나온다. 따라서 확률은 7분의 4이고 앞면이 나올 확률은 57.14%이며, 이를 세 명 모두가 알고 있다.

이를 켈리베팅공식에 의거하여 계산해보면 1회 베팅금액은 총 투자금액의 14.29%라는 답이 나온다. 하지만 독자들이 좀더 이해하기 쉽게 14.29%를 10%로 재구성하기로 한다.

지금부터 세 명의 도박꾼들을 소개하겠다. 먼저 1번 선수는 켈리의 법칙을 정확하게 이해하고 있다. 하지만 평소 복잡한 것을 싫어하여 14.29%를 계산하기가 번거로워서 그냥 매회 10%만 베팅하기로 한다(켈리베팅). 그다음 2번 선수는 이해는 빠르지만 소심한 성격의 소유자다. 따라서 반드시 승산 있는 게임이라는 것은 알고 있지만, 평소 너무 공부를 많이 한 나머지 고정관념에서 벗어나지 못해서 그냥 조금씩만 추가적으로 베팅해보기로 한다. 그래서 이 선수는 그냥 매회 10원씩만 베팅하기로 한다(정액베팅). 다음 3번 선수. 이 선수는 옆집 아저씨의 사촌의 고모의 조카가 지난 달 회사에서 받은 보너스 100원을 동전던지기에 모두 걸어서 제법 큰돈을 벌었다는 소문을 듣고 이 게임을 처음 알게 되었다. 그래서 며칠을 고민하다가 나름 소심하면서도 배짱 있는 계획을 세워서 투자하기로 한다. 총 자금 100원을 가지고 10번에 나누어서 베팅하기로 하는데, 만약 한 번이라도 손실이 나면 베팅금액의 2배를 베팅하기로 한다(배수베팅).

세 명의 선수 모두 만약 원금이 바닥나면 은행 대출을 받더라도 365회의 게임에 끝까지 참여하기로 했다.

자, 세 명의 선수들이 하루에 한 번씩 1년 동안 참여한 후의 결과는 어떻게 되었을까? 궁금한 독자들은 그림 4-20을 보시라.

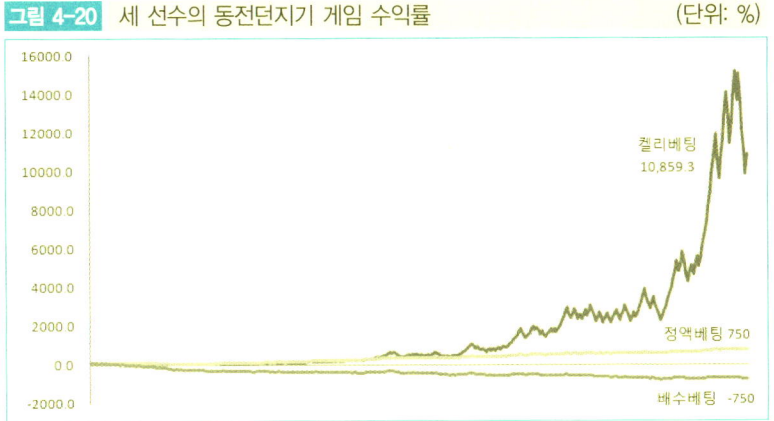

그림 4-20 세 선수의 동전던지기 게임 수익률 (단위: %)

먼저 2번 선수부터 살펴보자. 꾸준하게 상승 분위기를 형성하고 있다. 그리고 1번 선수는 한때 2번보다 약간 뒤처지기도 했지만 지금은 2배나 많은 수익을 올리고 있다. 3번 선수는 게임 초반 수익권에 있은 적도 있지만 애석하게도 현재 손실 상태로, 이 같은 추세로는 앞으로도 원금회복의 가능성이 보이지 않는다.

이제 면밀히 분석을 해보자. 1번 선수와 2번 선수의 공통점은 무엇일까? 그렇다. 한 번도 마이너스권으로 진입한 적이 없다는 것이다. 그러면 두 선수의 차이점은 무엇일까? 2번 선수의 수익곡선은 거의 직선에 가깝지만 1번 선수는 다차함수로 이루어진 곡선이란 점이다. 3번 선수는 1, 2번 선수와 달리 지속적으로 마이너스권에 있으며, 수익곡선이 하향추세의 1차 직선에 가깝다.

따라서 여기서 알 수 있는 것은 2번 선수의 정액베팅과 3번 선수의 배수베팅은 수익을 연결한 선분이 직선에 가깝다는 것이다. 이런 경우에는 복리의 수익을 기대하기가 힘들다. 참고로 복리수익의 곡선은 3-6과 3-7의 형태로 나타난다. 그리고 1번 선수의 켈리베팅은 들쭉날쭉하긴 하지만 한 번도 마이너스권으로 내려온 적이 없으며 수익을 연결한 선분이 직선이 아니라 곡선이다. 이 선수는 복리수익이 가능하다. 그들의 정확한 성적표는 다음과 같다.

표 4-23 세 선수의 동전던지기 게임 최종 잔고

A	E	F	G	H	I	J	K	L
순번		켈리베팅		정액베팅		배수베팅		
	승패	손익	잔고	손익	잔고	손익	베팅금액	잔고
1	앞	10.0	110.0	10	110	10	10	110
2	뒤	-11.0	99.0	-10	100	-20	20	90
3	뒤	-9.9	89.1	-10	90	-20	20	70
4	앞	8.9	98.0	10	100	10	10	80
5	뒤	-9.8	88.2	-10	90	-20	20	60
5	앞	8.8	97.0	10	100	10	10	70
7	앞	9.7	106.7	10	110	10	10	80
7	뒤	-10.7	96.1	-10	100	-20	20	60
360	앞	1367.9	15046.7	10	780	10	10	-680
361	뒤	-1504.7	13542.0	-10	770	-20	20	-700
362	뒤	-1354.2	12187.8	-10	760	-20	20	-720
363	뒤	-1218.8	10969.0	-10	750	-20	20	-740
364	뒤	-1096.9	9872.1	-10	740	-20	20	-760
365	앞	987.2	10859.3	10	750	10	10	-750

적립식과 물타기

우리는 가상의 동전던지기 게임에서 각 참가자들의 성적이 어떻게 나왔는지를 살펴봤다. 그렇다면 이들 중 정액베팅과 배수베팅을 한 선수만 따로 실제 시장에서 겨룬다면 어떤 결과가 나올까?

실제 주식시장에서 데이터를 가공한 'da펀스의 주식도박판'을 적용해보면 다음과 같은 결과가 나온다. 먼저 정액베팅 선수는 매회 10만 원씩을 무조건 베팅하는 것으로 설정하였다. 배수베팅에는 두 명의 선수가 나섰는데 하락 시 2배수 베팅과 4배수 베팅을 한다고 설

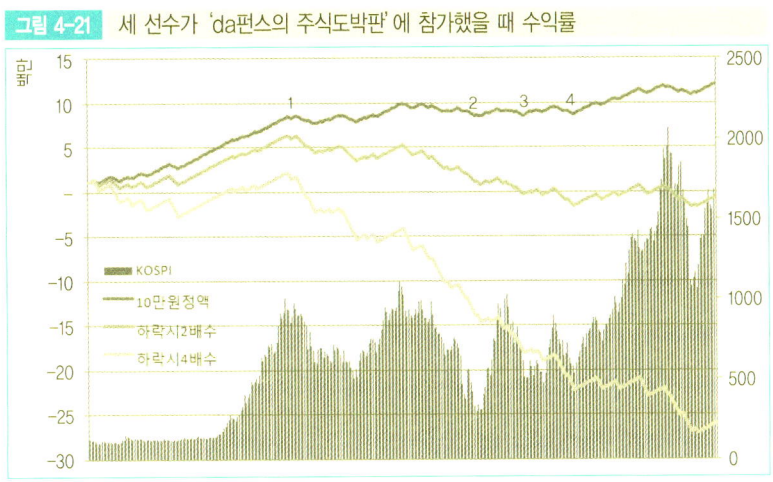

그림 4-21 세 선수가 'da펀스의 주식도박판'에 참가했을 때 수익률

정하였을 경우다. 365회 베팅의 결과를 그림 4-21과 표 4-24에서 확인할 수 있다.

먼저 데이터를 확인해보자. 10만 원씩 정액으로 베팅한 선수는 상기의 기간 동안 단 한 차례도 잔고가 마이너스로 내려간 적이 없었다. 그리고 하락할 때마다 2배수 베팅을 한 선수는 그나마 원금을 보전할 수 있었다. 반면 4배수를 베팅한 선수는 참담한 손실을 기록했다. 그는 단 3번의 베팅으로 초기 자금 100만 원이 모두 바닥났다. 그 이후부터 매회 베팅한 40만 원씩은 빌려서 투자한 돈이다. 그리고 그림 4-21의 그래프에서 볼 수 있듯 이 안타까운 선수는 1번 지점을 제외하고는 이후 단 한 차례도 원금회복의 고지를 밟아보질 못했다. 게임이 중반을 넘어선 2, 3, 4번 지점에서 각 선수들의 저점을 확인해보라. 정액베팅 선수는 2번 포인트에서 최저점을 기록한 반면 4배수 선수는 한참 시간이 지난 4번 포인트에서 최저점을 기록한다. 그뿐 아

표 4-24 세 선수가 'da펀스의 주식도박판 게임'에 참가했을 때 최종 잔고

	A	B	C	K	N	T
1				만원투자		만원투자
2		종합주가지수(KOSPI)		10%		
3	no	Time	KOSPI	10만원정액	하락시2배수	하락시4배수
4	1	1979-09	127.29	1,100,000	1,100,000	1,100,000
5	2	1979-10	115.86	1,200,000	1,200,000	1,200,000
6	3	1979-11	126.24	1,300,000	1,300,000	1,300,000
7	4	1979-12	118.97	1,400,000	1,400,000	1,400,000
8	5	1980-01	105.9	1,300,000	1,200,000	1,000,000
9	6	1980-02	103.74	1,200,000	1,000,000	600,000
10	7	1980-03	105.01	1,100,000	800,000	200,000
361	358	2009/06	1390.07	11,400,000	- 1,300,000	- 26,700,000
362	359	2009/07	1557.29	11,500,000	- 1,200,000	- 26,600,000
363	360	2009/08	1591.85	11,600,000	- 1,100,000	- 26,500,000
364	361	2009/09	1673.14	11,700,000	- 1,000,000	- 26,400,000
365	362	2009/10	1580.69	11,800,000	- 900,000	- 26,300,000
366	363	2009/11	1555.6	11,900,000	- 800,000	- 26,200,000
367	364	2009/12	1682.77	12,000,000	- 700,000	- 26,100,000
368	365	2010/01	1602.43	12,100,000	- 600,000	- 26,000,000

니라 지수가 급격하게 상승하는 구간에서도 거의 횡보하는 수준을 보이고 있을 뿐이다. 이미 투자금이 바닥난 상태이기 때문이다.

여기서 정액베팅 선수는 정액적립식, 배수베팅 선수는 임의적립식의 한 형태로 가정한 것이다. 물론 이상과 같은 데이터에는 논란의 여지가 있을 수 있다. 대부분 투자자들의 실제 투자에서는 이러한 식의 그래프가 나타나진 않을 것이기 때문이다. 하지만 자신의 펀드가 손실을 보고 있는 상태에서 부동산을 담보로 개념 없는 추가 적립을 하거나 펀드담보대출, 주식담보대출 등 레버리지를 좋아하는 투자자들은 이 그래프를 심각하게 다시 한번 살펴보길 당부한다.

필자가 이 시뮬레이션을 통해 강조하고 싶은 것은 배수베팅의 손실이다. 본 시뮬레이션에서는 손실 날 경우 2배, 4배만 베팅금액을

증가시키는 것으로 했다. 하지만 실제 투자에서 손실이 날 경우 미리 정해진 투자금액만을 베팅하기란 쉽지가 않다(인간은 항상 느낌과 감정의 지배를 받기 때문이고, 특히 돈 앞에서는 더더욱 그렇기 때문인 것 같다). 5배, 10배, 심지어는 동원할 수 있는 모든 투자금액을 하락 시에 올인하는 것을 보기도 한다. 그만큼 투자심리를 극복하기가 힘들기 때문이다. 독자들이 눈여겨봐야 할 점이 바로 이것이다. 실제 펀드투자에 있어서 손실 시 단순히 2배수만을 추불할 수 있는 절제력을 가진 투자자는 드물 것이다. 단순히 2배수만을 추불했을 뿐인데도 최종 결과는 원금을 유지할까 말까 한 수준이었다.

여기서 배수베팅은 실제 투자에서의 물타기를 가정한 것이다. 일반적으로 물타기는 손실이 발생한 상태에서 계획되지 않은 자금을 더 투입하는 경우를 말한다. 그렇게 하면 손실률이 내려가기 때문에 일시적으로 심리적 안정을 얻을 수 있기 때문이다. 하락 시에 손절을 할 것인가, 물타기를 할 것인가를 결정하는 것은 매우 어렵다. 필자의 경험으로 볼 때 대다수 초보 투자자는 손실을 끊기보다는 오히려 추가적으로 투자금을 높여 베팅하는 경우를 많이 봤다. 가끔씩 초보 투자자들이 손실을 끊는 경우도 있긴 하다. 그럴 때는 보통 더 이상 추가적인 투자금을 구할 곳이 없을 때이므로 자신의 의지에 따라 손절을 하는 것이 아니라 상황의 압박에 굴복하는 것이다. 대부분의 개미들이 비슷한 양상을 보인다. 적어도 필자가 봤을 때는 그러하다.

그렇다면 물타기와 적립식은 어떻게 구분할 수 있을까? 매우 쉽게 제시할 수 있는 기준이 있다. 논리적이면 적립식, 비논리적이면 물타기다. 즉 미리 정해진 베팅금액이나 시나리오대로 투자한다면 적립식이고, 어떠한 이유도 없이 단순히 심리적인 이유만으로 하락 시 추가 베팅을 한다면 물타기다.

물타기를 한다고 해서 반드시 나쁜 것은 아니다. 오히려 예상대로 충분한 수익을 거둘 때도 있다. 하지만 대수의 법칙을 기억하자. 주사위를 5번 던져서 1이 3번 나올 수는 있으나 100만 번을 던진다면 분명히 6분의 1이라는 확률에 수렴한다.

켈리의 공식이 독이 될 때

켈리의 공식에 따라 동일한 시장, 동일한 기간 동안 서로 다른 베팅비율을 적용해보자.

가장 처음 그림은 (A)는 1회 베팅비율을 5%로 잡았을 때 산출된 데이터이며 가장 마지막 (E)는 70%로 했을 때의 그래프다. 하나의 화면에서 상대적으로 표현하기 어려울 만큼 편차가 커서 각기 다른 그림으로 표현하였다. 차트에 대한 데이터시트는 다음 표 4-25와 같다. 그림 4-22에서 잘 표현되지 않은 부분은 아래의 데이터테이블을 참고하라.

정해진 투자기간의 수익률을 필자가 임의로 나타낸 것이므로 독자들은 투자기간에는 크게 신경 쓰지 말기 바란다. 다만 70% 베팅의 최종 수익률을 보자. '0'을 나타내고 있다. 실제 '0'은 아니고 근접한다는 뜻이다. 351번 셀들을 참조하라.

이 시뮬레이션은 동일하게 주어진 조건하에서 베팅비율의 중요성

그림 4-22 베팅비율별 수익률

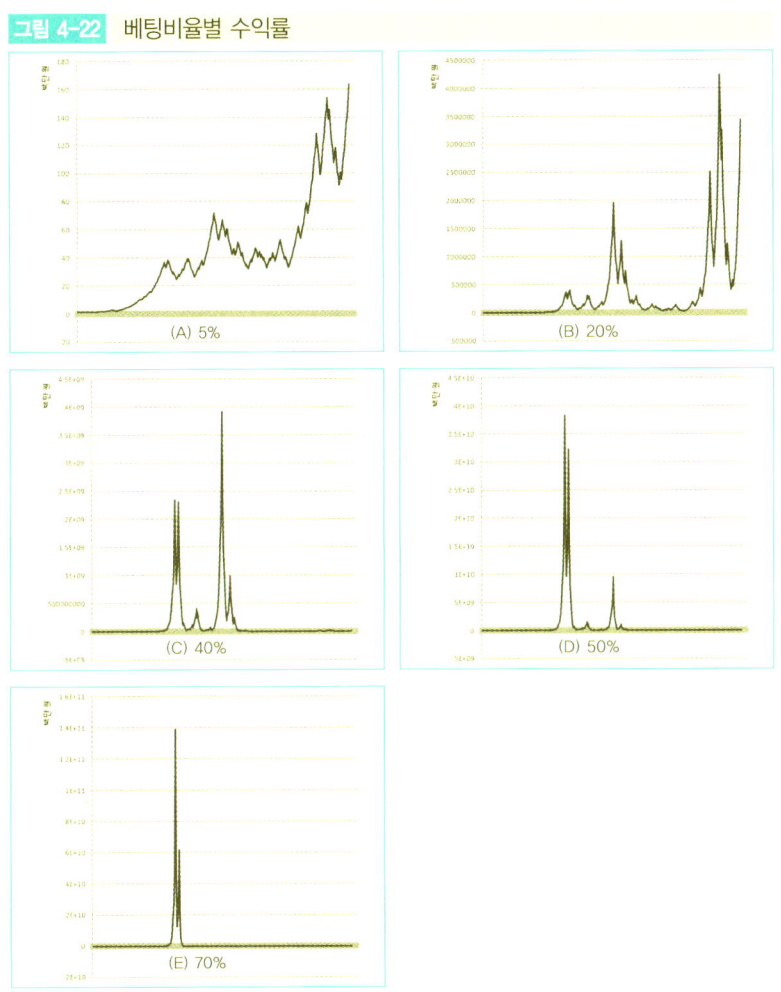

을 나타내고 있다. 가령 5% 베팅의 결과보다는 20%를 투자했을 때의 수익이 더 크다. 하지만 40% 베팅의 결과보다 50%를 베팅한 결과는 크지 않다. 심지어 70%를 베팅한 결과는 거의 '0'을 기록하고 있다. 만약 이 경우 빚을 얻어 100%를 초과한 베팅을 한다면 투자 결과는 '0' 이하가 될 것임을 예상할 수 있을 것이다.

표 4-25 베팅비율별 수익률

	A	B	C	D	E	F	G	H	I
1						켈리베팅의 비율			
2	KOSPI	5.0%	10.0%	20.0%	30.0%	40.0%	50.0%	60.0%	70.0%
4	1979-09-01	950,000	900,000	800,000	700,000	600,000	500,000	400,000	300,000
31	1981-12	982,631	932065.348	751,447	516,761	295,090	133,484	43,980	8,974
94	1987-03	2,995,594	8098110.61	44,043,415	162,596,438	401,548,198	631,992,017	570,899,077	237,698,780
122	1989-07	11,743,115	116782801	7,260,321,941	252,072,164,643	4,958,184,464,120	53,860,061,597,070	296,427,748,447,529	673,902,009,314,414
132	1990-05	11,655,261	113314235	6,423,468,193	189,954,273,182	2,938,735,764,622	22,722,213,486,264	77,706,755,689,029	89,393,775,437,566
137	1990-10	9,018,619	669109222.9	2,104,842,057	31,925,614,694	228,516,093,057	710,069,171,446	795,717,178,256	217,226,874,313
138	1990-11	8,567,688	60219830.6	1,683,873,646	22,347,930,286	137,109,655,834	355,034,585,723	318,286,871,302	65,168,062,294
140	1991-01	7,732,338	48778062.8	1,077,679,133	10,950,485,840	49,359,476,100	88,758,646,431	50,925,899,408	5,865,125,606
169	1993-06	6,530,690	33478288.2	431,903,609	2,132,926,362	3,745,415,548	1,974,641,518	223,974,474	2,786,520
173	1993-10	7,938,095	49015561.8	895,595,324	6,091,850,982	14,388,388,369	9,996,622,683	1,467,839,114	23,273,292
192	1995-05	15,716,885	186136514	11,498,713,729	239,859,102,012	1,598,838,697,612	2,918,306,664,809	1,057,689,550,064	39,187,063,701
210	1996-11	10,426,903	80125666	1,929,164,040	13,827,399,911	26,854,350,579	11,399,635,409	693,167,424	2,571,063
231	1998-08	3,737,898	9741410.42	22,241,747	11,033,196	981,838	10,872	8	0
307	2004-12	8,108,292	39470422	201,009,789	119,853,010	6,461,905	19,107	1	0
313	2005-06	9,386,362	52535131.7	347,344,915	263,317,062	17,731,467	64,486	5	0
319	2005-12	12,578,623	93069190.5	1,037,166,359	1,270,981,166	133,509,719	734,533	84	0
320	2006-01	13,207,554	102376110	1,244,599,631	1,652,275,515	186,913,607	1,101,800	135	0
329	2006-10	20,489,251	241397511	6,421,860,722	17,521,554,665	3,861,830,780	42,356,900	9,254	0
340	2007-09	27,457,556	427650416	19,175,573,366	84,573,197,752	29,077,793,886	482,471,566	155,252	0
341	2007-10	28,830,434	470415458	23,010,688,039	109,945,157,078	40,708,911,440	723,707,348	248,403	0
342	2007-11	30,271,956	517457004	27,612,825,647	142,928,704,201	56,992,476,016	1,085,561,023	397,445	0
351	2008-08	34,868,574	675029440	43,974,109,641	260,035,294,108	110,346,917,115	2,060,869,754	666,801	1

이러한 결과는 조건에 따라 정해진 황금비율이 존재한다는 것을 의미한다. 그림에서 본다면 최상의 투자 결과는 30% 베팅의 경우다. 주지하는 바와 같이 이 비율이 투자의 모든 순간에 항상 최상의 수익을 주는 것은 아니다. 자신의 투자기법으로 찾아낸 승률과 손익비에 따라 달라진다. 자신의 투자기법이 훌륭하면 훌륭할수록 베팅비율은 높아진다는 것을 의미한다.

앞의 데이터를 모두 종합한 후 켈리의 공식에 의한 투자 결과를 그래프로 표시한다면 그림 4-23과 같은 결과를 예상할 수 있을 것이다.

그림에서 X축은 베팅비율을 나타내고 Y축은 손익을 나타내고 있다. 또한 그래프의 기울기는 승률과 손익비율에 따라서 달라질 것이다. 이 그래프는 적절하지 못한 베팅비율은 마이너스 수익률을 가져올 수 있다는 것을 나타내고 있다.

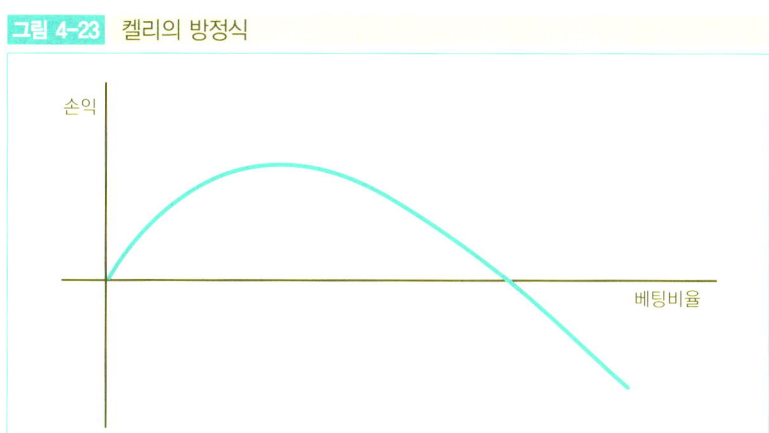

그림 4-23 켈리의 방정식

이처럼 켈리의 공식은 적용할 수 있는 잣대에 따라 다양한 시장에서의 베팅비율을 추출할 수 있게 해준다. 하지만 궁극적으로 가장 적절한 베팅비율은 극히 주관적인 영역이 될 수밖에 없다.

최적의 자금운용, 켈리베팅비율을 찾아라

펀드투자 실용서인 본서에서 켈리의 공식을 길게 설명한 가장 큰 이유 중 하나를 하나 꼽으라면, 결코 빚을 지고 투자해서는 안 된다는 것이다. 펀드투자는 장기적인 관점에서 이루어져야 하고 긴 시간을 투자해야 하지만, 반드시 많은 역량이 필요한 것은 아니다. 진정한 복리수익의 의미를 이해할 수 있을 정도면 충분하다고 본다.

또한 모든 사람이 공평하게 가진 시간이라는 자산이 가장 큰 수익의 원천이라 할 수 있는 만큼, 외부적인 요인으로 환매 압박에 시달린다면 성공은커녕 파산으로 이어진다는 점을 켈리의 공식은 증명하고 있다.

만약 독자들이 대박의 환상을 버리고 일반인이 투자할 수 있는 수준의 투자원금으로 시장의 평균수익률보다 어느 정도만 더 높은 투자수익을 목표로 한다면 이 책에서 얻어야 할 가장 중요한 것을 얻은 것이다. 그러기 위해 포트폴리오의 구성보다 자금운용이 더 중요하다는 사실을 충분히 인지하였다면 플러스 알파까지 얻은 것이다.

자금운용의 가장 훌륭한 대안은 켈리베팅비율이라는 것도 알았다. 하지만 시장상황에 따라 언제 사고 언제 파느냐에 따라 그 비율이 항상 변할 수밖에 없다는 문제는 여전히 안고 있다.

무슨 좋은 방법이 없을까? 시장에서는 욕심을 줄이면 보이지 않던 길이 보이는 수가 많다. 수익을 조금 덜 취하면 된다. 즉 시장 평균의 수익만 취한 후 시간을 분할해서 투자하는 것이다. 이것이 시간에 대한 분산투자다. 즉 각기 다른 시점에서 시작하는 켈리베팅비율의 계좌를 가지면 된다. 그리고 이러한 계좌들을 다시 한 계좌로 묶는 것이다.

예를 들어 매월 1개씩 12개의 계좌를 운용한다. 1월에 1번 계좌를 운용하고 2월에는 또 다른 계좌에서 시작한다면 시간에 대해 분산투자 효과를 누릴 수 있다. 이런 식으로 12월까지 운용한다면 12개의 계좌가 될 것이다. 이 계좌들을 다시 하나의 계좌로 묶는다면 하나의 계좌에서 매월 적립하는 정액 적립식펀드 계좌가 되는 것이다.

지금까지 살펴본 시뮬레이션은 우리 시장에서 1978년부터 2008년 8월까지의 데이터를 근거로 ±10% 변동성만을 취할 때 가장 효과적인 베팅비율이다. 따라서 독자들은 임의의 기간 동안 임의의 투자 대상에 대한 임의의 변동성을 취할 수도 있고, 전 세계 어떤 투자처나 상품에 대해서도 승률과 손익비만 밝혀낸다면 켈리베팅비율로 자금운용을 할 수 있다. 시장 전체에 투자한다고 할 수 있는 펀드투자에서 켈리의 공식을 활용하면 더욱 유용하다. 특히 평생이라는 긴 시간 동안 투자한다면 더더욱 그렇다. 매일 높은 수익률을 기대한다는 것은 시장에서의 대수의 법칙, 즉 먹을 수 있는 '확률'을 포기하는 것이고, 평생 동안 지속될 복리수익률을 포기하는 것과 마찬가지다. 정작 신경을 써야 하는 것은 수익률이 아니라 수익금이다. 당신의 지갑을 채워주고 노후생활을 편안하게 해줄 수 있는 것은 수익률이 아니라 바로 수익금이기 때문이다.

Part 5

총정리:
펀드, 이대로만 하면
무조건 돈 번다

"시장이 정점인지 바닥인지 예측하려 드는 것은 시간 낭비일 뿐이다.
나는 한 번 이상 연속해서 시장을 정확히 예측한 사람을 본 적이 없다."
피터 린치

{ 여유자금 6,000만 원과 매월 50만 원씩을
모두 펀드에 투자하고 싶어요

계좌를 두 개 이상 만들고 1번 계좌는 잊어라

쌩초보하늘비 da펀스님 맞벌이 부부인데요, 현재 은행 통장에 6,000만 원이 잠자고 있어요. 그리고 매달 50만 원씩 여유자금이 있어요.

주인장da펀스 그럼 50만 원의 여유자금은 어떻게 운용하고 있나요?

쌩초보하늘비 은행에 적금을 넣고 있는데 이율이 너무 낮아요. 다음 달이 만기인데요. 우량주를 사서 오래 묻어둘까 했는데 주위에 주식투자로 손실을 본 사람이 너무 많아서 왠지 불안하더라고요. 이젠 그나마 덜 위험한 펀드로 노후를 준비하고 싶어요. 수익률 높은 펀드랑 투자하는 방법 좀 소개해주세요.

주인장da펀스 네, 잘 생각하셨습니다. 근데, 펀드투자의 목적이 단지 노후준비인가요? 그리고 50만 원의 여유자금이 언제까지 매달 가능할까요?

쌩초보하늘비 노후에 해외여행도 많이 하고, 좋은 실버타운에서 여유 있는 생활을 하고 싶어요. 그리고 65세가 정년이라고 가정할 때 앞으로 30년 정도는 항상 최소한 50만 원의 여유자금이 생길 것 같아요. 자녀교육비, 경조사비나 부모님 용돈 같은 다른 필요한 부분들은 제 월급에서 충당할 수 있고요. 그리고 저는 펀드에 대해서 아무것도 몰라요, 펀드 계좌도 아직 만들어본 적이 없거든요.

> 주인장da펀스 앞으로 30년이라는 말이죠. 그럼, 다음과 같은 조건을 전제로 하고 계획을 잡아볼까요? 먼저, 하늘비님의 여유자금 50만원은 앞으로 30년간 매월 절대 줄어들어서는 안 됩니다. 남편이 실직을 한다거나 아니면 다른 어떤 이유로도 말이지요. 그게 가능하다면 다음의 순서를 따라서 하시면 됩니다.

① 은행이나 증권사에 가서서 인덱스펀드 계좌를 하나 만듭니다. "이 금융사에서 파는 인덱스펀드 중 수수료가 가장 싼 걸로 주세요"라고 말하세요. 그러면 창구직원이 아마 이번에 새로 출시된 다른 펀드가 좋다고 추천할 수도 있습니다. 그래도 그건 절대로 가입하지 마시구요, 그냥 인덱스펀드 계좌를 만들어달라고 재차 강조해보세요. 그럼 조금 언짢은 기분이겠지만 만들어줄 겁니다.

② 그런 다음에 바로 돈을 넣지는 마시구요, 펀드스쿨 왕초보 게시판에 질문을 올려보세요. '방금 은행에서 ○○인덱스펀드를 소개해주던데요. 가장 수수료가 싸고 좋은 펀드가 맞나요? 왕초보라서 죄송합니다' 라고요. 그럼 몇몇 회원들이 답변을 해주실 겁니다. 생각보다 선한 마음으로 활동하시는 회원들이 많은 곳이 펀드스쿨입니다. 그럼 이제 커피한 잔 옆에 두고요. 답변을 잘 검토해보시고 다른 인덱스펀드들도 찾아보세요. 이젠 계좌를 만들었으니 만들기 전과

는 아마 펀드에 대한 느낌이 좀 다를 겁니다. 며칠 동안 더 알아보세요.

③ 다른 회원님들 답글도 읽어보고 여기저기 알아보신 후에, 대한민국에서 가장 수수료가 싼 인덱스펀드가 맞고, 앞으로 30년 이내에 절대 없어지지 않을 정도의 규모를 가진 펀드라고 판단이 되시면 통장을 꺼내세요. 그리고 통장 겉면에 1번 계좌라고 쓴 다음 그 밑에 작은 글씨로 이 계좌의 별명을 적어두세요. '영구망각 계좌' 또는 '지구가 망하지 않는 한 관심 가지지 않을 계좌' 정도로 해두시면 좋을 겁니다.

④ 그런 다음에는 다시 은행으로 가서 지난번에 만들었던 펀드랑 똑같은 펀드로 두 개를 더 만드세요. 이들을 각각 2번 계좌와 3번 계좌라 이름을 붙이는데 별명은 조금 있다 생각해봅시다. 이제 총 세 개의 인덱스펀드 계좌를 갖게 되셨네요.

⑤ 이제 1번 계좌와 여윳돈이 들어 있는 은행계좌에 매월 50만 원씩 자동이체를 걸어두세요.

이제 다 됐네요. 1번 계좌나 매월 이체되는 금액은 앞으로 30년 동안은 없는 돈이다 생각하시고 절대 관심을 가지지 마세요. 그럴 수 있으시죠? 자신 있나요?

〖쌩초보하늘비〗 어머머, 당근 자신 있죠! 그냥 자동이체 걸어두고 잊어버리

라는 것 아녜요? 그렇게 쉬운 걸 누가 못 해요. 그런데 왜 같은 펀드를 왜 세 개나 만들라고 하신 거예요?

주인장da펀스 실제로 해보면 그냥 묻어두기가 생각보다 훨씬 어려우실 텐데요. 어떤 경우에도 그렇게 하시리라 믿고, 그 결과를 한번 예측해볼게요. 이것은 한 예일 뿐이니까 액수가 정확히 그렇게 된다는 것은 아니라는 걸 먼저 말씀 드립니다.

연평균 10%의 수익을 시장에서 준다고 가정할 때 하늘비님의 자산이 30년 후에 어떻게 되는지 표 5-1을 한번 보세요. 50만 원을 매월 적립하는 경우와 6,000만 원을 거치식으로 넣어두는 경우 둘 다 시뮬레이션해봤습니다.

표 5-1 연평균 10% 수익률, 30년간 인덱스펀드에 투자했을 때

	A	B	C	D	E	F
1				적립식		거치식
3	no	시장수익	월적립	1년적립원금	적립식원금	거치식원금
5	1년	10%	500,000	6,000,000	6,000,000	60,000,000
6	2년	10%	500,000	6,000,000	12,600,000	66,000,000
7	3년	10%	500,000	6,000,000	19,860,000	72,600,000
8	4년	10%	500,000	6,000,000	27,846,000	79,860,000
9	5년	10%	500,000	6,000,000	36,630,600	87,846,000
10	6년	10%	500,000	6,000,000	46,293,660	96,630,600
30	26년	10%	500,000	6,000,000	655,090,592	650,082,357
31	27년	10%	500,000	6,000,000	726,599,651	715,090,592
32	28년	10%	500,000	6,000,000	805,259,617	786,599,651
33	29년	10%	500,000	6,000,000	891,785,578	865,259,617
34	30년	10%	500,000	6,000,000	986,964,136	951,785,578
35					-	951,785,578
36	합계			180,000,000		

시장나이세살 우와, 굉장한데요. 적립 원금이 1억 8,000만 원인데 9억

8,000만 원이 넘는군요. 근데요, 거치식 투자에 비하면 약간 억울한 것 같기도 하네요. 거치식은 최초에 6,000만 원을 투자해놓고 그냥 뒀는데 9억 5,000만 원으로 비슷한 액수가 되잖아요. 그렇게 보면 거치식의 수익률이 3배 이상 되는 거 아닌가요?

주인장da펜스 그렇죠, 사실은 적립식이나 거치식이나 장기적으로 보면 같다고 생각하시면 됩니다. 하지만 심리적으로 적립식이 유리하죠. 다음을 보세요.

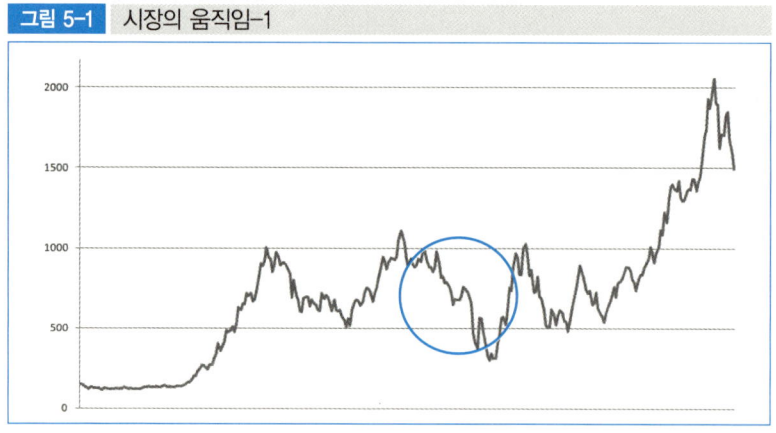

그림 5-1 시장의 움직임-1

시장은 바로 이런 모습을 보이며 움직입니다. 단 몇 개월 만에 원금이 반 토막 나기도 하고, 두 배로 올라가기도 하지요. 그래서 미래의 주가상승에 대한 확실한 믿음이 없는 사람이라면 복리라는 선물을 받을 수 없는 겁니다. 하지만 이것도 멀리서 봐서 그런지 그렇게 위험해 보이지가 않네요. 이 그림에서 동그라미 부분을 확대해서 잠깐 살펴볼까요?

1000포인트 이상이던 주가가 300포인트까지 3분의 1 이하로 폭락했습니다. 이것만으로는 아마 실감이 잘 안 나실 겁니다.

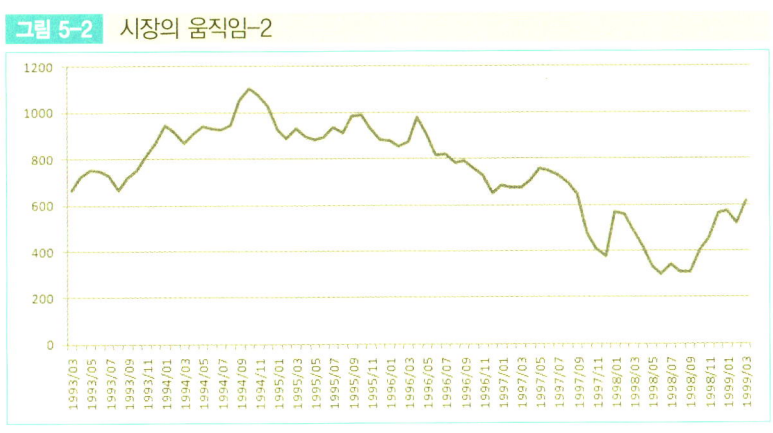

그림 5-2 시장의 움직임-2

그럼 이렇게 한번 볼까요? 만약 1억 원을 투자했는데 그 돈의 반은 아파트를 담보로 한 대출이었습니다. 그런데 그 투자를 시작하자마자 계속 떨어지기만 해서 이제 3,000만 원밖에 남지 않았어요. 엎친 데 덮친 격으로 부동산가격도 폭락을 해서 1억 원하던 집이 이제 5,000만 원밖에 안 된단 말이죠.

그러자 은행으로부터는 부동산 담보대출을 상환하라는 압박이 들어오고 평소 한 달에 50만 원을 납부하던 대출이자도 이자율이 급등해서 이제는 200만 원을 달래요. 200만 원이라고 하면 신혼 초 남편의 한 달 월급보다 많은 액수죠. 근데 더 암울한 것은 앞으로 주가가 더 떨어질 것 같다는 거예요. 이런 일들 때문에 많은 사람들이 주식시장에 웃고 들어왔다가 피눈물을 흘리고 나가게 되는 겁니다. 듣기 다소 거북하실지 모르지만 그만큼 위험한 곳이죠.

자, 이런 상태에서 만약 거치식으로 들어왔다면 폭락을 견딜 수 있는 분들이 얼마나 될까요? 아마 거의 없을 것입니다. 이러한 폭락을 견딜 수 있는 사람들은 크게 보면 딱 두 부류밖에 없습니다. 먼저 투자한 돈이 너무 적어서 잊어버렸거나 다른 일이 너무 바빠서 관심을 가질 일이 없는, 그러니까 계좌에 완전 무관심한 사람들이죠. 그리고 다른 부류는 지금 들어가 있는 돈보다 투자할 수 있는 돈이 더 많은 투자자입니다. 이들이 어떻게 살아남느냐고요? 폭락 이후에는 반드시 반등이 오기 때문입니다. 항상 그래왔고 앞으로도 그럴 겁니다.

(쌩초보하늘비) 설명을 들으니 정말 실감이 나네요. 그런데 왜 같은 펀드를 왜 세 개나 만들라고 하신 거예요?

2번 계좌에 정액적립식 추불을 시작할 시점

(주인장da편스) 자, 그럼 지금부터 미리 준비해두었던 2번 계좌의 용도를 설명하겠습니다. 1번 계좌처럼 먼저 별명을 붙여보죠. '남들이 울고 있을 때 추불하기 시작하는 계좌' 정도로 하면 가장 적당한데요, 왜 그런지 설명을 들으면 이해가 되실 겁니다. 다음 그림(5-3)을 봐주세요.

이 책의 4부에서 우리는 적립식펀드에 가장 효과적인 지수 움직임은 하락 후 상승이라는 것을 시뮬레이션해봤습니다. 그렇다면 가 지점은 지수가 하락한 곳이니까 적립을 시작해도 될까요? 글쎄요, 사실 이 지점에서 앞으로 어떻게 될지 아무도 모릅니다. 더 하락할지 이쯤에서 반등으로 돌아설지 그냥 옆으로 누워버릴지 모른다는 거죠. 따라서 이 지점부터는 '앞으로 3년 후에는 적어도 지금보다 주가가 높아져 있을 거야'라고 생각할 수 있는 지점을 찾는 것이 중요합니다. 가 지점이 될 수도 있고 나 또는 다가 될 수도 있겠죠. 그리고 그때부터 2번 계좌에 아무 생각 없이 정액적립식으로 투자를 시작하면 됩니다.

그림 5-3 2번 계좌의 운용법

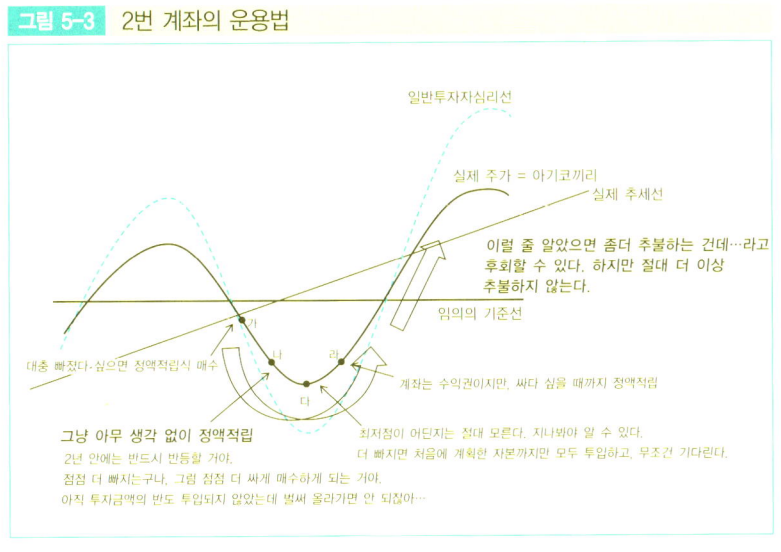

`시장나이세살` 아하, 남들이 울고 있을 때 투자를 시작하라는 얘기네요.

`주인장da펀스` 바로 그겁니다. 이때는 대개 사회 전반적으로 살기 어렵다는 얘기들이 많아지고 암울한 뉴스가 자주 나올 겁니다. 투자를 시작하려면 큰 용기가 필요하죠. 하지만 앞에서 제가 계속 얘기했듯이 경제상황이든 주식시장이든 한쪽 방향으로만 언제까지고 진행되지는 않는다는 것을 믿어야 합니다.

2부에서 살펴본 경기 변동 사이클을 예로 들면 우리나라의 평균 경기 변동 사이클은 50개월이었잖아요? 이를 매우 단순화시켜서 상승 25개월 하락 25개월로 나눌 수 있다고 볼 때, 상승 25개월에만 추불을 하지 않으면 됩니다. 대략적인 하락기간 중에서도 저점구간이 14개월 정도 되니까 완전 저점에서 시작하지 않았더라도 앞으로 추불하는 25개월 안에는 반드시 포함될 거라는 마음으로, 저점에서 서서히 모아간다는 생각으로 접근을 하시면 됩니다. 왜 그런지는 앞의 표 4-16을 참조해주시구요.

그럼 아마 예상컨대 라 지점까지 추불을 하게 되겠죠. 이 부분은 앞의 4-15를 한번 보세요. 너무 반등을 해버리면 추불을 멈추면 되고, 그도 아니면 적립할 투자금이 떨어질 때까지만 추불을 하면 됩니다. 남들이 발을 동동 구르며 울든 말든 나는 그냥 아무 생각 없이 계좌에 적립하는 겁니다.

`쌩초보하늘비` 조금 마음에 걸리긴 하지만….

주인장da펀스 그건 이렇게 생각해보세요. 만약 내가 그때 투자를 시작해서 다른 사람들에게 피해를 주는 걸까요, 도움을 주는 걸까요? 저점에서 아무도 투자를 개시해주지 않으면 지수의 반등 시기는 무한정 연장될 수 있습니다. 오히려 새로운 자금을 투입해주는 누군가가 있을 때 하락기가 끝날 확률이 높죠. 물론 우리 같은 소액 투자자들이 시장의 방향을 바꿀 수는 없지만요. 큰손이나 기관들도 이때 들어오므로 거기 합세한다고 보면 됩니다.

쌩초보하늘비 그렇군요. 그런데 만약 반등을 하지 않으면 어떡해요?

주인장da펀스 그러면 같이 우는 거죠, 뭐. 하하 농담입니다. 반등은 반드시 올 것이므로 그때까지 조급해하지 말고 기다리면 됩니다. 만에 하나 수십 개월이나 추불을 했는데도 반등 기미가 없다 해도 다른 사람보다는 마음이 편안할 겁니다. 왜냐하면 훨씬 싸게 매수했기 때문이죠. 더욱이 떨어지는 칼날을 덥석 잡은 것이 아니라 오랜 기간에 걸쳐 차근차근 계획을 갖고 진행해왔으니 다른 분들보다는 손실의 정도가 약하다는 것으로 위안을 삼을 수 있을 것입니다. 일종의 상대적 행복감이라고나 할까요? 이 정도의 상대적 만족감이라도 누릴 수 있는 상황이라면 뇌동매매를 하지 않게 됩니다.

3번 계좌에 목돈을 거치식으로 투자할 시점

시장나이세살 그렇다고 해도 마냥 기다리는 것보다 더 적극적인 대처법은 없을까요?

주인장da편스 그래서 준비된 계좌가 바로 3번입니다. 이 계좌의 별명은 좀 섬뜩하다고 할 수 있는데요, '곡소리가 끝날 때 투자하는 거치식 계좌'입니다.

그림 5-4 3번 계좌의 운용법

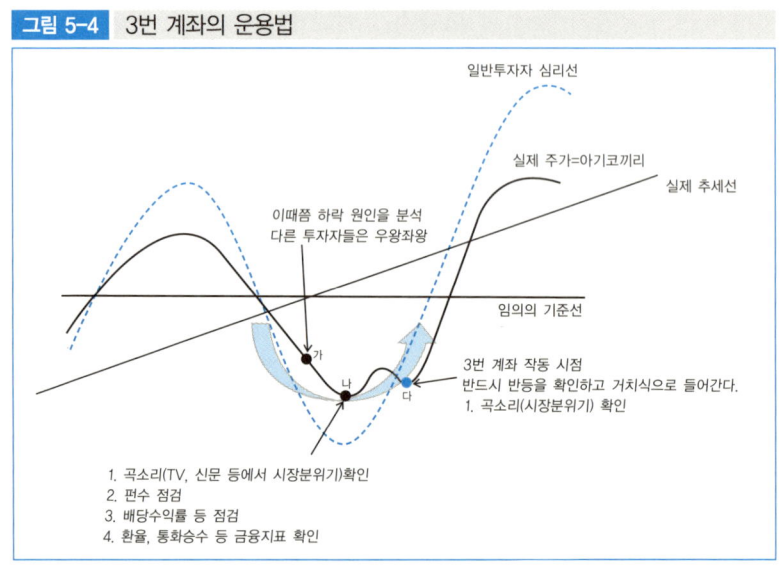

보다 구체적으로 말하자면 그림 5-4에서 다 지점을 말합니다. 반드시 최저점, 즉 곡소리가 제일 큰 나 지점을 지났다는 것을 확인하고 시작해야 합니다. 하지만 그동안 폭락 과정을 겪어왔기 때문에 선뜻 내키지 않을 것입니다. 그때는 이 점을 꼭 기억해내십시오.

그림에서 다 지점 같은 매수 포인트는 10년 내외로 한 번 올까 말까 한 절호의 찬스입니다. 지난 10년간 해온 마음고생에 대한 선물이라 생각하시면 딱 맞습니다. 이때는 심호흡 한번 크게 하고 방아쇠를 당기듯이 마우스를 클릭한 후 뒤도 돌아보지 말고 컴퓨터 코드를 뽑아버리면 됩니다.

참고로 나 지점, 즉 최저점에서의 분위기는 4부의 성공확률 높이는 4개의 매수 타이밍에서 살펴본 바와 같이 몇 가지 신호를 보낼 것입니다. 4부의 그림 4-13부터 4-15까지가 이때 상당히 유용하게 사용될 수 있습니다. 물론 책에 제시한 그림처럼 명확하게 드러나 보이지는 않지요. 하지만 주의를 기울이면 분위기를 감지할 수 있을 겁니다. 배당지수가 충분히 매력적이거나, 펀드투자지수에서 이상신호가 오거나 또는 환율이 급등하거나 하는 징후들이 있을 거고요. 또 하나 카페 펀드스쿨에 들어오면 어딘가 조용하고 회원들 간에 과민한 반응들도 보이면서 이전의 시끌벅적함이 수그러들었음을 느낄 때가 바로 그 타이밍이죠.

게다가 가장 확실한 분위기는 언론에서 만들어줍니다. 9시 뉴스에서는 연일 경제가 붕괴되고 있다는 등 우울한 보도를 쏟아내고, 신문에서도 경제문제가 1면을 장식하고 주식이나 펀드의 실패사례가 거의 도배가 되다시피 하죠. 어딜 가나 실패, 암울, 부정, 불안 등의 단어를 끼우지 않고는 대화가 안 됩니다. 뉴스뿐 아니라 주말연속극이나 예능 프로에서도 펀드나 주식으로 망했다는 말들이 심심찮게 나옵니다. 이런 때이므로

어지간한 강심장을 가진 투자자가 아니라면 절대 시장에 뛰어들지 못하겠지만 용기 있는 자만이 큰돈을 벌 수 있습니다.

시장나이세살 그렇게 보면 3번 계좌에 투자하기까지 너무 긴 시간을 기다려야 하잖아요. 상당히 비효율적인 것 같아요.

주인장da편스 짧은 식견이고 매우 주관적인 생각이지만 주식시장에서 가장 위험한 거짓말 중 하나가 '자금운용의 효율성'이라는 말이라고 봅니다. 효율성보다는 안전성을 추구하는 게 결과적으로 수익에 더 많은 도움이 된다고 강조하고 싶어요. 효율성 따져가며 수익 욕심 내다가 수익은커녕 힘들게 벌어놓은 것까지 다 반납하는 경우가 허다해요.

말이 좀 옆길로 샜는데요, 말씀하신 것처럼 10년 만에 한 번 오는 기회를 붙잡기 위해 목돈을 CMA에 묶어둔다는 것은 너무 어리석은 일이 될 수도 있습니다. 물가상승률이라는 복병이 계좌의 가치를 계속 갉아먹기 때문이죠. 즉, CMA의 이자율이 물가상승률에 미치지 못하면 은행이나 금융사에 나도 모르는 새 현금보관료를 내는 셈인 거죠. 이럴 때는 3번 계좌를 10년이 아니라 보다 빠른 사이클로 운용할 수 있는 방법을 찾으면 됩니다.

시장나이세살 네? 10년이 아닌 보다 빠른 사이클요? 하지만 아깐 분명히 10년에 한 번 올까말까 하다고 하셨잖아요?

해외 펀드에 투자하려면 어떻게 하나요?

주인장da펀스 그것은 우리나라라는 한정된 시장만 봤을 때 이야기입니다. 책의 서두부터 별로 언급되지 않은 용어가 있죠? 바로 해외 펀드입니다. 그 절호의 구간을 국내에서만 찾을 것이 아니라 해외에서 찾으면 되죠. 다만 이때 주의할 점은 가능하면 환헤징을 하지 말라는 것입니다.

쌩초보하늘비 환헤지요? 그건 뭐예요? 쌩초보라서 죄송합니다.

주인장da펀스 아참, 먼저 설명을 드릴게요. 해외에 투자할 경우에는 그 나라의 돈과 우리나라의 돈이 다르기 때문에 환율을 적용해야 해요. 투자를 할 때 환헤지를 한다는 것은 투자 시점의 환율로 고정시켜서 이후 변동에 영향을 받지 않게끔 하는 것이지요. 이럴 경우에는 투자국의 증시가 상승했느냐 하락했느냐만 투자자의 수익률에 영향을 미치겠죠. 그 반대의 경우를 환노출이라고 하는데요, 이 경우에는 증시와 환율 변동이라는 두 가지 요소에 수익률이 영향을 받습니다. 증시도 상승하고 환율도 나에게 유리한 쪽으로 변동되면(환율 상승, 원화값 하락) 이중으로 수익을 얻게 되지만, 증시도 하락하고 환율까지 불리하게 변동하면 최악의 경우를 맞을 수 있죠.

시장나이세살 증시도 잘 예측이 안 되는데 환율까지 예측해야 한다면 너무 어려운 것 아닌가요? 아무래도 환헤지를 하지 않으면 너무 무방비로 노출되는 것 같아요.

주인장da펀스 물론 그럴 수도 있지만 차 떼고 포 떼는 환헤지보다는 차라리 더욱 완벽한 구간을 노려서 펀드의 시세차익도 먹고 환차익도 얻는 것이 훨씬 유리하고 합리적인 투자법입니다.

언젠가 이런 말을 들은 적이 있어요. '기회의 여신의 머리채는 앞쪽에 있다.' 그래서 기회가 지나치는 순간에는 절대 잡을 수가 없대요. 미리 준비하고 있어야 한다는 말이죠. 외국인들이 우리 주식시장에 들어와 꿩 먹고 알 먹는다고 했죠? 우리도 다른 나라에 가면 외국인 투자자가 되는 거잖아요. 우리도 충분히 꿩 먹고 알 먹는 투자를 할 수 있습니다. 기회가 자주 있는 것은 아니지만 생각보다 어렵지 않아요.

물론 이러한 타이밍을 해외에서 찾으려면 앞서 2부에서 서술한 내용들을 바탕으로 더 많은 노력을 해야겠지요. 하지만 이 역시 매우 단순한 논리로 출발하면 됩니다.

쌤초보하늘비 단순한 논리라면 무조건 환영이에요. 얼른 가르쳐주세요. 호호

주인장da펀스 바로 3번 계좌의 별명대로 가면 되는 겁니다. '곡소리가 끝날 때 시작하는 거치식 계좌'라는 말 그대로 곡소리가 나는 나라를 찾아서 분석을 해보면 됩니다. 현재도 곡소리 나는 나라는 빈번히 나타나고 있습니다. 그 원인을 보다 깊이 이해할 수

있도록 '사다리 걷어차기, 나쁜 사마리아인들, 그림자정부, 화폐전쟁' 같은 책들을 틈나는 대로 읽어보라고 권하고 싶네요. 그 책들은 좀 색다른 시각으로 이야기를 들려주는데 대강 요약하자면 이런 부분에 대해 이해를 높여줍니다. 먼저 힘 있는 자가 힘 없는 자들에게 사다리를 놓아줍니다. 그러면 힘 없는 자는 그 사다리를 이용해서 과일이 익을 때까지 정성을 쏟아 붓습니다. 과일이 충분히 익어갈 때 쯤, 힘 있는 자들은 사다리를 걷어차 버리고 자신들이 그 과일을 모두 수확합니다. 양털 깎기도 마찬가진데 힘 없는 자들은 풍성한 풀밭에 양떼를 풀어 살을 찌우고 양털이 잘 자라도록 열심히 일을 합니다. 그런데 양털이 충분히 자라면 힘 있는 자들이 찾아와 양털을 몽땅 깎아가 버리는 거죠. 국적과 국경을 초월하는 국제 투기세력들의 힘의 논리에 대한 이야기입니다.

이런 이유 때문에 세계에는 항상 곡소리 나는 국가들이 반드시 있습니다. 물론 우리나라도 예외는 아니죠. 국제적인 거대 투기자본들 앞에서는 우리나라도 살찐 양떼에 불과합니다. 한 번씩 양털을 빼앗길 때가 있는데 그때가 엄동설한이 닥치기 전이라면 모든 국민들의 고통은 더 심해지겠죠. 1998년 IMF 때를 생각해보시면 될 거예요.

쌩초보하늘비 너무나 무시무시한 이야기네요. 공부를 더 해야겠다는 생각이 새록새록 들어요. 그런데 하나의 국가에서 10년 만에 찾아오는 기회니까 만약 10개 국가라면 1년마다 한 번씩이고, 50개의 국가라면 어쩌면 두 달마다 한 번씩 찾아올 수도 있겠는데요?

_{주인장da펀스} 물론 그럴 수도 있지만 세계화가 될수록 국경을 넘나드는 자본의 이동속도가 빨라지기 때문에 그렇게까지 빈번하지는 않을 겁니다. 2010년 현재 시점에서 보자면 얼마 전 그리스나 아랍에미리트의 두바이 등을 들 수 있겠죠.

두바이의 경우만 보더라도 뭐든 세계 최고를 지향했었죠. 어미 코끼리는 산등성이를 자꾸만 올라가고, 모든 국민들도 돈이 많이 벌리니까 열광을 합니다. 세계에서 몰려든 대부호들도 열광하죠. 그들 역시 과거 튤립 투기 때처럼 시장 앞에서는 모두가 보통시민들입니다. 팜 주메이라 같은 야자수 모양의 인공섬에 조성된 최고급 리조트는 건물의 기초가 올라가기도 전에 이미 분양이 완료되어버렸고, 뜨거운 사막 위에 세워진 인공 스키장 안의 열기는 바깥의 온도보다도 더 뜨거웠죠. 하지만 급등을 했으면 반드시 급락이 있습니다. 그런데도 모두가 아는 이 불변의 진리는 탐욕 앞에서는 무용지물이 되고 맙니다. 하루라도 더 빨리 사면 시세차익이 얼마야? 하는 생각들 때문에 고점일수록 매수자들은 몰리게 되어 있고 파국은 가까워지죠.

따라서 현명한 투자자라면 충분히 세일할 때까지 기다리면 됩니다. 물론 제가 능력이 되어서 두바이의 최고급 리조트를 살

형편이 된다면 충분한 세일 기간인 지금쯤 관심을 가져보겠습니다. 마찬가지로 해외 펀드에 관심 있는 투자자들은 지금부터 관심을 가질 때죠. 절대 당장 투자하라는 이야기는 아닙니다. 관심을 갖고 알아볼 때가 되었다는 이야기입니다. 세세히 언급은 하지 않겠습니다만, 어떠한 형태로든 두바이로 투자되는 펀드는 존재할 겁니다.

<small>시장나이세샬</small> 우리 시장만이 아니라 해외 시장으로 시각을 넓히더라도 진입 시점을 파악하는 관점은 같다는 말씀이시네요.

<small>주인장da펀스</small> 그렇지요. 그런데 전 세계 시장을 혼자서 모두 살피는 것은 불가능하겠지요. 이런 때는 다른 사람과 정보를 나누는 것이 스스로에게도 유익합니다. 예를 들어 내가 아는 것을 펀드스쿨 해외 펀드 게시판에 올린다면 이를 분석하고 또 다른 정보를 추가하는 사람이 늘어나겠지요. 누군가는 그 나라의 환율에 대해 꿰고 있을 것이고, 해당 국가의 상황이나 배당지수의 움직임까지 알고 있는 사람이 있을 겁니다. 그 나라에 살고 계시는 분들도 있을 거고요. 이렇게 정보를 공유하고 분석하면서 의견을 나누다 보면 매력적인 투자처를 찾기가 쉬워지죠. 직접투자와 다르게 펀드투자는 이렇게 서로 도울 수 있고 공유할수록 성공할 수 있다는 것이 큰 장점이지요. 직접투자의 경우 내가 아는 것은 될 수 있는 대로 다른 사람이 몰라야 승산이 커지는 것과 반대죠.

원자재펀드는
어떻게 가입하나요?

쌩초보하늘비 da펀스님, 해외 시장 애기하니까 생각나는데요. 원자재펀드에 대해 듣긴 많이 들었는데 구체적으로는 모르겠어요. 여기에 대해서 설명 좀 해주세요.

주인장da펀스 일단 결론부터 말씀드리면 자신이 초보라고 생각된다면 가능하면 건드리지 않는 게 좋다고 봅니다. 이유는 상대의 패를 분석하고 해야 하는 게임이기 때문이지요. 따라서 준비되지 않은 투자자들은 시장 전체에 투자하는 인덱스펀드에 비해 불리한 게임을 할 수밖에 없습니다.

시장나이세살 상대의 패를 분석하다니 그게 무슨 말씀이신지요?

주인장da펀스 크게 보면 도박판에서 돈을 먹을 수 있는 경우는 두 가지로 나눌 수 있지요. 확률을 분석하는 것과 상대의 패를 분석하는 것이 그것입니다. 원자재펀드 같은 경우 상대의 패를 분석할 수 없다면 게임에 참여하지 않는 게 현명해요. 이 책의 2부에서 서술한바와 같이 물가를 살필 때는 반드시 양면을 고려해야 합니다. 원자재가격 역시 마찬가지지요. 가령 원유펀드 가입자가 대박이 났다면 분명 해당 원자재, 즉 원유의 상승 이유가 있겠지요. 수요 때문이든 공급 때문이든 반드시 상승과 하락의 원인을 분석해보고 충분히 이해를 하고 난 이후에 투자를 결정해야겠지요. 그런데 대부분의 경우 원유펀드로 대박났다는 사람이 나올 때는 이미 국제 원유가가 꼭지에 이르렀을 확률이 높지요. 아무리 원유라고 해도 하늘 꼭대기까지는 오를 수 없는 일 아니겠어요?

<생초보하늘비> 원자재펀드로 한몫 잡았다는 친구가 있는데요. 나도 언젠가는 꼭 가입해야지 생각한 적이 있거든요.

<주인장da펀스> 남들이 펀드로 돈을 많이 벌었다고 자랑하거든 축하해주시구요. 내가 갖고 있지 못한 펀드가 고점을 뚫고 계속 치솟더라도 잘 가라고 손 흔들어주시는 게 제일 현명한 방법입니다. 원자재펀드는 경제상황을 제대로 분석할 능력을 갖추지 못하면 깨지기가 더 쉽습니다.

그런데도 정히 원자재펀드를 가입하시려거든 앞서 설명한 대로 3번 계좌처럼 운용을 하시기 바랍니다.

<인행은말음> 3번이라면 곡소리가 끝날 때 시작하는 계좌잖아요.

<주인장da펀스> 그렇지요. 굳이 가입하고자 하신다면 원자재가격이 바닥일 때, 남들이 쳐다도 안 볼 때 하시는 게 좋습니다. 곡소리가 날 때 바로 투자를 시작하라는 얘기가 아니라 그때부터 해당 원자재가격의 변동 원인을 살펴보라는 겁니다. 충분히 확신이 들고 싸다 싶을 때 분할로 매수를 시작하는 게 좋겠지요. 단, 이때 유의할 점은 반드시 가입 예정 펀드의 수수료를 확인하시라는 거예요. 알게 모르게 수수료를 과다하게 떼어가거나 이를

감추기 위해 약관을 복잡하게 만든 펀드들도 있습니다.

쌩초보하늘비 저는 수수료 확인 같은 복잡한 것은 잘 못하는데요.

주인장da펀스 그러시다면 카페 게시판을 활용하면 되잖아요. '원자재펀드 중에서 ○○증권 ○○○펀드를 선택하려고 하는데, 수수료 문제가 많이 신경 쓰이네요. 먼저 가입하신 분들 조언 좀 부탁해요'라고 적어두시면 아마 충분한 답변을 얻을 수 있을 것입니다.

1~3번 계좌의 승률과 베팅비율

쌩초보하늘비 오늘 많은 것을 새롭게 배우네요. da펀스님이 제시해주신 세 계좌를 이용한 투자법대로 하면 수익이 발생할 것 같긴 한데요. 그래도 혹시나 손실이 나지 않을까 하는 초보다운 불안감이 완전히 가셔지진 못한 것 같아요. 최악의 경우라도 원금만큼은 지킬 수 있을까요?

주인장da펀스 원금보장요? 글쎄요, 계속 강조하는 바이지만 복리의 수익은 보이지 않는 것을 믿는 사람들의 몫입니다. 그렇게 할 수 없다면 복리수익 자체를 포기해야죠, 그럼 보이지 않는 것을 믿을 수 있을 만큼 충분히 검토를 해보는 게 최선이겠지요. 제가 문제를 하나 내보겠습니다. 30년 후의 주가가 오늘 종가

보다 높고 30년 동안 매년 오르락내리락 할 확률이 얼마나 될까요?

쌩초보하늘비 그거야 30년 동안 주가가 안 오른다고 볼 수는 없을 거구요. 또 항상 오르내리는 게 주가 아닌가요? 당연히 그렇게 되겠죠.

주인장da펀스 그걸 믿을 수 있다면 이 투자법대로 했을 때 100% 원금보장이 된다는 것도 믿을 수 있을 겁니다.

시장나이세살 원금만 보장되어서는 손해라고 하셨잖아요. 구체적으로 수익을 거둘 확률에 대해 얘기해주세요.

주인장da펀스 자, 그럼 켈리의 공식에 의거해서 승률과 베팅비율을 한번 따져보도록 할까요?

앞으로 가서서 3부의 그림 3-2를 먼저 한번 보세요. 그림에서 알 수 있듯이 1번 계좌의 승률은 100%라고 봐야 합니다. 앞서 살펴본 바대로 한국 시장이든 미국 시장이든 15년 이상만 투자한다면 아무리 고점에서 매수한다고 해도 모두 수익이 발생했기 때문이죠. 따라서 매월 베팅금액은 여윳돈의 100%인 50만 원씩이어야 하지만, 욕심을 줄이고 줄여서 70% 정도인 30만 원씩만 매월 베팅을 하기로 합니다. 만약 더 줄여서 50만 원의 절반인 25만 원씩만 매월 적립한다면 어떻게 될까요?

시장나이세살 아, 앞에서 설명하신 부분을 적용하면 되겠네요. 그림 4-24에서 켈리의 공식을 적용한 여러 개의 차트 중 베팅비율별 수익률을 확인하면 되는 거죠?

주인장da편스 네 맞아요, 바로 그거죠. 먼저 영구망각 1번 계좌부터 살펴봅시다. 일단 우위가 있다는 것을 알았으니까 승률을 지배하는 변수는 두 가지라고 볼 수 있겠죠? 하나는 투자기간이고 또 하나는 베팅비율입니다. 먼저 투자기간은 아무리 시장의 꼭지에서 잡아도 15년 후면 100% 매수가격 이상이란 것을 확인했으니 논외로 하고요. 그다음 만약 앞으로 30년 이내의 주식시장이 과거 30년 전과 같은 형태로 움직인다고 가정할 때 베팅비율에 따른 1번 계좌의 수익률은 그 그림으로 유추할 수 있겠죠, 즉, 50만 원 모두를 추불한다면 등락폭이 훨씬 클 것이나 수익이 증가할 것이고, 50만 원의 20%인 10만 원만 매월 추불한다면 전자에 비해 상당히 안정적으로 불어나는 반면 30년 후에 수익은 줄어들겠죠, 물론 현재의 원금 6,000만 원과 매월 50만 원씩의 여윳돈을 해당 시점 기준으로 합산한 전체 자산과 비교했을 때 말이죠.

시장나이세살 아, 그렇군요. 앞에서 본 차트를 그렇게 활용하면 되겠네요. 그럼 2번 계좌의 승률도 한번 따져주세요.

주인장da편스 2번 계좌는 남들이 울기 시작할 때부터 투자한다고 했죠. 4부의 '시장에서 생존하는 법, 적립식 투자'를 참고하시면 됩니다. 적립식으로 투자를 시작했는데 매수 후 하락했다가 원점으로만 돌아와도 수익이 발생한다는 사실을 확인했습니다. 그런데 남들이 울기 시작하는 지점은 이미 하락이 어느 정도 진행된 단계이므로 고점에서 투자를 시작한 것이 아니죠. 먼저도 예를 들었지만 우리나라 주식시장의 한 사이클을 50개월로 보고 엄청 단순화시켜 반으로 나눈다면 상승과 하락이 25개월씩이 되잖아요. 그중 상승구간 25개월 동안만 적립한 경우가 아니라면 수익이 난다고 확신할 수 있습니다. 4부의 그림 4-9와 설명을 다시 보시면 이해가 빠를 겁니다.

쌩초보하늘비 정말, 주가가 빠졌다가 25개월째 되는 날에만 원점으로 돌아와 준다면 제법 큰 수익을 얻을 수가 있겠네요.

주인장da편스 그렇죠.

쌩초보하늘비 하지만 주가가 충분히 싸다고 판단되면 좀더 큰 금액을 투입하는 게 수익률을 더 높이는 방법 아닌가요?

주인장da편스 글쎄요. 일리가 있는 말씀이지만 작은 것을 얻으려다가 큰 것을 잃어버리는 '소탐대실小貪大失'의 결과를 가져올 수 있다고 봅니다. 왜냐하면 일시적인 수익은 작은 것이고 원칙 위반은 가장 큰 것이기 때문입니다. 그래서 그림 5-4를 보여드릴 때 '아무 생각 없이 정액적립'이라는 글자를 강조해서 나타냈죠. 바로 '임의적립식을 경계하라'는 말입니다. 주가가 많이 빠졌다고 해서 손해를 보고 환매하거나, 아니면 많이 오르고 있으니 더 추불하거나 하시면 절대로 안 됩니다. 한 번 원칙을 어기면 앞서 치밀한 계산을 바탕으로 세웠던 계획들이 모두 물거품이 될 겁니다. 그리고 더 크게 빠졌다면 아마 갖고 있는 돈 모두를 한꺼번에 추불하게 될 수도 있고 이런 방식은 투자자를 뿌리부터 흔들어놓을 수 있습니다. 이때를 보통 '초심을 잃어버렸다'고들 표현하던데요. 차라리 주식시장에 대한 관심을 꺼두는 게 좋습니다. 물론 글로벌시황을 한눈에 알 수 있는 펀드스쿨 카페 방문도 절제하시는 게 좋겠지요.

(시장나이세살) 네, 충분히 공감이 가는 말씀입니다. 계획과 원칙을 어긴 투자로 성공하는 경우를 좀처럼 보지 못했던 것 같습니다. 지수가 좀 빠지면 자신 있게 추불액을 올린다는 글들을 게시판에서 가끔 보는데, 지수가 더 하락해서 환매를 해야 하나 말아야 하나 고민하는 내용으로 바뀌더라고요.

(쌩초보하늘비) 반드시 명심하겠습니다.

1년 동안 여유자금 1,000만 원, 펀드투자 가능할까요?

(인생은맑음) 저는 1년 동안 여유자금 1,000만 원이 있어요. 어떻게 투자하면 좋을까요? 은행에 넣어두기엔 이자율이 너무 낮고 주식에 투자하려니 잘 몰라서 위험성이 높아 보이고요.

(주인장da펀스) 좀 애매한 경우네요. 1년 동안의 여유라면 타이밍을 어떻게 잡느냐가 가장 중요합니다. 4부의 그림 4-6과 4-7에서 알 수

있듯이 1년 동안 최대수익과 최대손실 사이의 차이가 너무 크다 보니 1년 내내 적립식으로 투자한다고 해도 사실 수익을 장담할 수가 없습니다.

〈인생곤말숨〉 그래도 다른 대상보다 꼭 펀드에 넣고 싶어요. 어느 정도의 손실은 감수할 수 있으니 방법 좀 알려주세요.

〈주인장da펀스〉 그러시다면 앞의 그림 5-3 2번 계좌의 운용법 중 가 지점에서 ETF에 투자를 해보세요. 전체를 20분의 1로 쪼개서 매월 적립한다고 생각하시고 1회분을 적립한 나머지는 CMA에 넣어두시면 좋겠습니다. 만약 투자를 계획하시는 순간이 그림 5-4의 3번 계좌의 운용법에 따른 다 지점이라면 보다 과감하게 일주일 단위로 ETF에 추불하는 방법도 좋습니다. 그 외의 경우에는 아무리 여윳돈이라도 기간이 짧다면 펀드투자에는 적합하지 않습니다. 특히 주가가 상승 중이라면 주식형펀드에는 절대 관심을 가지지 않으셔야 합니다.

초심자의 행운과 주식시장을 움직이는 힘의 원리

〈시장나이세살〉 da펀스님 그런데요. 간혹 누구도 말리지 못할 만큼의 폭등장이 있잖아요. 그럴 때는 남들은 모두 돈을 버는데 그걸 보면서도 가만있다는 생각에 솔직히 배가 아프기도 해요. da펀스님은 그런 적 없으세요?

〈주인장da펀스〉 솔직히 아니라고는 못하지요, 하하. 하지만 주식시장은 너무나도 공평해서 노력 없는 일시적인 수익은 결코 '진짜 돈'이 되지 못한다는 사실을 경험을 통해 배운 뒤부터는 그런 생각은 잘 안 하게 되었습니다. 일시적인 수익은 언젠가는 모두 시장에 되돌려주어야 할 남의 돈이고, 더욱이 자신의 돈까지 더 토해내게 만들기도 하는 독약이 될 수도 있습니다. 보통 '초심자의 행운' 이라고 하지요. 소설 연금술사에서는 이를 바로 '신이 당신을 사랑하는 증거' 라고 하더군요. 하지만 노력하지 않는 자를 신은 언제까지나 사랑하진 않습니다. 다음 그림을 보면 아마 그 이유가 더 명확해질 겁니다.

그림 5-5 수요와 공급의 법칙

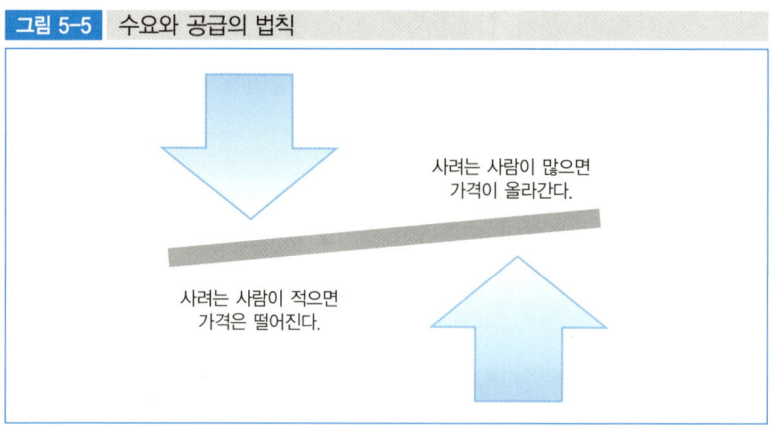

일반적 시장에서는 사려는 사람이 많고 팔려는 사람이 적으면, 즉 수요가 공급보다 크면 가격이 상승합니다. 반대로 사려는 사람이 적고 팔려는 사람이 많으면 가격은 떨어지게 되어 있죠.

쌩초보하늘비 맞아요. 장마철 지나서 채솟값이 금값이 되는 것도 다 그런 이유잖아요.

주인장da편스 하지만 주식시장만큼은 이러한 수요와 공급의 법칙이 들어맞는 경우보다는 그 반대의 경우가 많지요. 경제 이론에 해박한 학자들이 실제 시장에서 수익을 내지 못하는 이유가 이것입니다. 대표적으로 1부에서 살펴본 어빙 피셔 교수 같은 인물이 있지요.

시장나이세살 저도 그 점이 늘 의아했어요. 내로라하는 경제 석학이나 날카로운 시장관을 가진 애널리스트들도 많은데 왜 그분들이 투자해서 돈 벌었다는 얘기는 없는 건가 하고요.

주인장da편스 그건 바로 시장의 균형을 무너뜨릴 수 있는 힘 센 자들이 있기 때문이지요. 다음 그림을 한번 보세요.

그림 5-6 힘의 논리가 지배하는 주식시장

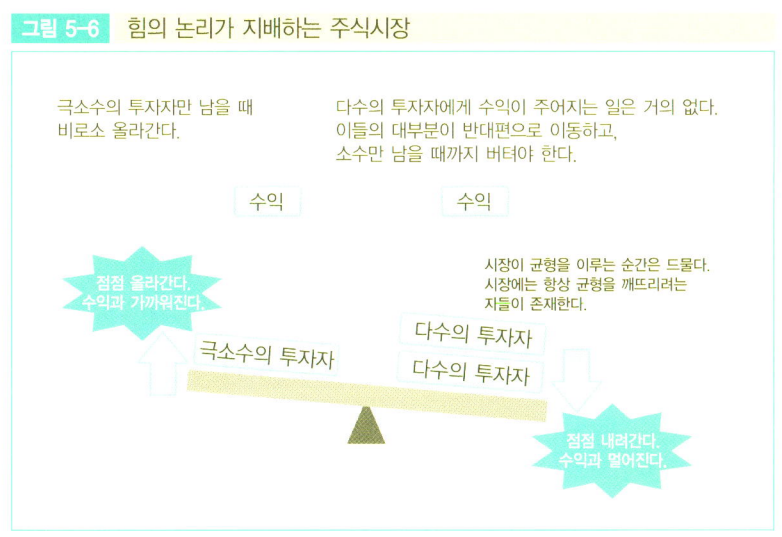

다수의 투자자, 즉 사려는 사람이 많으면 가격이 올라가서 점점 수익과 가까워져야 하는데, 정반대로 점점 내려가고 있습니다. 반면 사람들이 떠나고 소수의 사람만이 남아야 비로소 시장은 상승을 합니다. 어린아이가 타는 시소에서 무거운 쪽이 내려가듯이 항상 사람이 많이 몰리는 쪽은 하락을 하게 되어 있다고 이해하시면 될 것입니다.

이는 주식시장에만 국한된 것이 아니라 외환시장이나 부동산시장에서도 심심찮게 나타나는 현상이지요. 왜 그럴까요? 살 사람이 많다는 것은 다시 말해서 팔아먹기도 좋다는 것입니다. 따라서 정보와 돈을 가진 거대 세력들은 이러한 수요와 공급의 법칙을 역이용함으로써 마음만 먹으면 항상 이기는 게임을 할 수가 있지요.

이것이 금융시장의 본질이고 시장에 적용되는 힘의 논리입니다. 대표적인 예를 들자면 경제이론으로는 도저히 설명이 안 되는 1992년 영국의 파운드화 폭락 사태가 있습니다. 이 사태로 누가 얼마를 챙겼는지를 보면 그 세력이 누구인지를 알 수 있지요. 1981년까지 조지 소로스는 영국의 권위 있는 투자전문지 '국제투자가'로부터 '지구상에서 가장 위대한 펀드매니저'로 칭송을 받았습니다. 하지만 1992년부터는 세상에서 가장 악랄한 투기꾼으로 전락하고 맙니다. 그 이유가 바로 100억 달러로 영국의 파운드화를 폭락시켜 단 2주일 만에 10억 달러

(한화 약 1조 원)라는 천문학적인 돈을 챙겨갔기 때문입니다. 모든 경제이론을 초월하는 가장 힘 센 이론이 바로 '돈빨' 임을 여실히 입증한 셈이죠.

〈일상르벨준〉 잘 이해가 안 되네요. 좀더 쉽게 설명해주세요.

〈주인장da팬스〉 그렇다면 이 책의 1부로 다시 넘어가 네덜란드의 튤립 투기부터 남해회사, 미국의 1929년 주가 대폭락 등을 다시 한번 읽어보세요. 그냥 읽을 게 아니라 이번에는 정보와 돈빨을 쥐고 있는 세력이 있었다는 관점으로 보시면 아마 쉽게 이해가 되실 겁니다. 크든 작든 돈빨과 정보를 장악한 모든 세력들은 사바나초원의 맹수가 가젤을 사냥하듯이 호시탐탐 개인 투자자들을 노립니다. 이들은 저점에서 사 모은 뒤 가격을 높이고, 시세의 꼭지에서 좋은 정보를 뿌립니다. 하지만 이건 정보가 아니라 광고라고 봐야 한다는 것, 앞에서 이해하셨죠? 그렇게 해서 개미들이 자신의 물량을 받아가게 만듭니다. 그다음에는 어떻게 될까요? 주가는 자연스럽게 원래 위치로 돌아오게 됩니다. 물량을 모으는 것도 마찬가지입니다. 공포를 조장하여 투매를 유발하도록 정보를 뿌리겠지요. 하지만 이 역시 광고입니다. 어쨌거나 세력들이 물량을 모두 사 모으면 시세는 폭락의 저점에서 다시 튀어오릅니다.

통신기술이 발달하고, 통화량이 커질수록 그리고 FTA 같은 여건이 조성되어 거대 자본들이 국경을 더 쉽게 넘나들수록 이러한 세력들의 시세조정 시도는 더욱 빈번해지겠지요. 그런데 이들을 제재할 제도적 장치가 지구상에는 존재하지 않습니다. 제도보다 세력은 더 빨리 진화하기 때문이죠.

쌩초보하늘비 하이고~, 그렇게 무서운 곳이라니 주식시장에서 멀리 도망가야 하는 것 아닌가요?

주인장da펀스 아니지요. 4부에서 살펴본 가상의 시뮬레이션 결과를 다시 한번 확인해보세요. 시세의 변동폭이 커질수록 적립식펀드 투자자의 수익은 늘어날 수밖에 없잖아요. 그러니 이 책을 이해한 하늘비님은 무서워하기보다는 더욱 기뻐해야 하는 게 이치에 맞지요. 자본주의가 붕괴되지 않는 한 주식시장은 자본주의의 영원한 꽃이고, 펀드투자는 주식시장에 참여할 수 있는 가장 훌륭한 대안임에 틀림없습니다.

인생은맑음 그러면 주식에 직접 투자하는 것과 펀드에 투자하는 것은 크게 어떤 차이가 있을까요?

주인장da펀스 글쎄요, 어느 것이 유리하다 아니다 관점이 아니라 각각 장단점이 있겠죠. 투자자의 성향에 따라서도 다를 거고요. 다만 저로서는 이 한 가지만은 분명히 말씀드릴 수 있어요. 펀드투자는 주식시장의 초절정고수도 돈을 벌 수 있고, 초절정하수도 돈을 벌수 있다는 것입니다. 실제 제가 아는 일명 주식 고수들도 자신들이 직접투자로 번 돈을 펀드계좌, 특히 인덱스펀드에 아무 생각 없이 정액적립식으로 투자하고 있습니다.

그 계좌의 목표는 단지 시장 평균수익률을 얻는 것으로 잡고 말이지요.

(인생한방훈) 펀드투자보다 여러 우량주에 분산시켜 장기 투자하는 방법은 어떨까요?

(주인장da편스) 코스피지수 변동폭보다 우위에 있거나 최소한 동일하게 움직일 수 있도록 포트폴리오를 구성한다면 이론적으로는 유리하다고 할 수 있습니다. 그런데 3부에서 포춘 500대 기업도 40년 만에 68%가 사라진다고 했던 부분이 있었죠? 여기서 볼 수 있듯이 장기 투자에도 상당한 위험이 따릅니다. 어느 정도 돈은 벌 수 있을지 모르지만 재산증식까지는 힘들 거라는 게 필자의 주관적인 생각입니다. 그만큼 심리를 조절하기가 힘들다는 거죠. 펀드도 물론이지만 주식의 경우 변동성이 더 크기 때문에 장기간이라고 불릴 기간 동안 완전히 무감각할 수 있어야 합니다.

환매의 기술 좀 가르쳐주세요

(쌩초보하늘비) 이제 펀드의 가입 시기와 자금운용법은 어느 정도 감을 잡을 것 같아요. 책을 계속 읽으면서 공부를 더 해야겠지만요.

그런데 환매를 언제 해야 하는지도 중요한 문제가 아닐까요? 가장 수익을 크게 낼 수 있는 환매의 기술 좀 가르쳐주세요.

주인장da펀스 너무나 당연한 이야기지만 최적의 매수 타이밍을 잡는 것이 인간의 영역이 아니듯이 최적의 매도 타이밍 역시 그렇습니다. 그렇다면 투자자의 상황에서 만족스러운 수준의 시점을 포착하는 것이 최선이 아닐까 생각해요. 전설이라고까지 불리는 세계적인 펀드매니저 피터 린치는 '왜 샀는지 아는 사람은 언제 팔지도 알 수 있다'고 했습니다. 즉, 펀드 가입 시의 이유가 충족되었을 때가 펀드 종결 시점이 된다는 얘기지요.

인생은밝음 예를 들면 노후 준비를 위해 40년 적립하기로 했으면 40년 후가 환매 시점이 된다, 이런 말씀인가요?

주인장da펀스 그렇죠.

시장나이세살 그런데 꼭 기한을 정하고 가입을 하는 것만은 아닌 것 같은데요. 앞에서 영구망각계좌는 그런 방식에 따를 수 있겠지만, 2번이나 3번 계좌들은 추불을 멈추는 시점이나 환매를 해야 하는 시점을 판단해서 잡아야 한다고 생각합니다.

주인장da펀스 역시 날카로운 지적이십니다. 그런데 원칙은 같아요. 가입 시의 이유가 분명하다면 그 이유가 해소된 시점이 환매 타이밍이어야 한다는 점에서는요. 앞에서 2번 계좌의 환매에 대해서는 잠깐 언급되었는데요. 남들이 울기 시작할 때 추불을 시작해서 하락을 지나 반등하여 원점으로만 돌아와도 수익이 발생한다고 했었죠. 그렇다면 이 시점부터가 환매 가능 타이밍이 됩니다. 이때는 진입 시 판단기준으로 삼았던 지표들을 보면 되겠죠. 배당수익률을 기준으로 주식시장이 저평가되어 투자를 시작했다면 고평가 수준에 이르렀다고 보일 때가 환매 시점이고, 펀수를 기준으로 했다면 환매 역시 펀수를 보고 하면 됩니다. 다음에 나오는 그림 5-7을 보면 어느 구간에서 환매해야 하는지 이해할 수 있을 겁니다. 2번 계좌와 3번 계좌의 환매 타이밍을 잡기 위한 시각 자료입니다. 수익률이 대략 30~40%에 이른다면 부분적으로 환매를 하는 게 좋다고 생각합니다.

그림 5-7 환매 구간

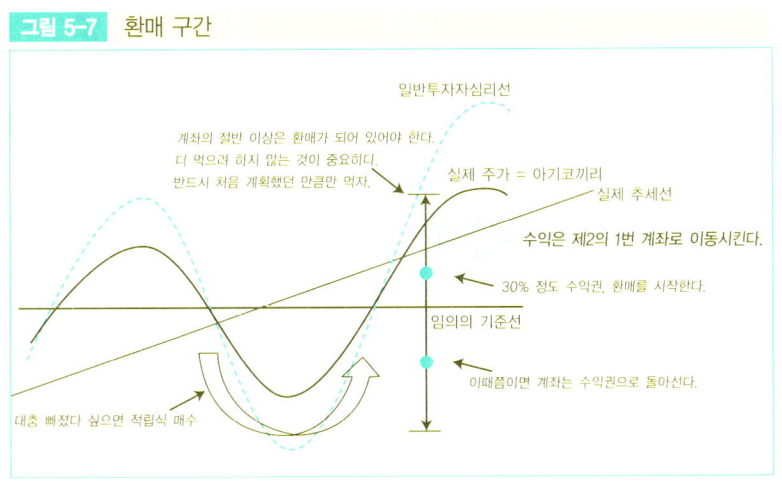

쌩초보하늘비 그 정도 수익률이라도 시장 평균을 훨씬 넘어서는 거네요? 아이, 좋아라.

주인장da펀스 하늘비님처럼 시장 평균보다 높다는 것만으로도 만족하실 수 있다면 분명 펀드투자로 성공하실 겁니다. 그런데 대부분은 시장이 상승세에 돌입하면 환매를 잘 못 합니다. 더 오를 거라는 기대 때문에 욕심도 계속 커지거든요. 이때 과감히 수익을 실현해야 돈을 벌 수 있어요. 기필코 최고가에 환매하겠다는 욕심 때문에 환매 시기를 놓쳐 결국 원점으로 되돌아오는 경우가 많고, 급기야는 다시 마이너스권으로 들어가 버리기도 하죠. 시세를 보고 환매를 결정할 것이 아니라 자신의 계좌에 찍힌 수익률만으로 판단하는 것이 가장 바람직합니다.

인생은맑음 그러면 이것을 2번과 3번 계좌의 한 사이클이 끝났다고 볼 수도 있겠군요.

주인장da펀스 네, 상승과 하락을 반복한다는 것이 주식시장의 대전제입니다. 2번과 3번 계좌는 비교적 단기간에 투자가 종결되죠. 2번은 대략 2~3년, 3번은 6개월에서 1년 정도 되리라 봅니다. 이렇게 한 사이클이 끝난 다음에는 어김없이 남들이 울기 시작하는 시점이 옵니다. 그때 다시 새로운 2번 계좌의 투자를 시작하고, 3번 계좌의 투자처를 물색해야죠.

쌩초보하늘비 정말 많은 것을 배웠네요. 오늘 가르침을 계속 되새겨가면서 두툼해진 통장 들고 다시 찾아뵐게요. 고맙습니다.

주인장da펀스 하늘비님은 2번과 3번 계좌에 투자를 한 후 수익을 냈다면 그다음엔 어떻게 하실 건가요?

`쌩초보하늘비` 그건 아직 생각 안 해봤는데요. 너무 김칫국 마시는 거 아닐까요?

`주인장da편스` 하하. 그런 점도 있군요. 그런데 정말 자산을 증식시키기 위해서는 그 외에 한 가지를 더 생각해야 합니다.

수익금을 재투자해야 자산이 불어난다

`쌩초보하늘비` `인생은알흠` 네? 중요한 또 한 가지라고요?

`시장나이세살` 그게 뭔가요?

`주인장da편스` 수익을 내는 것과 자산을 불려가는 것은 다르다고 얘기한 적 있지요? 이렇게 발생시킨 수익을 제대로 관리하지 않는다면 지금까지의 계획은 모두 공중누각이 되어버리고 금세 탐욕이 그 자리를 차지하게 됩니다. 주식시장에서 인간은 이렇게 나약합니다. 보통은 이렇게 수익이 나면 다음번에는 더 큰돈으로 2, 3번 계좌를 운영하려 하겠지요. 하지만 시장이 무섭다는 것을 알고 이들 계좌의 투자원금을 크게 늘리지 않는 게 중요합니다. 대신 다른 방법으로 재투자해야죠.

`인생은알흠` 재투자라면 1번 계좌에 추가하라는 건가요?

`주인장da편스` 그게 아니라 제2의 1번 계좌를 만드는 겁니다. 1번 계좌는 영구망각계좌기 때문에 이때도 완전히 망각하고 있어야지요. 제2의 1번 계좌를 만들어 또 영구망각이라는 별명을 적은 다음 제1의 계좌와 다른 목적을 기입해놓습니다. 손자, 손녀의

학자금이 될 수도 있고 은퇴 후 세계여행 경비 등이 될 수도 있겠죠.

제가 마지막으로 강조드리고 싶은 것은 각 번호마다 세운 원칙을 지킨다면 펀드투자로 성공할 수 있다는 것입니다. 1번은 목표 시점까지 완전히 잊어야 하고, 2번은 남들이 울고 있을 때 추불을 시작하되 절대 베팅금액을 임의로 늘려서는 안 되며, 3번은 곡소리가 한바탕 지나간 시장을 찾아 목돈을 투입하되 자신의 수익률을 기준으로 환매하라는 것입니다.

어떻게 보면 간단해 보이시겠지만 실제로 이를 지킨다는 것이 얼마나 엄청난 절제력을 필요로 하는지는 겪어봐야 아실 겁니다. 다만 제가 그 길을 먼저 지나오면서 다졌던 여러 원칙들이라는 점을 기억하시고, 여러분들 펀드투자로 꼭 성공하시길 빕니다.

쌩초보하늘비 **인생은밝음** **시장나이세샵** 명심하겠습니다, 고맙습니다.

에필로그

　시장에 대해서 어떤 말을 한다는 것은 한계적일 수밖에 없다. 그 깊이와 넓이를 도저히 가늠할 수 없기 때문이다. 그렇기 때문에 시장에서 생존하기 위한 방법은 더 많이 아는 것이 아니라 남들이 보지 못하는 길을 보는 것이어야 하는지도 모른다.

　우리는 보통 많이 아는 사람을 박사라고 부른다. 그들은 경우에 따라 100명이 모여야 풀 수 있는 문제를 혼자서 해결하기도 한다. 이것이 우리가 그들에게 갈채를 보내는 주된 이유이리라. 하지만 투자의 세계에서만큼은 좀 다르다.

　모든 성공에는 반드시 법칙이 있고 길이 있기 마련이다. 통칭해서 비결이라고 한다. 도덕경에 爲學日益 爲道日損(위학일익 위도일손)이라는 말이 있다. 날마다 더해가는 것이 배움이라면 날마다 덜어가는 것이 도라고 풀이할 수 있다. 필자는 이 책의 독자들에게 펀드투자에 대해서만큼은 박사가 되려 하지 말고 도사가 되라고 말하고 싶다.

　자세히 살펴보면 도사의 도(道)는 길을 의미한다. 그 길이 바로 첫머리에서 꺼낸 '남들이 보지 못하는 길'이다. 도사라 해서 지레 겁부터 먹을 일은 아니다. 주위에 이미 많은 도사나 달인들이 있기 때문이다. '감자 깎기의 도사'도 있고 '무 썰기의 도사'도 있다.

　그들에게 공통점이 있다면 바로 나름대로의 비결이 있다는 것이다. 그들은 칼의 각도를 얼마로 해야 가장 효율적으로 깎인다거나 너무 빨리 깎으려 하면 손을 벨 염려가 있다는 것을 체험적으로 안다.

칼은 오른손에 감자는 왼손에 들어라 정도는 설명해줄 수 있겠지만 각각의 손에 어느 정도로 힘을 주고 양손을 어떻게 호응하면서 속도 조절을 해야 하는지 등은 도저히 말로 표현하기 어려운 그들만의 비결秘訣이다. 말로 설명할 수 있는 부분을 구결口訣이라 한다면 그럴 수 없는 부분을 심결心訣이라 한다. 모든 비결은 구결과 심결로 이뤄져 있는데 구결은 빙산의 일각에 불과하다. 도사를 만드는 것은 물에 잠긴 나머지 부분, 심결이다.

이 책에서 필자는 독자들에게 펀드투자에 관한 여러 비결을 설명했다. 통화승수를 챙기고, 환율을 따져보고, 배당지수를 살펴야 승률을 높인다는 것, 그리고 베팅비율은 갖고 있는 자금의 몇 퍼센트로 할 때가 심리적으로 안정되면서 높은 수익을 거둘 수 있다는 것, 각 계좌를 운용하는 방법 등에 이르기까지 필자가 경험으로 체득한 투자 비결을 글로 풀어 썼다. 하지만 이것이 전부가 될 수 없다는 점을 강조하고자 한다. 나머지는 심결이기 때문에 독자들이 스스로 느끼고 깨달아가야 한다.

다만 수년간의 농축된 시간동안 큰 시련과 약간의 환희를 맛본 필자의 어설픈 경험이 독자의 투자에 도움이 될지도 모른다는 생각에 투자에 대한 자세 세 가지를 강조해본다.

1. 가능하면 단순무식하라.

세상에서 가장 중요한 성공의 요소가 바로 단순무식이다. 피겨의 김연아나 맨유의 축구스타 박지성이 성공에 이를 수 있었던 가장 큰 요소를 꼽으라면 필자는 바로 그들의 단순무식이라 말할 것이다. 적어도 주식시장에서는 '팔랑귀'가 되어 이리저리 휩쓸리기보다는 단순하고 무식하고 진득해질수록 계좌가 풍성해지는 경우를 더 많이 봐왔다.

  2. 고정관념을 극복하라. 그리고 항상 자신이 틀릴 수 있다는 가능성을 열어두라.

  삼각형의 내각의 합이 얼마냐고 물으면 180도라는 데 이의를 제기하는 사람은 아마 없을 것이다. 대부분 '진리'로 받아들이고 있을 터인데, 과연 그럴까? 필자가 그렇지 않다는 것을 증명해 보이겠다. 지구본 위에서 북극을 찾은 후, 두 개의 선분을 90도가 되게 그어보라. 그리고 그 선분을 적도까지 연장한 후 적도와 만나는 선분의 각도를 살펴보라. 지구상의 모든 적도에서 극지방과의 각도는 90도라는 사실은 초등학생도 알고 있다. 따라서 이 경우 삼각형의 내각의 합은 270도가 된다. 이 고정관념이 깨어지고 나서야 인류는 우주로 나아갈 수 있었듯이, 독자들의 고정관념이 깨져야 한걸음 나아갈 수 있다. 참고로 이러한 삼각형의 고정관념이 깨지는 데는 그리스의 유클리드Euclid로부터 독일의 리만Riemann까지 2000년이라는 시간이 걸렸다.

  3. 항상 긍정적으로 생각하라. 그리고 감사하라.

  지표면의 대기를 벗어나면 성층권이 있고 그 위에 플라즈마 전리층이 있다. 이곳에서는 플러스 전하와 마이너스 전하가 수시로 충돌한다. 바로 지구의 고유진동수로 대략 매초 7.5헤르츠이며, 60억 년 전부터 지속되었던 현상이다. 따라서 지구상의 모든 생명체도 이 주파수의 영향 아래 있을 수밖에 없다. 학자들은 신체 극소 단위의 진동수가 6.8~7.5헤르츠라는 사실을 밝혀냈다. 깊은 명상이나 심적 동요가 없는 상태에서 우리의 인체는 이 주파수를 나타낸다고 한다. 감정이 급변하면 진동수가 변하는데, 스트레스를 받고 있다는 것이다.

스트레스로 맥박이나 불규칙적인 호흡이 길어지면 수명이 단축될 뿐 아니라 이성적인 판단이 힘들어진다. 그래서 순간적이고 즉흥적인 감정의 지배를 받을 수밖에 없다. 주식시장에서 투자자들이 저지르는 최악의 실수가 바로 이런 극단적인 상황에서 발생한다. 팔고 나면 오르고, 사고 나면 떨어지는 이유가 바로 이성적인 판단을 할 수 없기 때문이다. 매사를 항상 감사하고 긍정적으로 생각해야 하는 이유가 여기에 있다. 감사와 긍정의 순간에 발생되는 주파수가 바로 지구의 고유진동수에 근접하기 때문이다.

필자의 카페에 감사일기가 있는 것도 그 때문이다. 가끔씩 올라오는 몇 가지 사연 중 펀드투자자들의 자산증식에 반드시 필요하다고 보이는 몇 가지 사연을 소개해보면 다음과 같다.

"시장이 너무 많이 떨어졌습니다. 더 떨어지지 않아 다행입니다. 계좌에는 손실이 심하지만, 아직 추가로 적립할 돈이 남아 있어 감사합니다."

"엊그제 거의 모두 환매했습니다. 그런데 오늘 지수가 폭등을 했네요. 그나마 작은 수익이라도 얻어서 감사합니다. 기다리면 기회는 또 오겠죠?"

독자들의 성공투자를 기원한다.